역사 수업을 부탁해

역사 수업을 부탁해

초판 1쇄 발행 2017년 4월 13일
초판 2쇄 발행 2024년 1월 11일

지은이 열 사람의 한 걸음
　　　　하늘빛·조현정·장지원·임경민·이윤미·이길화·원혜진·오시인
　　　　박미영(1)·박미영(2)·노현주·김한라·곽정숙·정남주·정광순
펴낸이 김승희
펴낸곳 도서출판 살림터

기획 정광일
편집 조현주·송승호
북디자인 꼬리별

인쇄·제본 (주)신화프린팅
종이 (주)명동지류

주소 서울시 양천구 목동동로 293, 2215-1호
전화 02-3141-6553
팩스 02-3141-6555
출판등록 2008년 3월 18일 제313-1990-12호
이메일 gwang80@hanmail.net
블로그 http://blog.naver.com/dkffk1020
한국교육연구네트워크 www.kednetwork.or.kr

ISBN 979-11-5930-032-5 03370

역사 수업을 부탁해

열 사람의 한 걸음 지음

살림터

시민으로 기르는 역사수업

정남주

아이들에게 '역사를 왜 배울까?'라고 질문하면 어떻게 대답할까? 아마 대부분의 아이들은 '시험을 잘 보기 위해서'라고 대답할 것이다. 교사들에게 '역사를 왜 가르치는가?'라고 질문하면 어떻게 대답할까? 대부분의 교사들은 '과거에 비추어 현재를 인식하고 미래를 대비하기 위해' 또는 '국가와 민족에 대한 자긍심을 가지고 살아가기 위해' 등의 대답을 할 것이다. 그러나 교사들의 대답과 달리 지금까지 일상적으로 이루어진 역사수업은 역사적 지식을 잘 암기하고, 시험을 잘 치르기 위한 것이었음을 부인하기 어렵다.

우리 '열 사람의 한 걸음'은 아이들이 역사 공부를 통해 더 좋은 사회를 만들기 위해 '성찰할 줄 아는 사람', '행동하는 사람'으로 자라나길 바랐다. 그리고 모두가 다 함께 행복한 세상을 만드는 것이 역사 공부와 관련이 있다는 것을 알기를 바랐다. 우리가 역사를 배워야 하는 이유는 우리 선조들이 극복해 낸 모든 역경, 일구어 낸 멋진 유산을 배움으로써 '훌륭했구나!' 정도의 감탄에서 벗어나 역사의 주인공으로서 자신이 어떤 삶을 살아야 하는지 깨닫기 위함이지 않은가!

그래서 우리는 역사수업을 개발하고 실행하면서 역사를 가르치는 이유를 잊지 않으려 노력했다. 우리의 수업에는 우리의 미래를 책임질 우리 아이들이 정의로운 시민, 행동하는 시민으로 자라길 바라는 마음이 담겨 있다. 혹자는 '초등학교에서 역사수업을 그렇게 깊게 가르칠 필요가 있느냐', '너무 많은 의미를 전달하려고 하는 것은 욕심이다', '정치적이어서 위험하다'는 등의 이야기를 하기도 한다. 초등학교 역사수업은 역사적 지식을 재미있게 배우는 것만으로 충분하다는 말도 많이 들었다.

정말 그럴까? 역사의식은 자신이 어떤 사회에 살고 있는지 알고, 앞으로 어떻게 살아야 하는지 생각하게 해 준다. 역사의식을 기르기 위한 공부는 초등 고학년에서도 가능하다. 초등 단계에서부터 역사에 대해 충분히 생각하며 성장한다면 역사의식을 함양하기 좋을 것이다. 또한 초등학생들은 시험과 성적으로부터 비교적 자유롭기에 다양한 활동을 통해 생각의 크기를 넓힐 수 있다. 스트레스 받지 않고 역사를 즐기고 그 속에서 의미와 배움을 만들 수 있다. 따라서 초등의 역사수업부터 역사의식을 기르기 위해 노력해야 한다.

고민과 성찰이 담긴 우리의 역사수업! 아이들에게 실수하지 않기 위해, 부끄럽지 않기 위해 노력했다. 그럼에도 부족한 점이 많기에 우리의 수업을 세상에 내놓으려니 부끄러움과 염려가 앞선다. 하지만 우리의 부족한 부분은 독자 선생님들이 채워 주실 거라 믿기에 용기를 냈다.

이 책은 '열 사람의 한 걸음'이 출판하는 세 번째 책이다. 우리가 이렇게 꾸준히 책을 펴내는 이유는 우리의 수업이 동료 교사들의 수업을 풍요롭게 하는 데 조금이나마 도움이 되었으면 하는 바람 때문이다. 역사 교과서 국정화의 광풍이 몰아치는 요즘, 역사수업을 고민하는 초등 교사들에게 이 책을 바친다.

역사수업!
어떻게 하면 좋을까요?

배성호(역사교육연구소 연구원)

수업을 어떻게 하면 좋을까요? 교사로서 일상적으로 열어 가는 수업이지만 막상 수업을 어떻게 하면 좋을지 제대로 나누는 경우는 드뭅니다. 특히 많은 교과를 다루는 초등학교에서의 역사수업은 더욱 그러합니다.

역사 교과서 국정화를 비롯해 최근 공교육 현장의 역사교육이 큰 화제가 되고 있습니다. 일련의 상황 전개는 안타까운 현실의 반영이지만 역설적으로 그만큼 역사교육이 중요하다는 것을 일깨워 줍니다. 이런 상황에서 과연 우리 아이들과 역사수업을 어떻게 하면 좋을까요?

바로 이 책을 보면 그 실마리를 찾을 수 있답니다. '열 사람의 한 걸음'이라는 이름처럼 동료 선생님들이 함께 뜻을 모아 역사수업을 어떻게 풀어 가면 좋을지 지혜를 모았기 때문입니다. 이 책이 매력적인 것은 역사수업에 대한 선생님들의 솔직한 이야기와 아이들과 함께 열어 간 생생한 수업 사례가 담겨 있기 때문입니다.

아이들에게 어렵게만 느껴지는 역사를 재미도 살리고 또 의미도 찾아가고자 뜻을 세운 것이 인상적이었습니다. 사실 재미와 의미를 담는다는 것은 쉬운 일이 아닙니다. 그럼에도 휴일도 반납한 채 직접 영상 자료에 출연하는 선생님들의 열정과 이를 통해 즐겁게 역사와 마주하는 아이들의 이야기들을 읽으면서 수업의 의미를 너르게 살펴볼 수 있었습니다.

사실 이런 과정을 그저 우리 교실에서만 풀어 가는 데 머물지 않고 학년 전체 선생님들이 뜻을 모은 점이 인상적입니다. 집단지성을 통해 수업을 모색하면서 알차면서도 유쾌한 역사수업을 만들 수 있었지요. 무엇보다 이 과정에서 아이들과 교사가 더불어 성장한다는 점을 강조하고 싶습니다. 이는 수업을 준비하고 또 수업 후 일련의 과정들을 꼼꼼하게 기록하고 정리하였기 때문입니다.

이 책을 읽으면서 마치 바로 곁에서 선생님들과 이야기를 나누는 느낌이었습니다. 수업을 이렇게 해 보면 어떨까라는 즐거운 모색을 함께 나누면서 나름의 수업 방안을 열어 가고, 또 아이들은 과연 어떠할까라는 기대와 설렘과 마주할 수 있었습니다. 이 책을 마중물 삼아 아이들과 함께 어떤 역사수업을 만들어 갈지 생각해 보면 좋겠습니다.

2017년 2월

차례

1부

5학년 수업 사례

1장
역사를 부탁해

1.
역사수업을 고민하다

1) 초등학교 역사수업, 이대로 괜찮을까?

초등학교 아이들은 4학년 때부터 '사포자(사회포기자)'가 되기 시작한다. 사회과의 내용이 많아지고 어려워지면서 사회 공부를 포기하는 것이다. 비슷한 이유로 5학년이 되면 '역포자(역사포기자)'가 된다. 아이들은 자발적으로 포기한 것을 다시 되돌아보지 않는다. 역사를 포기한 아이들은 나름의 타당한 이유도 있기 때문에 다시 역사에 관심을 갖게 되는 일은 드물다. 아이들이 이렇게 역사에서 멀어지게 되는 현실을 우리는 어떻게 받아들여야 할까?

미래를 살아갈 우리 아이들이 역사에 관심을 갖지 않는 것은 두려운 일이다. 역사를 제대로 배우지 못한 민족은 같은 실수를 반복하고 잘못된 방향인지도 모르고 살아간다. 비판적으로 사고하고 행동하는 시민의식은 바른 역사교육을 바탕으로 길러진다. 초등에서부터 역포자가 양산되는 안타까운 현실을 해결하는 방안을 찾기 위해 고민해야 한다.

여기서 가장 치열하게 고민해야 할 사람은 누구일까? 아이들을 민주시민으로 길러 내기 위해 최선의 노력을 해야 할 사람은 바로 교사이다. 사회과 교육과정의 최종 목표는 '사회, 국가, 인류의 발전에 기여할 수 있는 시민적 자질을 기르는 것'이다. 교사들은 아이들이 이 목표에 도달할 수 있도록 노력해야 한다.

역사수업을 통해 시민적 자질을 기르기는커녕 역사 공부 자체를 포기하는 아이들을 보며 교사들은 어떤 생각을 하고 있을까? 역포자가 되는 아이들을 바라만 보고 있지 않은가? 역사란 원래 어려운 교과이니 어쩔 수 없다며 아이들의 선택을 정당화하고 있는지 되돌아봐야만 한다.

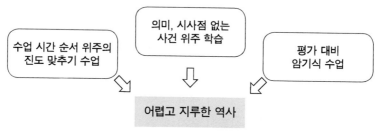

아이들이 역사수업을 외면하는 이유

아이들이 쉽게 역사를 포기한다면 지금까지 우리가 해온 역사수업이 어떠했는지 생각해 볼 필요가 있다. 기존의 역사수업은 시간 순서로 사건들을 가르친다. 그리고 그 사건이 가지고 있는 의미나 시사점보다는 진도를 맞추는 것에 초점을 둔다. 또한 선다형 지필평가에서 좋은 점수를 얻기 위해 역사적 사건들을 암기하게 하고 수업 또한 중요한 단어나 개념을 중심으로 진행한다. 이렇게 진행되는 수업은 재미도 없고, 아이들의 삶과 연결되지도 않으며, 사회 현상을 이해하기 위한 지식도 습득하지 못한다. 교사들이 역사수업을 되돌아봐야 할 이유는 분명하다. 수업의 내용, 방식뿐만 아니라 우리가 하고 있는 역사수업의 목표도 다시 생각해 보아야 한다.

역사수업을 하기 어려운 교사의 현실도 무시할 수는 없을 것이다.

대학에서 역사를 전공하지 않은 한 고등학교 때 공부한 역사적 지식이 전부인 상황에서 특정 학년에서만 가르치는 역사를 위해 많은 노력을 기울이기 힘들다. 이런 현실에도 불구하고 역사 공부를 열심히 해야 한다고 말하는 것이 너무 이상적인 이야기일까?

E. H. Carr는 '역사는 과거와 현재의 대화'라고 했다. 평론가 조지 버나드 쇼는 "역사가 되풀이되고 예상치 못한 일이 반복해서 일어난다면 인간은 얼마나 경험에서 배울 줄 모르는 존재인가"라고 말했다. 우리는 역사를 통해 과거의 일을 되돌아보고 지혜를 얻는다. 역사는 현재의 문제를 해결하기 위한 초석이 되고 미래를 계획하기 위한 기반이 된다. 역사교육은 가장 효과적이고 핵심적인 시민교육이다. 그렇기 때문에 교사는 역사에 관심을 갖고 역사수업을 연구해야 한다.

우리는 이와 같은 문제의식과 목표 속에서 새로운 역사수업을 꿈꾸었다. 어떻게 다가가야 아이들이 역사에 관심을 가질까, 아이들이 원하는 것은 무엇일까 고민했다. 결국 수업의 중심은 아이들이 아닌가? 아이들을 중심에 두고 역사수업을 새롭게 만들기로 했고 자연스럽게 '재미와 의미가 있는 역사수업'이라는 목표를 세우게 되었다. 세부적으로는 활동 중심 수업, 대화와 토론 중심 수업, 역사 인물에 공감하는 수업, 과거와 현재가 만나는 수업을 지향했다.

'역사를 부탁해'는 위와 같은 목표를 가지고 전주신동초 5학년 교사들이 2015~2016년에 걸쳐 개발하고 실행한 교육과정이다. 처음엔 단순히 아이들이 역사를 포기하지 않는 수업을 만들기 위해 시작했지만 나아갈수록 이 수업을 통해 아이들이 스스로 생각하고 행동하는 시민이 되길 바라는 마음이 커져 갔다. 우리는 두 해에 걸쳐 수업을 개발, 실행, 보완했고 이 책은 그 성찰의 기록이다.

'역사를 부탁해'는 아이들의 역사 공부와 수업을 부탁한다는 의미도 있지만, 미래의 주인공이 될 아이들에게 앞으로의 역사를 부탁한다는

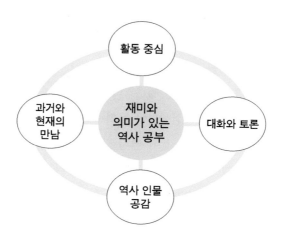

의미도 담겨 있다. 아이들이 역사의식을 가진 시민으로서 살아갈 수 있는 역량을 지닌 어른이 되길 진정으로 바란다. 지난 2년간 이 수업을 통해 역사 공부가 좋아졌다고 스스럼없이 말하는 아이들을 보며 큰 보람을 느꼈다. 역사를 포기하지 않고 5학년을 보냈다는 것만으로도 우리 수업이 성공적이었다고 생각한다.

우리의 수업을 통해 좀 더 많은 교사들이 시행착오를 줄이며 재미있고 의미 있는 역사수업을 할 수 있게 되길 기원해 본다.

2) 재미와 의미를 담은 역사수업을 꿈꾸다

(1) 역사수업, 재미있으면 안 될까?

역사 공부는 왜 그렇게 힘든 걸까? 역사 공부가 재미있고 즐거울 수는 없을까? 가만히 앉아서 선생님이 들려주는 이야기에 집중하고 요점을 정리해 사건을 암기하는 것이 역사를 공부하는 유일한 방법은 아닐 것이다. 효율적인 학습 방법은 다양하다. 우리는 아이들이 수업의 주체로 참여하고 유의미한 배움을 할 수 있는 방법을 고민하던 중 학습효율성 피라미드를 떠올렸다. 아이들이 적극적으로 수업에 참여하는 순간 학습효율성은 높아진다. 이에 따라 아이들의 참여와 활동을 중심으로 수업을 계획했다.

활동 중심으로 수업을 계획한 두 번째 근거는 피아제의 인지발달 단계 이론이었다. 피아제의 이론에 따르면 초등학교 고학년 아이들은 '구

비율	학습 방법
5%	강의 듣기
10%	읽기
20%	시청각 수업 듣기
30%	시범 강의 보기
50%	집단 토의
75%	실제 해 보기
90%	서로 설명하기

학습효율성 피라미드
출처: NTL(National Training Laboratories)

체적 조작기'로 아직 추상적 개념과 상징물을 대상으로 한 지적 조작이 어렵다. 이 시기의 아이들은 구체적 사물과 사건을 통해 지각을 하고, 이를 근거로 논리적 사고가 가능하다. 그러나 이 시기의 아이들은 과거의 일에 대해 아는 것만으로는 그 사건의 시사점과 의미를 찾는 것이 거의 불가능하다.

그래서 우리는 아이들이 활동을 통해 역사적인 사건을 만날 수 있도록 했다. 모형을 보거나, 시뮬레이션을 해 보고, 만화를 그리는 등의 활동을 통해 역사적 의미를 찾아보게 했다. 아이들이 재미있다고 생각하는 많은 내용들이 역동적인 활동으로 진행되었다.

(2) 대화와 토론으로 성장하는 우리들

역사적인 사건 속에서 우리는 현재를 대면한다. 지금도 반복되는 다양한 사건들을 통해 현재의 문제를 해결하기 위한 비판적 사고력과 판단력을 기르는 것이 역사교육의 중요한 목표다. 이와 같은 능력들은 역사적인 사건에 대해 끊임없이 스스로 판단하는 경험 속에서 길러진다. 친구들과 수업에서 끊임없이 대화하고 토론하면서 자신의 판단이 어떤 장점과 단점이 있는지, 무엇이 옳고 그른지 알게 된다.

아이들은 모둠 활동을 하며 역사적인 사건에 대해 서로 소통하고 토론했다. 이미 결론이 나 있는 일이지만 '견훤이 삼국을 통일했다면?', '내가 이순신이었다면?', '소현세자가 왕이 되었다면?' 등의 가정을 해 봄으로써 역사를 다른 시각으로 보는 기회를 가졌다. 역사적으로 잘못된 선택을 바로잡아 보고 현재에 어떤 시사점을 줄 수 있는지 고민해 보았다.

그냥 암기만 한다면 역사를 배울 필요가 없다. 이미 정해진 것을 암기하는 데서는 의미 있는 배움이 일어나지 않는다. 아이들이 역사적 사건에 '만약~'이라는 가정도 해 보고 지금 일어나고 있는 비슷한 사건과 연결 지어 생각할 때, 역사적 판단력과 역사의식이 길러진다.

(3) 역사 인물에 몰입해 공감하는 수업

역사를 공부하면서 만나는 수많은 인물들 중에는 존경받는 위인도 있지만 그렇지 않은 인물도 있다. 이들이 한 일을 단순히 시간 순서로 아는 것은 아이들에게는 별 의미가 없다. 너무나 먼 과거의 인물이고 지금의 나와는 어떤 공통점도 찾기 어렵기 때문이다. 수업을 통해 아이들이 과거의 인물과 공통점을 찾아보고 감정이입해 볼 수 있는 기회를 주는 것이 역사적 판단력을 기르는 데 도움이 된다.

역사수업에서 만나는 인물들을 보며 '나라면 어떻게 했을까?'라는 생각을 해 보면 역사에 더욱 잘 몰입할 수 있다. 예를 들어 노비의 삶을 들여다보며 단순히 노비의 생활 모습을 아는 것보다는 역사 속 등장인물로서 노비의 삶에 공감하는 것이 중요하다. 단순히 노비가 있었다는 것을 아는 것보다 지금과 비교해 그 당시 노비들의 삶을 알아본다면 현재 노비가 없는 사회체제에 대한 궁금증이 생길 것이고, 신분제의 폐지 등에 대해 관심을 갖는 등 확산적인 사고를 할 수 있다. 또한 노비의 비참한 삶에 공감함으로써 시대별로 피지배 계층의 봉기가 끊이지 않았던 까닭을 알고, 현재 자신의 삶에 이와 같은 부당한 상황이 닥쳤을 때 어떻게 행동해야 할 것인지 스스로 판단할 수 있다.

(4) 역사적 딜레마를 제공하는 수업

역사는 반복된다. 그 속에서 우리는 역사적 상황 속의 딜레마를 만나게 된다. 원나라 세력에 기생한 권문세족의 선택은 정당한가? 궁예, 견훤, 왕건 중 왕의 자질을 갖춘 사람은 누구인가? 이방원과 정몽주 중에 누구를 지지하는가?

우리는 아이들이 역사적 상황에 대해 고민하게 하는 발문을 만들었다. 적절한 발문을 준비하기 위해 수업 계획 단계에서부터 심도 있는 협의를 했다. 발문은 옳고 그름을 생각하는 단답형이 아닌, 현재 우리의 상황에 비추어 생각해 볼 수 있게 만들었다. 현재를 알아야 답할 수 있는 발문이 있을 때는 뉴스를 시청하고 와서 참여하게 했다.

이와 같은 딜레마 상황에 대해 생각해 보는 것은 역사가 과거의 사건을 단순히 아는 것에 그치지 않음을 아이들에게 알려 주기 위해서였다. 역사적인 사건에 대해 지금 판단해 보는 것이 앞으로 우리의 미래에 도움이 되리라는 생각, 같은 실수를 하지 않을 것이라는 메시지를 전달하려고 노력했다.

딜레마 상황을 제공하려면 교사들이 계속해서 역사적인 사건의 다른 면을 보고 다르게 생각해 보아야 했다. 이런 경험을 통해 아이들뿐 아니라 교사도 함께 배우고 성장했다.

(5) 과거와 현재를 연결하는 수업

아이들의 앎은 현재의 삶과 연결되어야 한다. 아이들은 자신의 삶과 연결된 내용을 배울 때 가장 활발하고 즐거워한다. 하지만 역사수업에서 만나는 지식과 앎은 과거이다. 왕건의 호족정책, 임진왜란, 병자호란 등의 사건이 현재의 삶에 어떤 연결고리가 있는지 단순히 교과서의 내용만으로는 파악하기 어렵다. 교사는 수업을 통해 이 사건들이 현재 우리 삶과 어떻게 연결되는지, 우리에게 어떤 교훈을 주는지 파악할 수 있게 도와야 한다. 이런 과정을 거쳐 과거와 현재가 연결되어 있음을 보여 준다면 역사를 포기하거나 지루하게 여기는 일은 없을 것이다. 우리는 역사가 현재 우리 사회에 다양한 시사점을 남긴다는 것을 알게 하기 위해 주력했다.

권문세족을 배울 때는 친일파와 연결 지었고, 농민 봉기를 배울 때는 집회를 하는 시민들을 떠올려 보았다. 묘청의 서경천도운동에서는 행정수도 이전에 대해 토의해 보았다. 과거와 현재를 연결하는 과정을 통해 아이들은 역사를 공부하는 이유를 자연스럽게 깨달았다. 이 과정에서 우리들은 교과서 이외의 수업 자료를 만들기 위해 자료 수집과 공부에 힘써야 했다. 쉽지 않은 일이었지만 아이들은 시사점이 확연히 드러나는 수업일 때 가장 활발하고 비판적으로 참여했기 때문에 힘들어도 보람 있었다.

3) '역사를 부탁해' 수업을 만들다

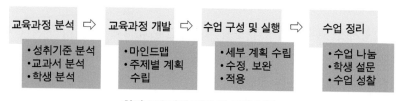

학년 교육과정 개발 및 실행 절차

5학년 교육과정을 수립하기 위한 2월 워크숍 자리에서 우리는 역사수업을 교과서대로 진행하기에는 무리가 있다는 데 의견을 모았다. 기존 교과서는 역사수업을 2학기에 가르치도록 되어 있는데 2학기 사회 수업시수에 비해 역사 시간에 가르쳐야 할 내용이 너무 방대했기 때문이다. 교과서대로 하자면 2학기 48시간 동안 선사시대부터 조선시대 병자호란까지 가르쳐야 한다. 많은 양을 짧은 시간에 가르치려면 내용의 전달에 초점을 두게 되어 지루하고 힘든 수업을 할 수밖에 없다. 대안으로 우리는 주제통합수업을 만들어 1, 2학기 1년 동안 여유롭게 역사수업을 진행하기로 했다.

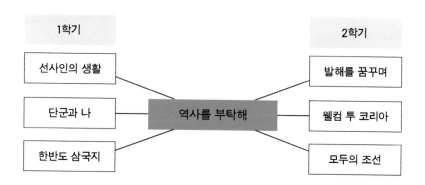

역사 통합수업에 다양한 교과가 포함되어 있었고, 역사수업뿐만 아니라 전체적으로 통합수업을 개발하여 실행했기 때문에 시간 확보가 가능했다.

1학기에는 매달 마지막 주에 역사주간을 운영해 세 가지 주제의 역사수업을 진행했고 2학기에는 좀 더 긴 호흡으로 통일신라, 고려, 조선 전반부의 역사수업을 진행했다.

1년 동안 역사수업을 진행하면서 좋았던 점은 긴 호흡으로 역사를 가르칠 수 있다는 점이었다. 교사들 스스로 서두르지 않고 차분히 수업하고 아이들에게도 시간적 여유를 주었다. 아이들이 역사 관련 책도 읽는 기회를 제공하면서 역사를 친근하게 생각할 수 있도록 했다. 또한 역사수업과 관련 있는 현장체험학습을 다양하게 진행할 수 있었다. 1학기와 2학기에 나누어 고창 고인돌박물관, 무령왕릉, 경복궁, 전주 한옥마을 등 역사를 생생하게 경험할 수 있는 장소로 현장체험학습을 다녀왔다.

2.
재미와 의미를 모두 잡은 역사수업

1) 역사수업에서 찾은 재미 '선사인의 생활'

가. 수업 마인드맵

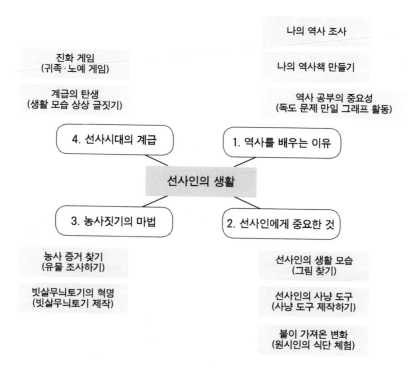

'선사인의 생활'은 처음 역사를 만나는 아이들의 호기심을 자극하는데 초점을 두었다. 호기심을 가지고 역사를 접하게 하여 '역사는 재미있는 것, 공부할 만한 것, 지루하지 않은 것'이라는 생각을 가지게 하고 싶었다. 이를 위해 교사들이 등장하는 '선사탐구생활' 동영상을 제작해 수업 도입에 활용했고 다양한 체험활동 및 시뮬레이션과 놀이를 이용해 수업을 전개했다.

특히 '선사인의 생활'에서 가장 중요한 것은 첫 번째 수업이었다. 본격적으로 선사시대에 대한 수업을 시작하기 전에 아이들과 '역사를 배우는 이유'를 함께 생각해 보았다. 아이들이 이것을 배우는 것이 왜 중요한지 스스로 깨달았을 때 즐겁게 참여할 것이라고 생각했기 때문이다. 아이들은 나의 역사책을 만들고, 인생 그래프를 그려 보며 나의 과거가 현재와 미래에 어떤 영향을 주는지 알아보았다. 또한 독도를 두고 불거진 문제에 대해 한일 양국의 주장을 알아봄으로써 역사에 관심을 갖는 것이 중요하다는 것을 알 수 있었다.

나. 수업 세부 계획

수업 제목	교과	시량	학습 내용 및 활동
수업 안내	국어	1	• 무지개책 만들기 • 수업 마인드맵 그리기
1. 우리가 역사를 배우는 이유	국어 사회	2	[사전 과제] 나의 역사 조사하기, 인터넷에 '역사' 검색 • 나의 역사책 만들기(주제 노트, 인생 그래프 그리기) • 역사를 서술하는 기준 알기
2. 역사 공부의 중요성	국어 사회	2	• 독도 문제가 드러난 신문 기사 분석하기 • 만일 그래프 활동하기

3. 선사인의 생활 모습	국어 사회	1	• 선사탐구생활 1 • 선사인의 생활 모습 알아보기
4. 선사인의 도구	사회 미술	1	• 선사탐구생활 2(멧돼지 사냥) • 선사인의 사냥 도구(도구 설계하기 학습지: 생김새, 사용 목적, 만드는 방법, 장점, 재료 등을 설명)
5. 선사인과 불	국어	1	• 선사탐구생활 3(불 사용) • 원시인의 식단(급식실 식판 빌리기, 원시인 다이어트) • 불이 없다면 어떤 생활을 할까?(글쓰기, 발표)
6. 농사의 시작과 계급의 탄생	사회 체육	2	• 선사탐구생활 4(농사) • 구석기와 신석기 구분 • 농사, 혁명의 시작-빗살무늬토기, 생활의 변화 모습 • 농사짓기, 재산 축적, 신분 탄생 등 농사짓기의 의미 • 진화 게임(재산의 규모에 따라 진화해서 왕이 되는 게임, 재산은 가위바위보에서 이기면 축적된다) • 선사탐구생활 5(신분)
7. 주제 마무리	사회	1	• 역사수업에서 배웠던 것 중 인상 깊은 것 떠올리기 • 스쿨홀릭-선사시대 관련 부분 감상(역사는 우연?) • 선사인의 생활 네 컷 만화 그리기

다. 주요 교과 성취기준

교과	성취기준
사회	우리 역사의 시작과 발전 (가) 선사시대 사람들의 생활 모습을 대표적인 유물과 유적을 통해 파악한다.
국어	읽기 (1) 문맥을 고려해 낱말의 의미를 파악하며 글을 읽는다. 쓰기 (1) 쓰기의 과정을 이해하고 과정에 따라 글을 쓴다. 　　　 (4) 적절한 이유나 근거를 들어 주장하는 글을 쓴다.

라. 이렇게 수업했어요

(1) 수업 안내

무지개책 만들기(15′)

⇩

수업 안내, 마인드맵 그리기(25′)

1. 무지개책 만들기
• 색지, 스테이플러

2. 수업 안내, 마인드맵 그리기
- 칠판에 마인드맵을 그리면서 함께 자신의 무지개책에 마인드맵을 그림
- 마인드맵의 주제들을 보면서 앞으로 무엇을 배울지 생각해 보기
- 참고하면 좋은 책 소개

'역사를 부탁해' 수업을 진행하는 동안 매 수업마다 아이들이 배운 내용을 정리할 수 있는 무지개책을 만들었다. 무지개책을 만든 후에는 칠판에 마인드맵을 그리면서 수업을 안내하는 시간을 가졌다. 이 시간이 역사수업을 시작하는 첫 시간으로 가장 중요한 시간이었다. 마인드맵에는 간단한 소제목만 제시했는데, 아이들은 소제목들을 보면서 앞으로 배울 내용을 유추했다. 그래서 아이들이 기대감을 가질 수 있는 제목을 짓는 데 심혈을 기울여야 했다. 수업 내용보다 제목을 만드는 것이 오히려 더 어려운 작업이었다. 하지만 입에 착 감기고 쉬운 제목들을 통해 아이들이 역사에 관심을 가지는 것을 보면서 뿌듯함을 느낄 수 있었다.

무지개책 만들기 　　　　　　　무지개책에 정리하는 아이들

　무지개책은 만드는 과정이 쉬워서 한두 번 만들어 본 후에는 아이들이 빠른 시간에 만들 수 있게 되었다. 무지개책을 정리하는 것은 암기를 위한 정리가 아니라 자기가 새롭게 알게 된 것, 인상 깊었던 것들을 기록하거나 각종 활동지를 붙여 역사책을 만드는 과정이었다. 아이들은 매 수업마다 무지개책에 정리하는 시간을 통해 자기만의 정리 방식을 터득하기도 하고, 그림이나 글을 이용해 자기만의 역사책을 만들기도 했다. 학년 말에는 주제별로 여섯 개의 무지개책이 생겨났다. 처음에는 힘들어하던 아이들도 완성된 무지개책을 보면서 뿌듯해했다.

(2) 우리가 역사를 배우는 이유

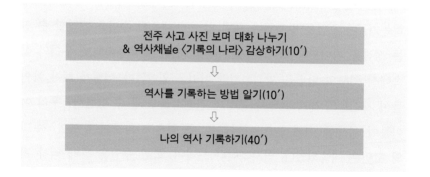

1. 전주 사고 사진 보며 대화 나누기 & 역사채널e 〈기록의 나라〉 감상하기
■ 우리가 역사를 배우는 이유.ppt(역사채널e 〈기록의 나라〉)
- 이 건물은 어떤 용도로 사용되었을까?
- 왜 우리나라를 '기록의 나라'라고 표현했을까?

2. 역사를 기록하는 방법 알기
- 동양 전통의 역사를 기록하는 방법: 시간 순, 중요한 사건 순, 내용을 분류해서 쓰기
- 연표 읽는 법 알기

3. 나의 역사 기록하기
■ 인생곡선.hwp, 어릴 적 사진 및 육아수첩 등 아이들이 준비한 자료
- 나의 역사 연표 기록하기
- 나의 역사와 관련된 자료 분류하기(시간 순/중요도 순)
- 나의 인생 그래프 그리기
- 나의 역사를 시간 순으로, 중요한 사건을 중심으로 기록하고 꾸미기

'역사를 부탁해'의 첫 수업이 앞으로 진행될 역사수업의 전체적인 인상을 결정한다는 생각 때문에, 적잖은 부담을 가지고 수업을 계획했다. 첫 수업은 마땅히 "역사란 무엇인가?" 그리고 "역사를 왜 공부해야 하는가?"에 초점을 맞추었다. 또한 앞으로 계속될 수업을 개괄할 수 있는 성격을 지니도록 했다. 사실 어른인 우리 교사들에게도 우리의 삶속에서 역사의 단편을 발견하기란 어려운 일이었다. 어떻게 해야 아이들이 자신들의 세계와 역사 공부의 관련성을 느낄 수 있을까? 우리 아이들이 역사를 어떤 눈으로 바라볼 수 있게 도와주어야 할까? 우리의 고민은 계속되었다. 역사책이나 드라마, 학원 수업을 통해 역사 지

식이 풍부한 아이들도 있었지만, 대부분의 아이들에게 역사란 낯선 존재였다. 그래서 아이들의 생활 속에서 역사의 흔적을 찾아 줄 수 있는 연결고리를 곰곰이 생각해 보다가 우리 지역 전주에 있는 '전주 사고'의 사진을 보여 주었다. 부모님과 함께 경기전으로 산책을 가거나 현장체험학습을 다녀온 아이들은 "어디서 보긴 했는데…." 하며 의아해하는 반응이었다. 『조선왕조실록』을 보관하던 사고라는 사실을 이야기하며 우리 조상들이 각기 다른 지역에 이러한 사고를 지어 역사 기록이 소실될 수 있는 위험에 대비했다는 것을 배웠다. 그리고 함께 역사채널e 〈기록의 나라〉를 감상하며 예로부터 역사적 기록을 소중히 여겼다는 것을 느낄 수 있었다. 아이들에게 질문을 했다. "옛날부터 왜 이렇게 많은 기록을 남기고, 기록을 보관하기 위한 건물까지 지어서 소중히 여긴 걸까?" 이 질문에 아이들은 잊지 않기 위해서, 앞으로 예전에 했던 실수를 반복하지 않기 위해서 등 저마다 훌륭한 답변을 내놓았다. 다음으론 간략하게 역사를 기록하는 방법(시간 순, 사건의 중요도 순 등)에 대한 이야기를 나누고, 역사책에 많이 등장하는 연표를 읽는 방법을 배웠다.

그다음으로 지난 시간에 만든 역사 무지개책에 '나의 역사'를 기록하는 시간을 가졌다. 기록의 소중함을 느낀 아이들은 자신의 역사를 기록하는 활동에 흥미롭게 참여했다. 원활한 수업을 위해 아이들에게 사전에 어렸을 적부터 지금까지의 사진을 가져오거나 학급 클래스팅에 올리도록 했다. 아이들은 교사가 출력해 주거나 자신이 가져온 사진을 무지개책에 오려 붙이고 사진 속의 자신에게 어떤 일이 있었는지 간단히 기록했다. 열두 해의 짧은 인생이지만, 자연스럽게 중요한 사건 위주로 자신의 역사를 기록했다. 교사가 군이 설명하지 않아도 과거에 있었던 많은 일들 중에서도 자신과 타인에게 영향을 끼치는 중요한 사건만이 역사로서 기록되고 보존된다는 사실을 알 수 있

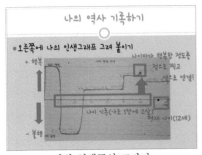

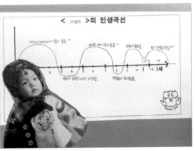

나의 인생곡선 그리기　　　　　　　하경이의 인생곡선

었다.

　마지막으로 아이들과 함께 '나의 인생곡선 그래프'를 그리며 수업을 마무리했다. 이것은 한눈에 나의 역사를 들여다볼 수 있는 좋은 도구가 되었다. 그렇게 "나의 역사"를 완성한 뒤 둥그렇게 둘러앉아 친구들의 역사를 감상했다. 아이들이 자신의 과거에 대해서 친구들에게 설명해 주고, 또 친구들에게 궁금한 점을 물으면서 활발한 대화가 이루어졌다. '나의 역사' 수업은 역사란 무엇인지, 왜 기록이 소중한지 알게 된 것뿐만 아니라 친구들에게 관심을 가질 수 있는 좋은 기회가 되었다.

(3) 역사 공부의 중요성

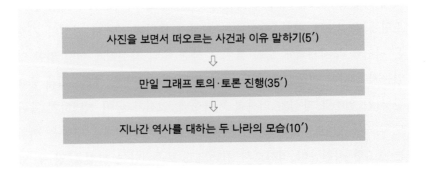

⇩

내가 생각하는 '역사'란?(30′)

1. 사진을 보면서 떠오르는 것 나누기

- 예전의 사진을 보면서 떠오르는 사건들 이야기 나누기

- 그 사건들 중에서 가장 중요한 사건과 그 이유 말하기

- ★ 역사란? 옛날에 일어난 일 중에서 사람들의 삶에 영향을 끼치고 시대 흐름을 바꾼 사건

2. 만일 그래프 토의·토론 진행

■ 만일 그래프 활동지.hwp

- 모둠별로 신문 기사 읽기(신문 기사에 대한 교사의 간단한 설명 필요)

- '활동지'에 자신의 생각 쓰기

  ▶ 만일 우리가 독도의 역사를 모르는 상태였다면?

  ▶ 만일 독도가 우리나라 땅이라는 역사적 자료가 없었다면?

  ▶ 만일 우리가 독도를 위한 노력을 하지 않는다면?

- 모둠 내에서 생각 나누기

3. 지나간 역사를 대하는 두 나라의 모습

- 독일과 일본의 지나간 역사를 대하는 상반된 모습 보기(동영상 시청+사진 자료)

4. 내가 생각하는 '역사'란?

- 내가 생각하는 역사의 의미에 대해 나누기

- 글쓰기 진행(역사+역사를 아는 것의 중요성)

지난 수업에서 아이들은 '나의 역사책 만들기' 활동을 하면서 '역사' 라는 것이 자기 자신과 상관없는 것이 아니라는 것을 알았다. 이번 수업은 거기에서 더 나아가 역사의 의미와 역사를 배우는 이유, 역사의 중요성에 대해 알아보는 활동으로 구성했다.

　수업 시간에 아이들이 일상적으로 많이 하는 질문들에는 여러 가지가 있겠지만, 그중에 대표적인 것은 "선생님, 이것은 도대체 왜 배우는 건가요?"이다. 수학 시간에는 수학을 왜 배워야 하는지, 역사 시간에는 역사를 왜 배워야 하는지 궁금해하는 아이들. 물론 배움이라는 것이 꼭 '왜?'라는 질문과 무조건 결부되어야 하는 것은 아니겠지만 아이들에게는 무척이나 궁금한 내용이다.

　그래서 아이들과 함께 그 답을 찾아가 보기로 했다. 역사를 왜 배워야 하는지, 역사를 배우지 않으면 어떤 일이 일어나는지, 나에게 역사란 어떤 의미로 다가오는지 생각해 보기로 했다.

　먼저 아이들에게 지난달에 했던 수업이나 현장체험학습과 관련된 사진들을 보여 준 뒤에 가장 기억에 남는 것이 무엇인지, 왜 가장 기억에 남는지를 물어보았다. 그리고 그것을 바탕으로 역사란 지나간 모든 것이 기록된 것이 아니라 의미 있는 것, 지나고 보니 중요하다고 생각되는 것, 우리의 삶에 큰 영향을 주는 것 등 별도의 판단을 거쳐 후대에 전해진다는 점을 짚어 보았다.

　그리고 모둠별로 독도 관련 신문 기사 4개와 활동지를 나눠 주었다. 그 기사는 독도에 대한 일본의 입장, 독도가 한국 땅이라는 근거 자료, 정부의 노력 미흡, 진주교대의 독도 관련 전시회 개최(민간인들의 노력)의 내용을 담고 있다. 아이들에게 신문 기사를 읽고 내용을 간단하게 정리한 뒤 그 내용을 바탕으로 '만일 그래프' 활동지를 작성하도록 했다.

　아이들의 피드백을 받아 본 결과 이 수업에서 가장 인상 깊었던 부분은 지나간 역사를 대하는 두 나라(독일과 일본)의 상반된 태도를 알아본 것이라고 했다. 과거의 잘못에 대해 인정하고 그것을 반복하지 않기 위해 노력하는 독일, 그에 반해 잘못을 인정하지 않고 역사를 왜곡하려는 일본. 이에 대한 기사와 영상을 보면서 과연 우리는 현재 역사를 어떻게 바라보고 있으며, 앞으로 어떻게 바라보는 것이 올바른 것인가에 대해 이야기 나누었다.

그러나 여기에서 우리가 실수한 부분이 두 가지 있었다. 하나는 신문 기사 내용이 아이들에게 너무 어려웠다는 것이다. 신문 기사 내용을 아이들이 이해하기 쉽도록 한 번 더 수정을 해야 했으나 그 부분을 미처 챙기지 못했다. 또 다른 하나는 만일 그래프 활동지에서 제시한 질문들의 답변이 대부분 비슷했다는 것이다. 아이들에게서 단순하고 중복되는 답변이 나오도록 질문을 제시한 점이 아쉬웠다. 이 수업을 다시 진행한다면 위의 미흡한 부분들을 수정 보완한다면 더 좋은 수업이 될 것이라 생각한다.

그리고 과제로 생활 글쓰기를 진행했다. 주제는 '내가 생각하는 역사의 의미와 역사를 아는 것의 중요성'이었다. 어려운 주제일 것 같았지만 아이들은 수업을 통해 자신이 느끼고 생각한 것을 구체적으로 표현했다. 심지어 교사들조차도 생각하지 못했던 부분까지 표현하는 아

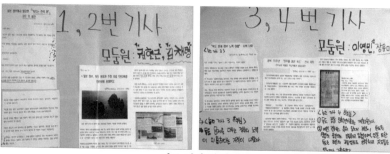

신문 기사 분석

이들도 있었다.

"역사를 잊은 민족에게 미래는 없다"라는 말이 있다. 역사를 아는 것이 왜 중요한지를 보여 주는 문장이다. '지나간 과거의 역사를 아는 것이 왜 중요할까? 우리는 왜 그것을 알아야 할까? 그것을 모르는 민족에게 왜 내일은 없을까?'라는 가장 근원적인 질문! 이 수업은 조금 어려울 수도 있지만, 본격적인 역사 공부를 하기 전 꼭 생각해 보아야 할 질문에 대해 탐구하는 시간이었다.

(4) 선사인의 생활 모습

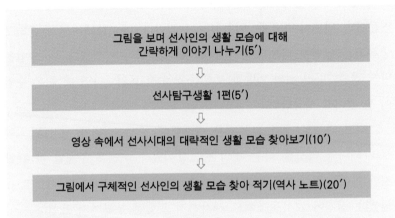

1. 그림 속에 나타난 선사인의 생활 모습 찾기
■ 선사인의 생활 모습.ppt
- 그림 속에 보이는 선사인들이 사는 장면을 보고 여러 가지 생활 모습에 대해 자유롭게 이야기 나누기

2. 선사탐구생활 1편
■ 선사탐구생활 1편.wmv
- 시청 후 대화 나누기

3. 영상 속에서 선사시대의 대략적인 생활 모습 찾아보기
- 동영상 캡처 화면과 책의 그림을 비교하며 선사인의 생활 모습 찾아
  보기
- 선사인들은 어디에서 살았을까?
- 선사인들은 무엇을 먹었을까?
- 선사인들의 장례문화는?
- 선사시대의 대략적인 모습을 알려 주는 차시이므로 구체적인 도구나
  불의 발견, 계급 등의 내용은 언급하지 않음

4. 그림에서 구체적인 선사인의 생활 모습 찾아 적기
■ 선사인의 생활 모습 찾기.hwp
- 역사 노트 '선사인의 생활 모습'에 (1)에서 나눠 준 그림을 붙이고 그림
  속에서 찾을 수 있는 선사인의 생활 모습을 찾아 적기

'역사를 부탁해' 수업의 가장 큰 고민은 아이들이 직접 경험해 볼 수 없는 과거의 시간을 다룬다는 것, 그리고 방대하고 복잡한 역사를 재밌게 배울 수 있는 방법을 찾는 것이었다.

수업 계획 초기 우리들은 재미있으면서 쉽고 간결하며 가르치고자 하는 역사적 사실이 녹아 있는 영상 찾기에 혈안이 되었다. 찾아낸 영상들은 대부분 역사시대였고 그나마 찾아낸 선사시대 영상은 터무니없는 개그 영상이거나 지루한 다큐멘터리뿐이었다. 고민 끝에 우리는 아이들을 위해 직접 영상을 만들자는 결론을 내렸다. 물론 다큐멘터리에 비하면 소품과 배경의 한계, 연기력의 부족, 영상의 질 하락 등의 문제들이 있었다. 하지만 우리 반 선생님이 나오는 영상이라는 것 하나만으로 충분히 매력적인 수업 자료였고, 교사가 원하는 수업

내용을 군더더기 없이 모두 녹여낼 수 있다는 것 또한 매우 큰 장점이었다.

영상을 찍기로 결정하고 난 후 수업 계획은 일사천리로 진행되었다. 가장 큰 고민이었던 '과거의 생활 모습'과 '재미'를 동시에 해결할 수 있었기 때문이다. 먼저 영상에 넣어야 할 큰 개념을 소주제로 골라냈다. 옷, 집, 음식 등 선사인의 생활 모습, 사냥 도구, 불의 발견, 농사의 시작, 계급의 발생으로 소주제를 잡았다. 소주제를 기틀로 하여 주인공 '할랄라와 후니후니'를 중심으로 한 이야기를 만들었다. 영상의 제목은 '선사탐구생활'로 결정했다.

영상 찍는 당일, 우리들은 모두 휴일을 반납하고 학교 근처 건지산에 모였다. 선사탐구생활의 배경이 될 곳으로 건지산의 인적이 드문 풀숲을 선택했다. 선사인의 옷을 재현하기엔 제약이 많아 검은 옷으로 대체했다. 소품은 건지산의 자연물을 이용하거나 종이 그림으로 대체했다. 겨우 수업의 동기유발을 위해 이런 수고를 해야 하는 걸까 하는 회의가 들었다. 하지만 그런 생각은 수업의 시작과 동시에 괜한 생각이 되었다.

선사시대 첫 수업인 '선사인의 생활 모습'에서 영상을 트는 순간 아이들의 반응은 가히 폭발적이었다. 주인공이 비록 우리 반 선생님은 아니더라도 옆 반 선생님이 나온다는 사실만으로도 웃음꽃이 만발했다. 또 아이들은 우리 반 선생님이 언제쯤 등장할까 기대하며 영상에 더 집중했다.

'선사인의 생활 모습'은 구석기, 신석기로 시대를 구분하기보다 선사시대 전반적인 생활 모습을 다루었다. 선사탐구생활 1편에서는 구석기시대 선사인이 사는 곳, 먹는 것, 장례문화에 대한 내용이 나오지만 선사시대 장면을 그린 그림을 따로 제시하여 구석기 이외의 모습도 알아보았다. 수업의 도입에서 영상을 먼저 본 후 영상 속 장면과 선사시대 그림을 서로 비교하며 선사인의 생활 모습에 대해 이야기했다. 예를 들면, 워니워니가 바나나를 따 먹는 장면을 보고 선사인은 열매를 따 먹었을 것이고 이어 다른 그림들을 보면서 사냥을 하거나 물고기를 잡기도 했을 거라는 추측도 가능했다. 또 그림을 통해 불을 이용해 고기를 구워 먹거나 농사를 짓기도 했다는 내용도 언급했다.

선사시대의 의식주에 관해 간단히 알아본 후 이번엔 배운 내용을 확인하는 시간을 가졌다. 구석기와 신석기의 생활 모습이 들어가 있는 만화 그림을 보고 그 속에 담긴 선사시대의 특징을 찾아내는 활동이다. 그림을 유심히 보던 아이들은 수업을 준비하던 교사들도 찾지 못했던 생활 모습들을 발견하기도 했다. 하지만 이 내용만으로 한 차시 수업을 구성하기에는 내용이 적어서 수업을 다 마친 후에는 추가로 EBS에서 방영된 〈한반도의 인류〉를 시청했다. 한반도에 정착한 호모에렉투스의 생활에 대해 재미있고 실감 나게 만들어 놓아서 아이들이 집중해서 시청했다.

비교적 간단하고 짧은 수업이었지만 교과서나 기존의 영상 자료가 아닌 새로운 자료로 더 친근하고 흥미로운 수업이 되었기에 아이들뿐 아니라 교사들도 신나는 시간이었다.

'선사탐구생활' 동영상   구석기와 신석기 생활 모습 차이점 찾기

(5) 선사인의 도구

동기유발(5′)

⇩

내가 만드는 사냥 도구(15′)

⇩

내가 만든 사냥 도구 소개하기(10′)

⇩

선사인의 사냥 도구 알아보기(10′)

1. 동기유발: 선사탐구생활(역사 단막극 감상)

■ 선사탐구생활 2편.mp4

■ 선사인의 도구.ppt

- 할랄라와 후니후니가 멧돼지를 잡기 위해서 사용했던 것은 무엇인가요?

- 선사시대 사람들은 어떤 도구를 사용했을까요?

2. 내가 만드는 사냥 도구

■ 내가 만드는 사냥 도구.hwp

- 이름, 공격대상, 재료, 생김새, 만드는 방법, 그 외의 것들을 상상력을
  발휘해서 적어 보기

3. 내가 만든 사냥 도구 소개하기

- 자신이 구상해 본 사냥 도구를 친구들 앞에서 소개하기

4. 선사인의 사냥 도구 알아보기

- 주먹도끼, 긁개, 돌칼, 찍개, 슴베찌르개, 화살촉, 그물과 그물추, 작살
  날, 낚싯바늘 등

구석기 시대부터 이용된 가장 보편적인 식량 획득 방법은 채집과 사냥일 것이다. 선사인들은 '먹을 수 있는 것'이라면 그 종류에 구애받지 않고 사냥했다. 그리고 인간에 의해 포획된 동물은 식량, 의복, 생활도구 등 인간의 갖가지 생활에 이용되었다. 먹을 것과 생필품이 넘쳐나는 풍족한 시대와는 다른 낯선 모습이다. 살기 위해서 목숨을 건 사냥을 해야만 했던 선사인들에게 사냥 도구는 없어서는 안 될 소중한 것이었음에 틀림없다.

우리가 '선사인의 사냥 도구' 수업을 만들면서 가장 염두에 둔 것은 선사인의 사냥 도구를 통해 그 당시 생활 모습을 이해하는 것이었다. 따라서 단순히 사냥 도구의 생김새와 쓰임새를 암기하는 데에서 그치는 것이 아니라 사냥 도구를 통해 지금과는 많이 달랐던 선사시대를 상상하고 느껴 볼 수 있는 활동이 필요했다. 머리를 맞대 생각한 결과, 아이들이 직접 사냥 도구를 제작해 보기로 했다. 도구의 사용 시기, 목적, 만드는 방법 등을 생각하는 과정에서 아이들은 자연스럽게 선사시대의 생활 모습을 익힐 수 있을 것이라 생각했다.

수업 도입에서 아이들에게 '선사탐구생활 2편'의 멧돼지 사냥 장면 부분만 편집해 다시 보여 주었다. 남자 주인공이 든 것이 무엇이냐고 질문했더니 아이들은 입을 모아 '돌멩이'라고 대답했다. 이어 '이 돌멩이가 멧돼지를 사냥하는 데에 효율적인 사냥 도구였을까?'라는 질문에는 다양한 대답이 나왔다. "선사시대는 철 같은 금속이 없었으니까 그중에 돌을 이용할 수밖에 없었을 걸요", "그래도 그냥 돌멩이로 멧돼지를 때려잡는 건 위험한 것 같아요. 돌을 이용해서 더 좋은 도구를 얼마든지 만들 수 있을 것 같은데요." 다양한 의견을 서로 공유한 뒤, 우리가 직접 사냥 도구를 만들어 보자고 이야기했다.

사냥 도구를 만들기 위해 생각해 보아야 할 것은 무엇일까? 목적, 주 공격대상, 필요한 재료, 만드는 방법 등 유용한 사냥 도구를 완성하기 위해 필요한 다양한 정보들에 대한 이야기를 나누었다. 이를 통해 사냥하는 목적과 사냥할 대상에 따라 사냥 도구를 만들 재료나 방법에 차이가 있어야 함을 알 수 있었다. 날아가는 새를 맞추기 위해 고무줄 대신 나무 넝쿨을 이용해 생각해 낸 새총, 돌을 날카롭게 갈아 긴 나무막대의 양 끝에 달아 활용도를 높인 창살 등 한참을 고민해 만들어 낸 아이들의 사냥 도구는 기발하고 구체적이었다. 이러한 다양한 아이디어를 실물화상기를 이용해 발표하고 공유하는 시간을 가졌다. 아이들은 친구들의 참신한 생각에 박수를 보내면서 더 좋은 아이디어를 덧붙여 주었다. 간혹 구석기, 신석기 시대에서는 아직 발견되지 않은 철, 구리 같은 금속을 사용한 경우도 있었지만 아이들끼리 서로 잘못된 부분을 발견하고 수정하기도 했다.

마지막으로 실제 선사시대에 사용되었던 사냥 도구들을 소개했다. 앞서 아이들이 활동했던 대로 실제 사냥 도구 사진을 보면서 주 공격 대상, 사용된 재료, 만드는 방법 등에 대해 생각해 보고 이야기 나눴다. 긁개, 찍개, 슴베찌르개, 돌칼 등 하나의 재료를 가지고도 상황에 맞게 다양한 도구로 만들어진 장면을 보고 아이들은 선사인들의 능력에 감탄한 듯했다. 더불어 그물추, 낚싯바늘, 화살촉 같은 사냥 도구를 통해 당시 생활환경도 쉽게 파악할 수 있었다.

선사탐구생활 영상을 활용한 동기유발

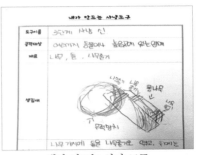
내가 만드는 사냥 도구

선사시대의 여러 모습 중 사냥 도구만 가지고 한 차시 분량의 수업을 만든다는 것이 쉬운 일은 아니었다. 하지만 자신의 사냥 도구를 직접 제작해 보고 서로의 작품을 공유하는 시간을 가지면서 아이들은 선사시대의 생활 모습을 잘 이해하고 받아들였다. 역사수업을 하기 전, 역사적 상황에 공감할 수 있는 문제를 제시한다면 어렵고 먼 역사가 아닌 친근한 역사가 될 수 있지 않을까 생각해 본다. 이 수업도 청동이나 철이 없던 시대에도 다양한 도구를 만들어 살아갈 수 있었음을 느낄 수 있는 좋은 계기가 되었다.

(6) 선사인과 불

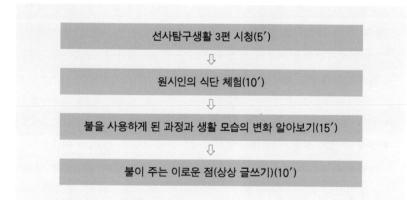

1. 동기유발: 선사탐구생활

■ 선사탐구생활 3화.mp4

- 멧돼지를 잡은 할랄라와 후니후니가 맛있는 고기를 먹을 수 있었던 이유는 무엇일까요?

- 비가 내리고 번개가 치지 않았다면 어떤 고기를 먹었을까요?

2. 원시인의 식단 체험

■ 식판, 생고기, 야채, 과일 등

- 식판(또는 바구니)에 원시인들이 먹었을 법한 재료 담기(야채, 과일, 견
  과류, 곡류, 날고기 등)
- 실제로 이러한 식단을 이용해 다이어트도 한다(원시인 다이어트).
- 이렇게 먹을 수밖에 없었던 이유: 불을 사용할 수 없었기 때문이다.

3. 불을 사용하게 되다
- 어떻게 불을 사용하게 되었을까?: 천둥과 번개가 치는 날, 들판에 큰
  불이 나기도 했다. 처음에는 두려워서 피했지만, 어느 누군가 용기를 내
  불붙은 나뭇가지를 동굴 안으로 가져왔다. 불이 쓸모가 많다는 걸 깨닫
  고, 부싯돌 같은 것을 이용해 스스로 불을 피워 사용했다.
- 생활 모습의 변화: 밤에 활동이 가능, 사나운 맹수를 쫓음. 동굴 안에
  불을 피워 따뜻하게 생활. 사냥한 고기를 불에 구워 익혀 먹음(나중에
  그릇이 생기면 불을 이용해 끓는 물에 삶아 먹기도 했음).
- 현대 모습과 비교하며 불의 이로운 점을 강조.

4. 불이 주는 이로운 점 상상 글쓰기
■ 상상 글쓰기 활동지.hwp
- 할랄라와 후니후니가 불을 사용하게 되면서 어떤 일이 일어날지 상상
  하며 글쓰기.

　　선사인의 생활 5차시 수업의 목표는 선사시대 인간이 불을 사용하
게 되고, 불을 사용하게 된 뒤 크게 달라진 인간의 생활을 알아보는
것이다. 사회 교과서에는 선사시대 인간이 불을 피우고 다룰 수 있었
다는 점을 간단히 언급하고 있다. 인간은 불의 사용으로 추위를 이길
수 있었고, 어둠을 밝힐 수 있었으며, 사나운 동물의 접근을 막을 수
있었다. 또 음식을 익혀 먹을 수도 있었다. 단순히 인간이 불을 사용

함으로써 문명이 더욱 발달하게 되었다는 사실만을 아는 것이 아니라, 선사인의 식단을 직접 체험하고 불편함을 느껴 보고 더 나아가 불이 있어 이로운 점을 생각해 볼 수 있는 수업을 만들었다.

선사탐구생활 2편은 선사인들이 멧돼지를 잡았는데 번개가 쳐서 불이 붙은 뒤 익은 고기를 맛있게 먹는 내용이다. 동영상을 시청한 후 "멧돼지를 잡은 할랄라와 후니후니가 맛있는 고기를 먹을 수 있었던 이유는 무엇일까요? 비가 내리고 번개가 치지 않았다면 어떤 고기를 먹었을까요?"라고 질문하면서 수업을 시작했다.

불을 사용하기 전 선사인들은 어떤 먹을거리를 먹었을까? 식판(바구니)에 원시인들이 먹었을 법한 재료를 담아서 공개했다. 야채, 과일, 견과류, 곡류, 날고기를 준비해 가져갔더니 이를 본 아이들의 눈이 반짝거렸다. 시식하는 시간을 갖겠다고 하자 야채, 과일은 서로 먹어 보려고 난리였지만 쌀, 고기 등은 날것이라 선뜻 먹어 보겠다고 나서지는 않았다. 도전정신이 강한 아이들은 쌀을 몇 개 씹어 먹기도 했다. 아이들은 선사인들은 어떻게 이런 걸 먹었을까? 상상하며 놀라고 신기해했다. 선사인들이 실제로 이러한 먹을거리를 먹지는 않았겠지만 불이 없었을 때의 불편함을 느껴 볼 수 있는 활동이었다.

불이 없을 때의 불편함을 알아본 후에는 불을 사용하게 된 과정과

구석기 식단

구석기인의 식단 체험

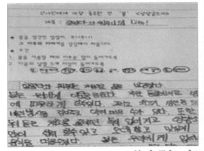

불이 주는 이로움 상상 글쓰기

생활 모습의 변화를 구체적으로 알아보았다. 선사인들은 불을 사용함으로써 밤에 활동이 가능해졌으며 사나운 맹수를 쫓을 수 있었다. 동굴 안에 불을 피워 따뜻하게 생활했고, 음식을 익혀 먹을 수도 있게 되었다.

선사탐구생활의 주인공인 할랄라와 후니후니가 불을 사용하게 되면서 이후에 어떤 일이 발생했을지 상상하며 글쓰기를 했다. 불을 사용하는 이점과 관계된 제시어가 다섯 가지 이상 글 속에 들어가도록 했다.

아이들은 글쓰기를 통해 불을 이용할 수 있게 된 할랄라와 후니후니의 상황을 상상하며 잘 먹고, 따뜻하게 지낼 수 있게 된 인간의 삶에 큰 변화가 생겼음을 깨달았다.

(7) 농사의 시작과 계급의 탄생

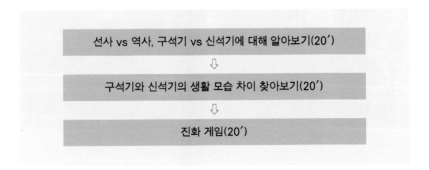

⇩

신석기 혁명 도입 후 정리(20′)

1. 선사&역사, 구석기&신석기에 대해 알아보기

■ 선사탐구생활 4편, 동영상

■ 농사의 시작.ppt

- 영상 시청 후, 농사와 관련된 이야기 나누기

- 선사와 역사의 구분 기준: 문자 사용

- 구석기: 뗀석기를 이용해 먹을거리를 얻음

　신석기: 간석기를 이용해 식량을 구했음

2. 구석기와 신석기의 생활 모습 차이 찾아보기

■ 구석기와 신석기.hwp

- 활동지에 제시된 구석기와 신석기의 생활 모습이 담겨 있는 그림을 살펴보고, 차이 찾아보기

- 기준: 사는 곳, 사는 모습, 식량 구하는 방법, 기타

- 동영상: 〈뾰족그릇의 비밀〉(역사채널e)

3. 진화 게임

■ 포스트잇

- 가위바위보로 재산과 사람을 자기편으로 데려옴

- 부족장이 전체 재산을 배분함(신분의 탄생)

- 게임으로 알게 된 것 정리하기

4. "신석기 혁명" 용어 도입하고, 정리하기

■ 선사탐구생활 5편, 동영상

- 신석기 혁명: 농사가 사람들의 삶에 급격한 변화를 가져옴

선사탐구생활 4편은 주인공 남녀가 농사를 짓기 시작하는 내용이다. 아이들과 영상을 통해 오늘 배울 내용을 짐작해 본 후 본격적인 수업을 시작했다.

이 시간에는 선사와 역사를 구분하는 기준에 대해 알아보았다. 문자를 사용하지 않았던 시대를 역사 이전의 시대라고 부르고 그 시대의 생활 모습은 유물과 유적을 통해 추측하는 것이라는 점을 알려 주었다. 지금까지 수업에서 사용해 온 용어의 정확한 뜻을 알려 주고 선사시대에 대해 더 자세히 알아볼 것임을 안내했다.

선사탐구생활에서 확인할 수 있었던 것처럼 인류가 지구상에서 터를 잡고 오랜 시간이 흐르며 삶의 방식에 변화가 생겼다. 후대인들은 그 변화를 유물과 유적을 통해 짐작한 후 과거와 더 먼 과거를 구분하게 되었다는 점을 설명해 주었다. 이미 지난 시간에 배운 내용이긴 하지만 이번 시간에는 구석기와 신석기에 대해 더욱 구체적인 내용을 확인했다. 지난 시간에 사용한 활동지를 가지고 구석기인과 신석기인이 사는 곳, 식량을 구하는 방법, 살아가는 모습 등에서 차이가 있음을 알아보았다. 특히 농사짓기에 초점을 맞추어 그림 속에서 알아볼 수 있는 변화를 찾아보았다. 아이들은 집의 형태와 함께 사는 사람들의 규모가 커진 점을 발견했다. 그리고 그림 속에서 특이한 모양의 그릇을 찾아냈는데 바로 빗살무늬토기였다.

그 후에는 함께 왜 신석기 사람들이 밑이 뾰족한 그릇을 사용한 것인지 상상해 보았다. 아이들은 '받침대가 따로 있었을 것이다', '그릇이 아닐 것이다', '들고 다니는 그릇일 것이다' 등의 다양한 대답을 했다. 이어서 교사가 신석기인들이 사는 지역을 유심히 보라는 안내를 해 주자 '물가는 모래니까 꽂아 놓고 사용했을 것'이라는 대답이 나왔다. 아이들이 빗살무늬토기에 대해 다양한 생각을 해 본 후 역사채널e〈뾰족그릇의 비밀〉을 시청했다. 영상 속에서는 뾰족그릇이 어떻게 사용되었고 왜 만들어졌는지뿐만 아니라 그릇을 사용하고 난 후부터 선사인들의 삶이 어떻게 바뀌었는지 생각해 볼 수 있는 대목이 나온다. 농사지은 곡식을 모을 수 있다는 대목에서 교사는 선사인들이 더 이상 하루 먹고 하루를 사는 존재가 아니라 미래를 위해 먹을 것을 저장할 수 있게 되었음을 이야기해 주었다. 그리고 이렇게 저장할 것이 많아질수록, 더 많이 저장한 사람과 덜 저장한 사람 사이에 차이가 생길 수 있음을 말해 주었다. 이때 아이들은 이것이 지금의 돈과 같은 역할을 했을 것임을 유추해 냈고 교사는 '사유재산'이라는 개념을 도입했다.

　사유재산이 생기고 난 후 인간은 불평등해지기 시작했고 상하관계가 생겨났다는 점을 아이들에게 설명하는 것이 쉽지 않았다. 그래서 아이들이 직접 활동하면서 사유재산제와 신분제를 알아볼 수 있도록 하는 진화 게임으로 마무리했다. 이 게임은 농사짓기가 시작되고 사유재산이 생김으로써 신분이 발생한 상황을 놀이로 알아본 것이다. 아이들이 보유한 재산은 포스트잇 한 장이었다. 아이들은 포스트잇을 몸에 붙여서 자신의 재산을 표시했다. 처음에는 혼자서 돌아다니다가 사람을 만나면 가위바위보를 했고, 진 사람이 이긴 사람에게 재산을 준다. 그리고 이긴 사람 뒤에 붙어 함께 따라다닌다. 이 과정을 반복하다 보면 재산을 많이 가진 아이 뒤에 여러 명의 아이들이 줄을 서서 함께 이동하게 된다. 그리고 마지막에는 두 명의 아이가 가위바위보를 하게 되는데 최종 승자가 부족장이 되어 자신의 뒤에 있는 친구들에게 재산을 나누어 주는 게임이다. 부족장이 된 아이는 친구들을 한 줄로 서게 한 뒤 자기가 주고 싶은 아이에게 주고 싶은 만큼의 재산을 주었다. 재산을 나눈 다음에는 신분을 나누었는데 부족장과 귀족, 평민, 노비로 이름을 붙여 주었다. 재산을 나누어 받지 못한 아이들은 크게 불평을 했는데 모든 것은 부족장의 마음대로라고 안내를 해 주었다. 역시나 아이들은 불공평하고 부당하다고 항의했다.

게임이 끝난 뒤에는 게임을 통해 알 게 된 것을 정리했다. 가위바위보는 부족 간의 전쟁, 이긴 사람의 재산이 늘어나는 것은 사유재산의 축적, 부족장이 재산을 나눠 주고 서로 차이가 생기는 것은 신분의 발생 등임을 간략히 알아보았다. 그리고 마지막으로 이렇게 많은 변화가 생기게 한 것이 결국은 농사였음을 추측할 수 있었고, 이 변화가 사회 전체를 뒤집는 혁명과도 같은 일이었기에 농사를 '신석기 혁명'이라고 부르기도 한다는 점을 안내해 주었다. 공부한 내용을 정리한 후에는 선사탐구생활 5편을 보면서 수업을 마무리했다.

이 수업은 대한민국이 수립되기 전까지 반복적으로 나오는 '신분제'에 대해서 처음 생각해 보는 시간이었다. 앞으로 다양한 형태로 신분제가 운영되는 것을 알게 될 텐데 그 시작이 바로 농사짓기와 사유재산임을 아이들이 잊지 않는다면 좀 더 쉽게 신분제를 이해하고 그 문제점을 파악할 수 있을 것이다.

수업이 끝난 후 아이들은 신나게 놀이를 한 것이 즐거웠다고 말하면서 신분제가 없어진 것이 참 다행이라고 했다. 하지만 일부 아이들은 '과연 지금은 신분제가 없는 시대일까?'라며 재산으로 사람들이 나뉘어 있는 것은 예나 지금이나 비슷한 상황인 것 같다는 이야기를 하기도 했다. 선사시대를 공부하면서도 현재와 연결 지어 생각하는 아이들

아이들이 신분 게임을 하는 모습

이 있다는 것. 역사수업을 하는 이유가 바로 이것이라는 생각을 해 보았다.

(8) 선사인의 생활 마무리

역사 시간에 배웠던 주제나 단어 생각하기(5′)
⇩
선사시대를 주제로 한 웹툰 보기(15′)
⇩
내가 표현하고 싶은 주제 선택하여 만화 그려 보기(15′)
⇩
발표하기(5′)

1. 역사 시간에 배웠던 주제나 단어 생각하기
- 배운 내용들을 전체적으로 훑어보며 이야기 나누기
- 예: 구석기, 신석기, 농경사회, 빗살무늬토기, 도구, 불

2. 선사시대를 주제로 한 웹툰 보기
- 스쿨홀릭(간석기, 농경사회 시작, 빗살무늬토기)

3. 구석기와 신석기의 생활 모습 차이 찾아보기
- 표현하고 싶은 주제 선택하기
- 내용 구상하기
- A4 및 B4 등 자신이 만들고 싶은 크기로 만화 그리기

4. 발표하기
- 자신이 만든 만화의 핵심적인 주제 소개하기
- 만들면서 느낀 점 및 새로 알게 된 점 등을 발표하기

'역사를 부탁해' 수업의 첫 역사주간이 마무리되어 간다. 직접 경험해 볼 수 없는 과거의 시간을, 방대하고 복잡한 역사 속에 아이들이 재미있고 신나게 첫발을 디딜 수 있도록 한 수업이 된 것 같다. 아이들은 우리들의 의도대로 역사를 쉽고 재미있는 것으로 인식하기 시작했다. 벌써부터 다음 역사주간이 기대된다는 말을 하는 아이들도 많았다. 그래서 아이들에게 이번 역사주간을 총정리하며 다음 역사주간을 준비할 수 있는 마무리 활동이 필요하다는 생각을 했다.

'선사탐구생활'을 배우는 동안 아이들은 주로 그림과 영상에 의존했다. 비록 영상의 질은 역사 드라마나 다큐멘터리에 비해 현저하게 떨어졌지만 자신들이 아는 선생님이 나온다는 장점이 있었다. 아이들 머릿속에는 가짜 선사인들(선생님들)이 사냥하는 모습, 빗살무늬토기를 사용하는 모습, 움집을 짓고 무리를 이루는 모습이 생생하게 남아 있었다. 아이들의 기억 속에 남아 있는 선사인의 모습을 직접 그림으로 나타내 보고, 서로의 그림을 보며 놓친 것들을 생각해 보는 것으로 첫 역사주간을 마무리하기로 계획했다.

아이들의 상상력만으로 그림을 그릴 수는 있었지만 좀 더 재미있는 그림이나 만화를 구성할 만한 예시를 보여 줄 수는 없을까 고민했다. 여기저기 검색하며 찾던 와중에 스쿨홀릭이라는 만화를 발견했다. 선

스쿨홀릭_간석기

선사인의 생활 학생 작품

사시대 학교라는 가상 배경을 중심으로 내용이 이어지는 만화였다. 여러 주제가 있었지만 간석기, 농경사회 시작, 빗살무늬토기의 제작에 대한 내용을 아이들에게 보여 주었다.

사실과 함께 적당한 허구가 섞여 있어 아이들이 깔깔대며 만화를 감상했다. 스쿨홀릭을 감상한 후 아이들은 스스로 네 컷 만화 그리기에 도전했다. 처음엔 단순히 그림 그리기로 계획했던 수업이 스쿨홀릭 만화 덕분에 만화 그리기로 바뀌었다. 그림에 자신이 없는 아이들은 부담스러워했지만 자신 없는 사람은 내용만 좋다면 졸라맨으로 그려도 된다고 말하자 좀 더 편하게 수업에 참여했다. 아이들은 시간 가는 줄 모르고 만화 그리기에 집중했고 완성한 후 서로의 만화를 보며 감상하는 시간을 가졌다. 본인이 기억해 내지 못했던 선사인의 생활 모습을 친구의 만화를 보며 떠올리기도 했다. 만화를 그리며 내가 배운 내용을 한 번 더 확인하고 이해할 수 있었고 친구들의 만화를 감상하며 배움의 폭을 넓힐 수 있었다.

2) 우리 민족의 뿌리를 찾아서 '단군과 나'

가. 수업 마인드맵

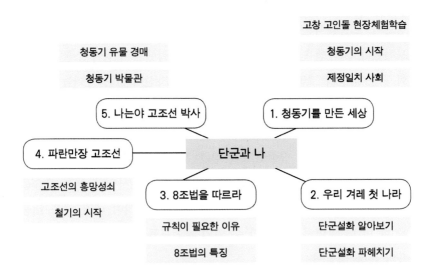

단군신화는 왜 배워야 할까? 우리는 어렸을 때 단군신화를 배움으로써 어떤 생각을 하게 되었을까? 생각해 보면 곰과 호랑이가 마늘 먹은 이야기 정도로만 기억되는 그 이야기 속에서 우리는 '단일 민족'이라는 민족의식을 내면화했던 것 같다. 하지만 현재와 같은 다문화 시대에 '단일 민족'이라는 용어는 그 자체로 불편함을 준다. 그럼에도 불구하고 우리는 단군의 건국 이야기를 가르쳐야 한다고 생각했다. 단군신화를 통해 아이들의 사고를 민족이라는 울타리에 가두는 것이 아니라 우리 민족의 뿌리를 인지하고 유구한 역사 속에서 대한민국 국민으로서의 자긍심을 갖도록 하는 데 초점을 두어야 한다고 생각했다.

그렇다면 단군신화의 어떤 부분에 초점을 맞추어 가르쳐야 할까? 우리는 일연의 『삼국유사』에 쓰인 내용이 단순히 구전되는 설화를 기록한 것이 아니라 다양한 역사서를 통해 정리한 역사적 기록임에 초점을 맞추었다. 곰이 사람이 되었다는 것에 흥미만 느끼는 게 아니라 단군신화 속에서 찾을 수 있는 역사적 사실을 분석해 봄으로써 그 시대의 모습을 유추할 수 있게 했다.

또한 고조선의 8조법을 다루었는데, 먼저 고조선의 8조법 중 지금까지 알려진 몇 가지를 분석해 그 당시 사람들의 생활 모습을 알아보았다. 이어서 8조법 중 전해지지 않은 나머지 법을 새롭게 만들어 보는 활동을 하면서 사람들이 모여 살 때 지켜야 할 중요한 가치는 무엇인지 생각해 보는 시간을 가졌다.

수업의 마지막에는 다양한 청동 유물과 청동기의 유적에 대해 알아보았다. 주어진 자료를 읽고 분석하여 설명하는 과정에서 청동기 유물과 유적의 특징을 파악하고 경매 활동을 통해 박물관을 만들어 보는 활동을 하며 수업을 정리했다.

나. 수업 세부 계획

수업 제목	교과	시량	학습 내용 및 활동
수업 안내	사회	1	1. 무지개책 만들기 2. 마인드맵 그리고, 소제목 쓰기
1. 청동기를 만든 세상	사회 국어	1	1. 청동기의 시작 2. 청동이 무엇일까? - 청동기를 어떻게 만들게 되었을까? 3. 부족장의 등장-청동기 시대의 부족장(족장 꾸미기) 4. 제정일치의 사회
2. 고인돌 박물관으로 떠나요	국어 사회 도덕	8	1. 고창 고인돌박물관 현장체험학습 2. 고인돌 조사(학습지: 의미, 모양, 제작 목적 등)
		1	1. 고인돌 조사 내용 공유하기
3. 우리 겨레 첫 나라 [2015년 학부모 공개수업]	사회 국어	1	1. 단군설화 이야기 시청 2. 단군설화 파헤치기 모둠 활동 　가. 환웅이 하늘에서 사람들을 데리고 내려왔다는 것 　　은 무슨 의미일까?

3. 우리 겨레 첫 나라 [2015년 학부모 공개수업]	사회 국어		나. 비, 바람, 구름 신을 데리고 왔다는 것은 이 사회에서 　　무엇이 중요했다는 뜻일까? 다. 위의 말에서 알 수 있는 이 사회의 모습은 무엇일까? 라. 호랑이와 곰이 환웅을 찾아온 것은 무슨 의미일까? 마. 웅녀가 환웅과 결혼하여 단군왕검을 낳은 것은 어떤 　　사실을 알려 주고 있는 걸까? 3. 모둠 발표 및 단군 설화 내용 알기 4. 소감 나누기
4. 8조법을 따르라	도덕 사회	1	(모둠 토의) 1. 우리들의 규칙을 만든 이유 – 우리가 중요하게 생각하는 가치를 지키기 위해 – 우리 사회를 건강하게 유지하기 위해 2. 8조법의 의미와 고조선의 생활 모습 – 고조선이 중요하게 생각하는 가치는 무엇일까?
5. 파란만장 고조선	사회	1	1. 고조선의 번영과 멸망 2. 철기의 시작
6. 나는야, 고조선 박사! [2016년 학부모 공개수업]	사회 미술	2	1. 유물 경매–청동기, 철기 유물 경매 2. 박물관 꾸미기–모둠별로 박물관 꾸미기 3. 모둠 전시회 열기 　–모둠별로 돌아가면서 자기 박물관 설명회 하기

다. 주요 교과 관련 성취기준

교과	성취기준
사회	우리 역사의 시작과 발전 (나) 단군의 건국 이야기를 알고, 고조선이 우리 역사상 최초의 국가임을 이 해한다.
국어	듣기, 말하기 (3) 설득하거나 주장하는 말의 타당성을 판단하며 듣는다. 읽기 (1) 문맥을 고려하여 낱말의 의미를 파악하며 글을 읽는다.
도덕	*법과 규칙의 준수 – 준법의 중요성과 우리가 지켜야 할 법과 규칙 – 법과 규칙을 잘 지키기 위한 다짐과 실천
미술	전시회를 관람하고 작품의 특징에 관하여 감상문을 작성한다.

라. 이렇게 수업했어요

(1) 청동기를 만든 세상

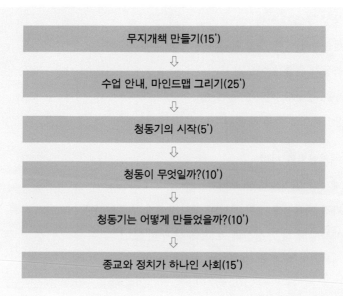

무지개책 만들기(15')
⇩
수업 안내, 마인드맵 그리기(25')
⇩
청동기의 시작(5')
⇩
청동이 무엇일까?(10')
⇩
청동기는 어떻게 만들었을까?(10')
⇩
종교와 정치가 하나인 사회(15')

1. 청동기의 시작

■ 청동기를 만든 세상.ppt

- 신석기 혁명 후 급격한 발전을 이룬 시기

- 이 시기의 대표 유물은 청동기

- 청동기 살펴보기

2. 청동이 무엇일까?

■ EBS 동영상 〈청동 만들기〉

- 청동 만드는 방법 영상 시청

3. 청동기는 어떻게 만들었을까?

■ 상상 글쓰기(청동의 발견).hwp

- 땅속에 묻혀 있던 금속을 캐내고 섞어서 만든 청동, 그 시작은 무엇이었을까?

- 상상 글쓰기 진행

- 청동기에 대한 가설 확인하기

- 청동기 유물 알아보기

 ·거울, 팔주령, 비파형 동검 등

 ·장식용으로 주로 사용됨

4. 제정일치의 사회

■ 제사장 일기 & 족장 꾸미기.hwp

- 가장 지혜롭고 강한 사람이 제사장이자 부족의 우두머리였던 사회

- 제사장의 하루 상상해 보고, 모습 꾸며 보기

- 청동기의 특징 한 문장으로 정리해 보기

　본격적으로 농경이 발달하면서 지배자가 하늘의 자손임을 강조하던 천손 사상과 제정일치를 내세우던 고조선은 청동기 문화를 바탕으로 건국된 나라이다. 하지만 이 당시에 모든 도구를 청동으로 만들어 썼던 것은 아니었다. 여전히 나무나 돌을 이용한 생활도구들이 많았고 청동은 무기나 제사도구 및 제사장의 장신구 등에 사용되었다. 따라서 구석기, 신석기, 청동기로 이어지는 선사시대의 끝에 움튼 고조선을 이해하려면 그 기록의 첫 단추인 '청동'을 먼저 알아보아야 한다.

　청동은 구리와 주석(혹은 아연)을 합금해 만들어진 금속이다. 그런데 어떤 과정으로 만들어질까? 수업을 계획하기 전 동료 선생님들과

학창 시절에 '청동'을 배웠던 얘기를 나눠 보았다. 이론으로는 수없이 배웠지만 실제로 어느 누구도 청동 만드는 모습을 기억하지 못했다. 청동기 문화가 고조선에 어떤 영향을 주었는지 제대로 이해하기 위해서는 '청동'에 대한 다른 접근이 필요했다. 다행히 청동을 직접 제조하는 과정을 담은 동영상을 찾을 수 있었다. 이를 통해 아이들은 청동이 도구로 사용될 만큼 튼튼하고 유용한 재료임을 알 수 있을 것이다. 또한 아이들이 청동을 발견하게 된 경로를 상상해 봤으면 좋겠다는 의견이 있었다. 아이들이 다양한 역사적 상상력을 펼쳐 청동이 우연히 얻어진 귀중한 금속임을 알 수 있는 좋은 활동이 될 것이라 생각해 수업의 활동으로 채택했다.

청동기 시대에 대한 간단한 설명으로 수업을 시작했다. 몇 개의 청동기 유물 사진을 본 아이들은 돌과 나무보다 한 단계 업그레이드된 것 같다며 신기해했다. 색이 특이하고 예쁘다는 의견도 있었다. 하지만 현재에는 청동이 잘 이용되지 않아서일까? 청동을 어떻게 얻을 수 있느냐는 질문에는 아무도 대답하지 못했다. 이에 대한 답으로 청동을 만드는 영상을 보여 주었다. 구리와 주석을 섞는 꽤 자세한 과정을 담은 실험 영상이었다. 아이들은 주석과 구리 자체는 약한 금속이지만 두 금속을 섞음으로써 주석과 구리로 긁히지 않을 정도로 강한 금속이 만들어짐을 알게 되었다.

그렇다면 구리와 주석을 섞어야 만들어지는 청동의 제조 과정을 그 시대 사람들은 알고 있었을까? 아이들은 대부분 구체적인 제조 과정을 알았을 것 같지는 않다고 대답했다. 오히려 두 금속이 섞인 것을 우연히 발견했을 거라는 생각에 더 적극적으로 동의했다. 어떤 상황에서 우연히 청동을 발견하게 되었을까? 상상력을 발휘해 청동을 발견한 상황을 적어 보게 했다. 아이들은 '우연히 산불이 나 묻혀 있던 주석과 아연이 섞여 청동이 되었을 것이다', '구리를 발견한 사람들이 구리에

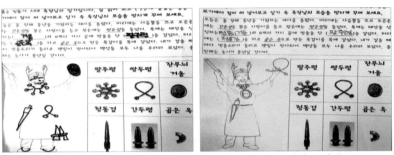

족장님의 하루 일기 완성하기와 청동기를 이용해 족장님 꾸미기

이것저것 다른 금속을 녹여 섞어 보다 발견했을 것이다' 등 다양한 의견을 내놓았다. 청동의 우연한 첫 발견이 얼마나 어렵고 위대한 것이었는지를 느껴 볼 수 있는 좋은 활동이었다. 이어서 아이들에게 청동으로 만든 여러 무기와 장신구 사진을 보여 주었다. 돌과 나무는 농사도구로서 여전히 중요한 것이었다는 설명도 덧붙였다. 아이들은 여러 청동 유물을 살펴보더니 만들기 어려운 재료인 만큼 중요한 곳에 주로 사용될 수밖에 없었을 거라며 고개를 끄덕였다.

이어서 고조선은 '제정일치' 사회였다는 것을 학습했다. 단어가 어려운 탓에 아이들의 이해를 돕기 위해 여러 장의 사진을 이용했다. 정치와 종교를 표현할 수 있을 만한 인물들의 사진을 나열하고 고조선에서는 이를 한 사람이 담당했다고 말해 주었다. 제사를 집권하는 제사장(부족장)의 모습을 담은 영상을 보여 주니 그 역할을 잘 이해한 듯했다. 영상에 이어 팔주령, 쌍두령, 잔무늬거울, 청동검, 간두령, 곱은옥 등 장신구를 이용해 제사장을 꾸미고 빈칸을 채워 제사장의 일기를 완성하는 활동을 했다. 이를 통해 아이들이 제사장이 얼마나 중요한 인물이었는지를 생각할 기회를 가질 수 있어 좋았다.

수업을 마친 후, '청동'이라는 재료를 통해 아이들은 청동기 시대, 고조선을 한 발짝 더 가까이에서 이해하게 되었을 것이다.

(2) 고인돌박물관으로 떠나요

고인돌 알아보기(20′)
⇩
고창 고인돌 현장체험학습
⇩
조사한 것 나누기(20′)

1. 고인돌 알아보기
- 세계의 고인돌.ppt
- 세계적으로 어떤 고인돌이 있는지 알아보기
- 우리나라 고인돌의 특징 알아보기
- 왜 고인돌을 만들었을까?(모둠 토의)

2. 현장체험학습
- 고창 고인돌박물관 학습지.hwp
- 고창 고인돌 유적지에서 조사 활동
- 우리나라 고인돌에 대한 정보 모으고 미션지 해결하기

3. 조사한 것 나누기
- 현장체험학습 기행문 쓰기
- 현장체험학습에서 새롭게 알게 된 것 공유하기

청동기를 대표하는 유물인 고인돌은 전북 고창에 가장 많이 모여 있다. 고창 고인돌박물관에 가는 것은 아이들이 배운 것을 눈으로 확인할 수 있는 최고의 기회라는 생각이 들어 현장체험학습을 추진했다.

우리나라 고인돌의 특징   세계의 거석문화

현장학습을 가기에 앞서 아이들은 미리 우리나라 고인돌의 특징을 대략적으로 알아보고 세계의 고인돌과 거석문화에 대해 알아보았다. 아이들은 우리 지역 고창에 가장 많은 고인돌이 있다는 점에 놀랐고, 세계적으로 비슷한 형태의 고인돌이 많이 분포하고 있다는 점에 또 한 번 놀랐다.

활동지는 고창 고인돌박물관에서 제공하는 자료를 활용했다. 박물관은 그리 크지 않아서 아이들이 쉽게 활동지를 가지고 돌아볼 수 있었다.

박물관을 돌아본 후에는 청동기와 고인돌에 대한 3D영상을 보고, 고인돌 열차를 타고 실제 유적지를 돌아보았다. 꽤 넓은 지역에 크고

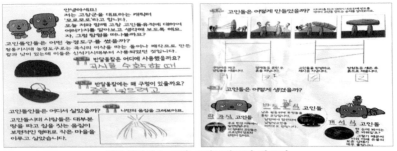

현장체험학습 고창 고인돌박물관 활동지

작은 고인돌이 분포되어 있었고 돌의 모양에 따라 고인돌의 모양이 제각기 다른 것에 아이들은 흥미로워했다.

현장학습을 다녀온 이후에는 국어 시간에 배운 것을 토대로 여정·견문·감상에 따른 기행문을 쓰고, 현장학습에서 조사한 활동지 내용을 함께 확인하는 시간을 가졌다. 간단히 구석기와 신석기, 청동기 시대에 장례문화는 어떠했을지 이야기를 나누어 보기도 했다. 전에 배운 내용을 토대로 아이들은 점점 죽은 사람을 위한 의식이 발전한 것을 유추해 내기도 했다.

수업에서 배운 것을 직접 확인하는 것만큼 학습 효과가 좋은 것은 없다. 때문에 아이들이 학습의 연장선상에서 체험을 갈 수 있도록 교육과정을 분석하고 장소를 물색하는 과정은 교육과정 계획 단계에서 꼭 필요하다고 생각한다. 과거의 역사를 눈으로 확인하고 그 발자취를 따라 걷는 답사는 소중한 경험이다.

이 시간을 통해 아이들은 우리가 사는 지역의 유적에 대해 더 잘 알게 되었고, 교실에서 배운 고인돌에 대한 내용을 직접 확인하면서 생각을 정리하는 기회도 가졌다.

(3) 우리 겨레 첫 나라

〈단군신화〉 영상 시청(10′)

⇩

단군신화 파헤치기 모둠 활동(15′)

⇩

모둠별 발표 및 단군신화 내용 알아보기(10′)

⇩

소감 나누기(5′)

1. 단군신화 영상 시청

■ 우리 겨레 첫 나라.ppt

- 단군신화 영상 시청 후 이야기 나누기

■ 영상 시청(〈단군이야기〉, 유튜브)

2. 단군신화 파헤치기 모둠 활동

- 네 가지의 질문 제시하기

■ 단군신화 모둠 활동지.hwp

·환웅은 하늘에서 3,000명의 사람들을 데리고 왔습니다. 환웅이 하늘에
 서 사람들을 데리고 내려왔다는 것은 무슨 의미일까요?

·환웅은 비, 바람, 구름 신을 데리고 왔습니다. 비, 바람, 구름 신이 인간
 세상에 필요한 이유는 무엇일까요? 왜 환웅은 굳이 이 신들을 데리고
 왔을까요?

·호랑이와 곰은 환웅을 찾아왔습니다. 여기서 말하는 호랑이와 곰은 진
 짜일까요? 아니라면, 무엇일까요? 그리고 호랑이와 곰이 환웅을 찾아왔
 다는 것은 어떤 의미일까요?

·환웅과 웅녀는 결혼을 해서 단군왕검을 낳았습니다. 그 둘이 결혼하여
 단군왕검을 낳았다는 것은 어떤 의미일까요?

3. 모둠 발표 및 단군신화 내용 알아보기

- 모둠별로 질문에 대한 답변 발표하기

- 단군신화에 대한 역사학자들의 견해 알아보기

4. 소감 나누기

- 오늘 새롭게 알게 되었거나 느낀 점 나누기

이 수업은 고조선의 건국과 그 당시의 배경을 이해하는 데 필요한 단군신화에 대해서 알아보는 것이다. 아이들에게 단군신화의 내용과 그 의미에 대해서 교사가 일방적으로 알려 주는 것이 아니라 깊이 생각해 보고 분석하는 힘을 길러 주는 방향으로 구성했다. 또한 이 수업을 학부모 공개수업으로 진행함으로써 우리가 진행하고 있는 수업의 지향점과 과정을 함께 공유했다.

먼저, 아이들에게 웹툰의 일부를 보여 주면서 수업을 시작했다. 할머니가 손녀에게 자신의 방귀와 관련된 이야기를 해 주는 내용으로, 방귀를 너무 세게 뀌어서 바닥이 뻥 하고 뚫렸다는 이야기다. 그 부분을 아이들에게 보여 준 뒤에 "이것은 실제일까? 어디까지가 실제이고 어디부터가 과장된 것일까? 왜 그런 과장을 했을까?"라는 질문을 했다. 그런 다음 고조선이 세워진 것과 관련된 이야기가 있는데 거기에도 과장된 부분이 숨어 있으니 어디까지가 실제이고 과장인지, 왜 그런 이야기가 만들어졌는지를 생각해 보자는 이야기와 함께 〈단군신화〉 영상을 시청했다.

전주동물원에 있는 반달가슴곰의 안내판에는 '단군신화에 마늘과 쑥을 먹고 사람이 되어 환웅과 결혼한 곰'이라고 쓰여 있다고 알려 주었다. 아이들에게 사진을 보이면서 "정말 곰이 사람이 된 것일까? 아니라면 신화는 어떤 의미를 담고 있을까?" 질문하며 함께 생각해 보자고 했다.

아이들에게 단군신화와 관련된 네 가지 질문을 제시했다. 질문 카드를 받은 아이들은 모둠별로 모여 문제를 해결하기 위해 함께 의견을 나누었다. 이때 학부모 공개수업에 참가하신 부모님들은 뒤에 그냥 앉아 있지 않고 교실을 자유롭게 돌아다니면서 아이들이 서로 생각을 나누는 과정을 직접 보고, 옆에 앉아서 생각을 모아주셨다.

서로의 생각을 하나로 모은 아이들은 질문에 대한 답을 최종적으로 정리했다. 그 뒤에 각 모둠의 생각을 친구들과 함께 나누어 보는 시간을 가졌다. 그런 과정을 통해 자신이 속한 모둠과 다른 모둠 사이의 공통점과 차이점을 발견하고 자신들의 생각을 수정·보완했다.

그 뒤에 교사는 단군신화에 대한 역사학자들의 일반적인 견해를 알려 주고, 아이들이 생각한 내용과 비교해 보게 했다. 그리고 오늘 새롭게 알게 되었거나 느낀 점을 나누면서 수업을 마무리했다.

신기하게도 아이들의 생각이 역사학자들의 견해와 그리 다르지 않았다. 핵심을 찌르는 분석적인 답변도 많이 나왔다. 예를 들어 환웅이 하늘에서 내려왔다는 것은 능력이 뛰어난 새로운 부족들이 들어왔다는 것이라는 의견도 있고, 그 안에는 현재의 위치보다 더 세력이 강한 부족들이 들어왔다는 의미가 포함되었을 것이라고 분석하는 아이들도 있었다.

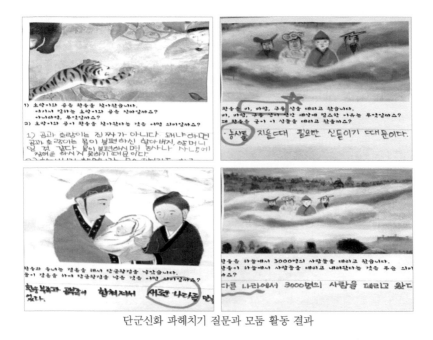

단군신화 파헤치기 질문과 모둠 활동 결과

(4) 8조법을 따르라

우리 반 규칙(5′)
⇩
규칙이 필요한 이유(8′)
⇩
고조선의 8조법 살펴보기(15′)
⇩
나머지 5개의 법 추리하기(10′)

1. 우리 반 규칙 나누기
- 우리 반 규칙에는 우리 반이 중요하게 생각하는 가치와 우리 반 친구들의 생활 모습이 나타남

2. 규칙이 필요한 이유
- 규칙 없는 날: 만일 우리 반에 규칙이 없다면 어떻게 될까?
- 우리가 중요하게 생각하는 가치를 지키기 위해
- 사회를 건강하게 유지하기 위해

3. 8조법 살펴보기
- 모둠 활동(활동지)
- 8조법에 나타난 고조선의 생활 모습과 가치 찾기
- 8개 조항 중에 3개 조항만 전해 내려옴

4. 5개의 법을 추리하라!
- 모둠별로 나머지 5개의 법을 만들어 보기

고조선의 법(사회질서 유지)
*사람을 죽인 자는 사형에 처한다.
☞ 엄격한 법, 생명을 소중하게 생각.
*남을 다치게 한 자는 곡식으로 갚아야 한다.
☞ 농사, 개인 재산.
* 도둑질을 한 자는 데려다 노비로 삼는다. 만일 도둑질한 사람이 죄를
벗으려면 많은 돈을 내야 한다.
☞ 지배층, 일반 백성들 사이에 생활 차이가 심했음. 노비, 신분 존재,
돈이 쓰임(그 당시 화폐는 고대 중국에서 쓰인 '명도전'-중국과 교류가
활발했음을 나타냄).

- 발표하기

 이 수업의 목표는 8조법과 8조법에 나타난 고조선 사회의 특징, 생
활 모습을 알아보는 것이다. 먼저 우리 반의 규칙을 이야기하며 규칙에
나타난 우리 반 친구들의 생활 모습, 규칙이 필요한 이유를 생각해 보
았다. 그리고 고조선의 사회질서를 유지하기 위한 8조법과 그중 전해
내려오는 3개 조항에 나타난 고조선 사회의 특징을 모둠별로 토의했
다. 마지막으로 나머지 5개의 조항은 무엇이었을지 자유롭게 추리하고
발표했다.

 우리 반 규칙(학급 규칙)에 대한 이야기를 나누었는데, 학기 초에
평화회의를 통해 정했던 규칙을 돌아보며 잘 지키고 있었는지 되돌아
보는 계기가 되었다. 우리가 그 규칙을 잘 지키고 있는지, 지금 우리
반 친구들이 어떻게 생활하고 있는지 생각해 보았다. 그 결과, 규칙에
는 그 사회의 특징과 사람들의 생활 모습이 반영된다는 것을 알게 되
었다.

 아이들에게 '규칙은 왜 필요할까?' 질문을 했다. 이 질문에 답하기
전에 '규칙 없는 날'을 실시했다. 처음에는 교실에서 휴대폰을 사용하

고 수업 시간에도 돌아다니는 등 정말 규칙 없이 하는 걸 즐기는 듯했지만, 점차 서로서로 불평과 다툼을 하고 선생님한테 와서 이르는 일이 많아졌다. 4시간 동안 시행했던 '규칙 없는 날'이 끝나고 다시 이야기를 나누었을 때, 규칙을 지키는 것이 때로는 힘들고 귀찮긴 하지만 규칙이 있기에 우리가 소중하게 여기는 가치를 지킬 수 있으며 모두가 행복하게 살 수 있다는 결론이 도출되었다. 규칙의 중요성을 아이들이 직접 체감할 수 있었던 활동이었다.

8조법의 8개 조항 중 현재까지 남아 있는 3개 조항을 살펴보며 고조선 사회의 특징을 알아보았다. 우리 반 규칙에 우리의 생활 모습이 나타나는 것처럼 고조선의 법에도 고조선 사람들의 생활 모습이 나타나 있다고 했다. 그러고 나서 아래 3개 조항을 제시한 후 이 속에 담긴 고조선 사회의 특징과 생활 모습을 생각해 보게 했다. 법이 있다는 사실에서 제도적으로 공통의 약속이 있다는 점을 알아낼 수 있었다. 또 생명을 존중하는 문화가 있었다는 점, 사유재산을 중시한다는 점, 신분제가 있었다는 점 등을 대화를 나누며 발견할 수 있었다.

8조법에 나타난 고조선의 특징을 알아본 후, 지금은 전해지지 않는 나머지 5개의 법을 만들어 보는 활동을 했다. 아이들은 '과연 어떤 조항이 있었을까' 상상의 나래를 펼치며 나머지 법을 추리했다. 아이들

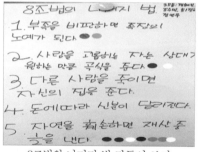

8조법에서 생활 모습 찾아보기   8조법의 나머지 법 만들어 보기

은 고조선 사회의 특징을 생각하며 나머지 법을 추론해 보았는데 통통 튀는 아이디어들이 많았다. 모둠별로 완성된 것을 가지고 정말 필요하다고 생각하는 법에 투표를 했는데, 아이들은 자연보호, 생명존중을 가장 중요한 가치로 여겼다.

이 수업에서 중요한 것은 그 시대의 사람이 되어 상상해 보는 것이다. 단순히 고조선의 8조법을 알려 주는 지식 중심 수업이 아니라 직접 그 시대의 사람이 되어 왜 그런 법을 만들었는지 상상하고 공감해 보는 활동을 통해 현재의 법과 규칙에 대해서도 생각해 볼 기회를 가졌다. 아이들은 이 시간을 통해 많은 사람들이 모여 사는 사회에는 규칙이 있어야 하고, 그것을 자발적으로 지키는 것이 중요함을 다시 한번 느낄 수 있었다.

(5) 파란만장 고조선

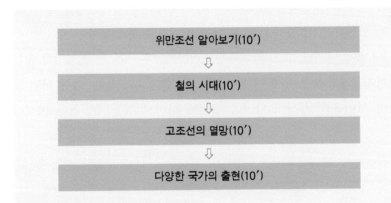

1. 위만조선 알아보기
- 5분 사탐, 〈위만조선〉 시청하기
- 연나라 사람 위만이 고조선 땅에 살게 된 이유는?
- 기원전 194년 위만은 배신으로 고조선의 왕이 됨

2. 철의 시대

- 위만은 강력한 철기를 만들 수 있었음

- 청동기와 비교했을 때 철의 특징은?

- 철로 만든 것은 주로 무엇이었을까요?

- 철의 등장으로 변화된 사회: 농업, 수공업, 상업의 발달 → 화폐 사용
  → 외국(중국)과의 무역

3. 고조선의 멸망

- 고조선이 멸망한 이유는? 경쟁, 욕심, 분열 그리고 전쟁

- 한나라 무제의 공격: 1년간의 전쟁에서 패함

4. 다양한 국가의 출현

- 기원전 400년 무렵 한반도 남쪽에 진국 출현

- 기원전 200년 무렵 부여 출현(고조선 북쪽)

- 고조선 멸망 후: 삼국(마한, 진한, 변한), 백제, 신라, 고구려, 가야 출현

이씨 왕조의 조선 이전에도 이미 이 땅에는 조선이라는 이름이 쓰였다. 우리는 옛 조선을 그냥 고(古)조선이라 부르며 옛 조선을 하나의 고유명사로만 쓰고 있다. 수업을 준비하면서 초등학교 5학년 아이들이 연대와 인물 모두를 기억하는 것 이전에 옛 조선(고조선)에 대해 알기를 바랐다.

수업은 단군조선과 그 이후 제2의 조선인 위만조선을 배우고, 고조선, 정확히 말하면 위만조선의 멸망까지 알아보고, 멸망 후 다양한 나라가 한반도에 생겨났음을 알아보는 순서로 계획했다. 모두 4개의 소주제로 수업을 진행하려고 했는데 한 시간 안에 수업을 끝마칠 수 있을지 조금 걱정스러웠다.

첫 번째 소주제인 '위만조선 알아보기' 단계에서는 먼저 5분 사탐, 〈위만조선〉을 시청했다. 5학년 아이들에게는 어려울 수 있지만 위만조선의 성립 과정과 멸망 등의 핵심적인 내용을 다루었다. 동영상 시청 후 전체적인 내용을 문답식으로 이야기하는 시간을 가졌다. 위만은 어느 나라 사람인가? 위만은 왜 조선으로 왔는가? 위만이 세운 나라의 국호는 무엇인가?

그리고 중국 한나라와 연나라 이야기, 노관과 위만 이야기, 여기에 준왕(단군조선의 마지막 왕)과 위만 이야기로 수업을 진행했다.

이쯤에서 우리는 도대체 위만이 어떤 인물이기에 고조선에서 쿠데타에 성공했는지 의문을 가졌다. 그 당시는 청동기 시대였는데 아마도 위만은 철의 기술을 가지고 단군조선에서의 쿠데타에 성공하지 않았을까 생각해 보았다. 그래서 두 번째 소주제로 '철의 시대'를 선정해 철기 시대의 특징과 철의 등장으로 변화된 사회의 모습을 살펴보았다.

'청동기와 철기 중 어느 것이 좋을까?', '철기 시대가 청동기 시대보다 늦은 이유는 무엇일까?'에 대해 이야기를 나누었다. 여기에는 정답이 없기 때문에 아이들의 말 하나하나를 긍정적으로 들어주었다.

처음에 보았던 5분 사탐 동영상 끝부분에 나온 한무제의 고조선 공격으로 고조선(위만조선)은 멸망하게 된다. 이로 인해 왕검성이 함락되고 한4군이 고조선에 설치된다.

자연스럽게 세 번째 소주제에서 네 번째 소주제로 이어져 고조선 멸망을 공부하고 한반도에 등장한 여러 나라들을 지도를 통해 확인해 보았다. 이 부분은 초등 사회 교과서에서 소홀하게 다루어진다. 하지만 이어서 배울 고대 3국의 건국을 공부하기 위해 필요한 부분이기 때문에 수업에 포함시켰다.

더불어 고조선의 멸망과 관련해서도 초등 5학년 사회 교과서에 자세히 나와 있지 않다. 그런데 굳이 이런 부분을 수업에 포함시킨 이유는 역사를 단순히 지식으로만 배우는 것이 아니라 우리의 뿌리에 대한 궁금증을 자극해 아이들이 좀 더 우리의 역사에 관심을 가지기 바라는 마음에서였다. 그리고 역사 공부를 할 때 단지 과거의 일을 외우는 것보다 그 시대의 시대적 상황과 인물을 생각하며 그 시대를 직접 느껴 보는 것이 중요하기 때문이다.

물론 몇몇 아이들은 이 수업을 하면서 지루함을 느낄 수도 있다. 어려운 단어와 많은 이야기들이 수업에 포함되어 있더라도 아이들이 위만조선의 역사에 대한 흥미와 관심을 가진다면 더 바랄 게 없겠지만, 고시대의 조선이 단군이 세운 조선과 위만이 통치자가 된 조선으로 나뉘어 있다는 것만 알게 되어도 이 수업의 목적에 도달했다고 할 수 있다.

(6) 나는야 고조선 박사

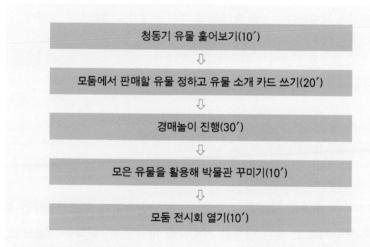

1. 청동기 유물 훑어보기
■ 청동기 유물 경매.ppt

- 사진과 함께 유물 훑어보기
  · 비파형 동검, 세형 동검, 반달돌칼, 팔주령, 쌍주령, 거친무늬거울, 간두령, 농경문청동기, 미송리식 토기 등

2. 모둠에서 판매할 유물 정하고 유물 소개 카드 쓰기
■ 유물 설명 카드.hwp, 유물 소개 카드.hwp
- 판매할 유물과 관련된 소개 카드 작성하기(이름, 출토된 곳, 그 유물의 아름다움, 사용 방식, 역사적 가치 등)

3. 경매놀이 진행
■ 청동기 유물 경매.ppt, 모둠 칠판
- 각 모둠별 판매자는 나와서 그 유물에 대해 소개하기
- 해당 유물을 구매하고 싶은 모둠은 만 원 단위로 모둠 칠판에 가격을 제시하기
- 유물을 낙찰받은 모둠은 그 유물을 특히 소장하고 싶은 이유 말하기

4. 모은 유물을 활용하여 박물관 꾸미기
- 4절 색상지에 유물과 소개 카드를 붙이고 박물관 이름 정하기

5. 모둠 전시회 열기
- 모둠별로 돌아가면서 자신들의 박물관 설명하기

우리나라 최초의 국가인 고조선! 시조 단군왕검이 고조선이라는 통일 국가의 기틀을 세워 강력한 지배력을 행사할 수 있었던 것은 바로 '청동기'라는 기반이 있었기 때문이다. 청동기는 '제사장'과 '왕'의 역할을 동시에 충족시켜야 했던 군주의 지배도구였다. 때문에 청동기는 청동거울, 방울 등 제사장의 위엄을 나타내기 위한 도구가 되기도 했고,

적의 침입을 막아 주는 강한 무기가 되기도 했다. 이미 청동기가 어떻게 만들어졌는지, 또한 청동기의 발명으로 어떤 발전이 있었는지에 대해 공부했지만, 우리는 아이들이 이제까지 배웠던 유물을 재미있는 활동으로 정리하는 수업이 있었으면 했다. 종이접기, 지점토로 청동기 만들기 등 다양한 미술 수업을 생각해 보았으나 신선하지 않았고, 수업의 중요한 본질에서 벗어난다는 생각이 들었다. 고민 끝에 미술 감상 수업과 비슷하게 '청동기 유물 경매'를 하고, 낙찰받은 청동기로 '청동기 박물관'을 만들기로 했다.

수업을 시작하면서 오늘은 내가 가진 유물을 소개하고 파는 경매놀이를 할 것이라고 예고했다. 경매놀이가 재미있어 보였는지, 아이들의 눈빛은 기대감으로 빛났다. 수업의 대략적인 순서는 다음과 같다. 우선 각 모둠이 경매에 등장할 유물을 PPT를 통해 전체적으로 둘러본 뒤, 한 모둠씩 나와 무작위로 유물 설명 카드를 뽑는다. 유물 설명 카드에는 유물에 대한 대략적인 정보가 쓰여 있다. 모둠은 유물 설명 카드를 보고 유물의 가치를 설명하는 발표문을 유물 소개 카드에 작성한다. 경매에서 유물을 높은 가격에 팔아야 다른 유물을 살 수 있다. 경매에서 판매자가 되어 높은 가격에 팔려면 유물의 특징을 잘 알고 설득력있게 유물 소개를 해야 한다. 즉, 각 모둠은 유물을 낙찰받아 '청동기 박물관'을 꾸미는 소비자인 동시에 판매자가 되어 유물을 높은 가격에 팔아야 한다. 낙찰받은 유물은 모으는 재미를 느낄 수 있도록 평소에 아이들이 좋아하는 '유희왕 카드' 모양으로 만들어 출력해 두었다.

첫 번째로, 각 모둠의 대표가 차례로 유물 설명 카드를 뽑은 후, 모둠에서 유물 소개 카드를 작성했다. 아이들에게는 '높은 가격'에 유물을 팔아 우리 모둠이 다른 유물을 낙찰받을 수 있는 충분한 금액을 모으는 것이 목적이라고 말해 두었다. 아이들은 유물 설명 카드를 꼼

2 유물 판매하기

- 각 모둠은 판매자가 되어 우리 모둠의 유물을 경매에 부친다.
- 우리 모둠의 수익을 높이기 위해서는 우리 모둠이 경매에 내놓은 유물의 특징과 가치를 잘 설명해야 한다.
- 우리 모둠이 경매에서 판매할 유물의 설명카드를 보고 유물을 소개하는 발표문을 모둠원이 함께 작성한다.

유물 판매 안내

3 경매 놀이 방법

- 해당 유물을 구매하고 싶은 모둠은 만원 단위로 모둠 칠판에 입찰가격을 제시한다.
- 유물을 낙찰받은 모둠은 그 유물을 특히 소장하고 싶은 이유를 설명한다.
- 유물을 많이 모으는 것이 목표인만큼 잔액을 고려하여 모둠원들끼리 심사숙고하여 입찰가격을 정하도록 한다.
- 각 모둠에게 처음에 주어지는 재산은 1000만원이다.

경매놀이 안내

꼼히 읽고 함께 머리를 맞대며 유물 소개 카드에 발표문을 열심히 썼다. "청동기 유물을 많이 낙찰받으려면 돈을 많이 모아야겠죠?"라고 살짝 이야기하니, 발표문에는 유물의 매력을 강조할 수 있는 감각적인 홍보 문구가 많이 들어갔다. 아이들이 발표문을 잘 작성할 수 있게 돕기 위해 "이 유물을 왜 꼭 사야 할까? 이 유물의 역사적 가치는 무엇일까?" 등의 발문을 교사가 적절히 던지는 것이 중요했다. 신중한 모둠 토의를 거쳐 발표문을 작성하느라, 이 단계에서도 시간이 꽤 오래 걸렸다.

다음 순서는 판매자가 앞에 나와 유물을 설명하고 직접 경매를 통해 유물을 구입할 차례. 아이들이 더욱 적극적으로 경매에 임할 수 있도록 모둠별로 처음에 주어지는 예산은 1,000만 원의 가상 화폐로 한정 지었다. 경매에서 판매를 통해 돈을 더 벌 수 있도록 했다. 선생님은 경매사가 되어 구매하는 모둠이 낙찰받을 수 있도록 적극적으로 돕는 역할을 했다. 경매가 시작되고, 판매자 모둠의 아이는 유물의 매력을 설명했다. 전문가 못지않은 유려한 설명이었다. 구매 모둠은 희망 가격을 모둠 칠판에 쓴 뒤 하나, 둘, 셋 신호와 함께 공개했다. 1,000만 원이라는 한정된 예산에도 불구하고 낙찰 가격을 높게 쓴 친구들도 있었다. 아무래도 앞으로 자기 모둠의 유물을 팔아 돈을 벌 것이라 생각한 것 같다. 특히, 첫 유물이 비파형 동검이라서 그런지 남자아이들의 반응이 열광적이었다. 같은 가격을 제시한 구매 모둠이 있으면, 이후엔 모둠 칠판에 적지 않고 구두로 낙찰가를 더 올려 제시했다. 치열한 경쟁은 실제 경매장을 방불케 했다. 이렇게 하나둘씩 경매가 끝나고, 마지막 모둠의 차례가 되었다. 아쉬웠던 것은 마지막 유물을 판매한 모둠은 유물을 비싼 값에 팔아 봤자 그 돈을 사용할 수가 없어 의욕이 꺾였다는 점이다. 경매를 한 뒤 남은 예산을 몽땅 털어 버리려는 모둠이 많아 마지막 유물은 가장 비싼 값에 낙찰되었다.

이렇게 모둠별로 적게는 3개, 많게는 5개 정도의 유물을 모았다. 다음 순서는 낙찰받은 유물을 모아 청동기 박물관을 만드는 것이다. 경매를 하는 데 많은 시간과 에너지가 소모되었으므로 간단히 진행하기로 했다. 4절지에 유물을 모아 붙이고 복도와 교실에 전시하여 다시 한번 둘러보는 시간을 가졌다. 스스로 만든 박물관이 벽에 걸리니 뿌듯한지 열심히 둘러보았다.

평소에 미술과와 사회과 수업에서도 많이 활용하는 '경매'. 수업을 만들며 아이들이 유물보다 경매 과정 자체를 중시할까 우려했는데, 실제로도 그런 부분이 있어 다소 아쉬웠다. 그래도 아이들에게 물어보니 유물 설명 카드를 보고 발표문을 작성하는 과정에서 청동기 유물에

유물 설명 카드

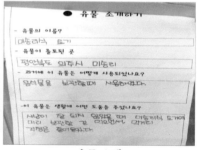
유물 소개

유물 경매

청동기 박물관

대해 잘 알게 되었다고 한다. 또한 유물을 낙찰받은 모둠이 왜 이 유물을 꼭 구입하고 싶었는지 이야기하는 과정에서도 유물의 역사적 의미를 다시 생각해 볼 수 있었다.

3) 세 나라의 치열한 한반도 쟁탈전 '한반도 삼국지'

가. 수업 마인드맵

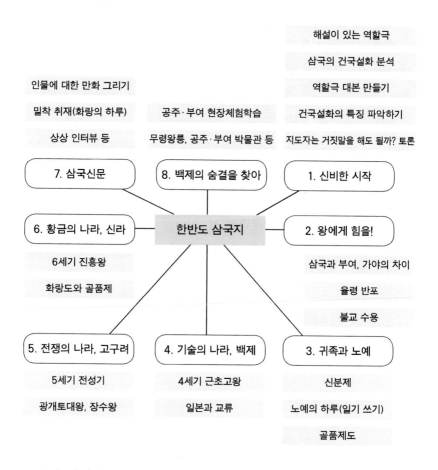

우리 역사에서 가장 역동적인 시절을 꼽으라면 삼국 시대가 아닐까? 개성이 뚜렷한 세 개의 나라가 한반도에 터를 잡고 각자의 정치 체제와 생활 모습, 대외관계를 맺으며 살았던 시절이기 때문이다. 수업을 통해 아이들이 이와 같은 역동성을 느낄 수 있게 하려면 어떻게 해야 할까? 우리는 『살아 있는 한국사 교과서 1』, 『5학년 2학기 사회 교과서』, 『으랏차차 한국사』 등 다양한 책에 있는 방대한 내용을 어떻게 일목요연하게 전달할 수 있을지 고민했다. 먼저 각 나라의 특징을 직관적으로 알 수 있도록 정리하게 했고, 각 나라의 공통적인 상황(왕권 강화 정책과 신분제도)은 수업 초반에 공통적인 주제로 묶어 진행했다.

가장 심혈을 기울인 부분은 건국설화를 가지고 역할극을 만들어 UCC를 제작하는 첫 번째 수업이었다. 본격적으로 내용이 많아지는 부분인 만큼 아이들이 수업에 집중할 수 있는 계기를 마련하기 위해 건국설화 역할극을 계획했다. 또한 설화 속에서 각 나라의 특징과 발전 과정을 찾아낼 수 있다는 점에서도 흥미로운 수업이었다.

삼국을 본격적으로 배울 때에는 한강을 중심으로 간단한 시뮬레이션을 시행했다. 교실에 한강을 만들고 간식을 두었다. 그리고 사흘 동안 차례대로 백제의 날, 고구려의 날, 신라의 날을 진행하면서 한강을 차지한 나라가 간식을 독점할 수 있도록 했다. 이 활동을 통해 한반도에서 한강의 중요성을 인지할 수 있게 한 것이다.

마무리는 공주와 부여에 남아 있는 백제의 유물과 유적을 탐방하는 현장체험학습이었다. 현장체험학습은 공부한 내용을 직접 확인해 보는 기회를 통해 역사에 더욱 관심을 갖게 하는 계기가 되었다.

나. 세부 수업 계획

수업 제목	교과	시량	학습 내용 및 활동
수업 안내	사회	1	– 무지개책 주제 노트 만들기 – 마인드맵 그리고 소제목 쓰기
1. 신비한 시작	사회 국어	1	– 가야 건국설화 보고 해설이 있는 역할극 알아보기
	국어	2	– 해설이 있는 역할극 만들기
	사회 국어	1	– 건국설화 해설이 있는 역할극 발표하기 – 건국설화의 특징 알아보기

2. 삼국의 왕권 강화	사회	1	- 율령 반포, 불교 수용 - 왕권 강화 왕 알아보기
3. 신분과 생활	사회 국어	1	- 삼국 시대 신분제 알아보기 - 왕족, 귀족, 평민, 노예 진화 게임 - 벽화 보고 노예의 하루 글쓰기
4. 기술의 나라, 백제	사회 미술	2	- 삼국 시뮬레이션(한강 유역의 중요성) - 강냉이, 물 준비(혁신 예산-남주, 늘빛) - 백제 전성기 지도(근초고왕)
			- 기술 발전, 중국, 일본 교류(호류사 등) - 문화재(색칠해 보기)
5. 전쟁의 나라, 고구려	사회 국어	2	- 삼국 시뮬레이션 - 고구려 전성기 지도(광개토대왕, 장수왕) - 광개토 대왕릉비, 중원고구려비문 써 보기
	사회 국어		- 살수대첩, 수렵도, 단 하나의 혼수 - 장군총(역사채널e 〈35.6〉)
6. 황금의 나라, 신라	사회	2	- 삼국 시뮬레이션 - 신라 전성기 지도(진흥왕) - 화랑도, 골품제, 화백회의, 천마총, 금관
7. 삼국신문	사회 국어	2	- 인물 네 컷 만화, 광고, 1면 기사 - 상상 인터뷰, 숨은그림찾기, 밀착 취재(화랑의 하루) - 신문 준비 학습지
8. 공주·부여 현장체험학습	사회 도덕	8	- 백제 문화 체험하기(무령왕릉, 금동대향로 등)

다. 주요 교과 관련 성취기준

교과	성취기준
사회	우리 역사의 시작과 발전 (다) 역사지도와 인물 이야기를 통해 고구려, 백제, 신라의 발전 과정을 파악한다.
국어	듣기·말하기 (2) 면담의 방법을 알고 효과적으로 면담한다. 쓰기 (1) 쓰기의 과정을 이해하고 과정에 따라 글을 쓴다.
미술	[주제 표현] 표현 의도가 전달되도록 주제의 특징과 느낌을 강조하여 표현한다.

라. 이렇게 수업했어요

(1) 신비한 시작

① 해설이 있는 역할극 알아보기

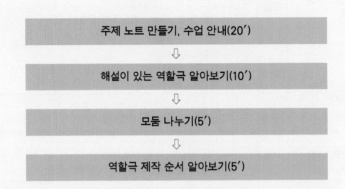

1. 주제 노트 만들기, 수업 안내

- 무지개책 만들기

- 주제 마인드맵 함께 그리며 배울 내용 미리 알아보기

2. 해설이 있는 역할극 알아보기

- 해설이 있는 역할극으로 만들어진 교사 역할극 '가야 건국설화' 감상
  하기

> * 해설이 있는 역할극이란?
> - 등장인물의 대사와 행동을 해설자의 설명에 따라 진행하는 형식
> - 소심하고 부끄러움을 많이 타는 아이들도 부담 없이 참여할 수 있는
> 역할극

3. 역할극 제작 순서 알아보기

4. 모둠 나누기
- 6개 모둠을 2개 모둠씩 고구려, 백제, 신라로 나누기

해설이 있는 역할극은 모든 아이들이 부담 없이 참여할 수 있는 역할극이다. 하지만 새롭게 도입하는 형식의 역할극이기에 방법에 대한 안내를 어떻게 효과적으로 할 것인지 고민이 많았다. 말로만 주로 설명하는 것은 주의력이 떨어지는 아이들에게는 어려운 설명 방법이다. 우리는 해설이 있는 역할극을 교사들이 먼저 직접 만들어 보여 줌으로써 모든 학생들이 효과적으로 역할극 방법을 알아낼 수 있도록 했다. 교사들은 중앙집권국가가 되지 못하고 사라진 가야의 건국설화로 해설이 있는 역할극을 제작했다. 아이들은 처음 보는 역할극 형식에 낯설어하면서도 교사들의 시연에 즐거워했다.

영상을 보고 나서 해설이 있는 역할극에 대해 좀 더 자세히 알아보았다. 단계별로 어떻게 해야 하는지, 주의사항은 무엇인지 알아보면서 앞으로의 활동을 준비하는 시간을 가졌다. 마지막으로 아이들을 여섯

'가야 건국설화 역할극' 동영상

가야 건국설화, 해설이 있는 역할극 안내

모둠으로 나누어 두 모둠씩 한 나라를 맡도록 조정하고 수업을 마무리했다.

② 건국설화 역할극 대본 만들고 연습 및 촬영하기

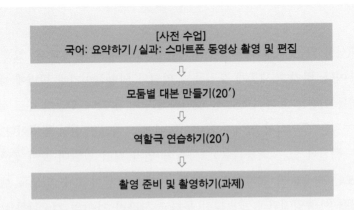

1. 모둠별 대본 만들기
- 국어: 요약하는 방법 공부하기
- 삼국의 건국설화 이야기 글 읽고 내용 파악하기
- 모둠별로 맡은 나라의 건국설화 이야기를 바탕으로 대본 만들기

2. 역할극 연습하기
- 완성된 대본을 가지고 역할 나누기
- 역할에 따라 연습하기

3. 촬영 준비
- 역할극에 필요한 소품 준비

4. 촬영하기(과제)
- 모둠별로 역할극 촬영하기

해설이 있는 역할극에 대해 알아본 다음에는 삼국의 건국설화를 읽었다. 전 시간에 나눈 모둠별로 자신들이 맡은 나라의 건국설화를 읽어 보았다. 아이들은 교사들이 미리 건국설화의 내용을 쉬운 낱말로 고치고 불필요한 부분을 삭제해 간결하게 편집해서 제시했는데도 처음 접하는 내용이라 어려워했다. 건국설화를 읽은 후 그 내용을 바탕으로 내용을 요약하며 대본을 만들었다. 내용을 요약해 대본을 만들기 위해 국어 시간에는 이솝우화를 이용해 간단히 요약하는 방법에 대한 수업을 진행했다. 아이들은 국어 시간에 배운 내용을 떠올려 건국설화를 요약 정리해서 역할극 대본으로 만들었다.

대본을 만드는 과정에서 아이들은 건국설화를 여러 번 읽고 고구려의 주몽, 백제의 온조와 비류, 신라의 박혁거세에 대해 정확히 알게 되었다. 이는 대본을 만들면서 부담 없이 건국설화를 재미있게 접하는 데 주안점을 두었기 때문이다.

모둠별로 완성된 대본을 가지고 역할을 나누고 간단히 연습을 했다. 아이들은 서로의 연기를 점검해 주며 어떻게 하면 잘 표현할 수 있을지 계속 협의했다. 또한 촬영 장소, 소품, 동선 등을 의논했다.

이후 방과 후 시간을 이용해 촬영했다. 학교 다목적실이나 비어 있는 교실을 찾아가기도 했지만 현장감 있는 장면을 촬영하기 위해 야외

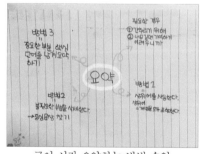

국어 시간 요약하는 방법 수업

건국설화 읽고 대본 만들기

역할극을 연습하고 소품을 준비하는 아이들

에서 진행하는 모둠도 있었다. 결과물은 스마트폰으로 촬영, 편집하여 클래스팅에 업로드했다. 동영상 편집 방법은 실과 시간에 배웠기 때문에 아이들이 무리 없이 편집할 수 있었다. 동영상 편집 애플리케이션은 '비바비디오', '키네마스터' 등 자신이 사용하기 편리한 것을 선택할 수 있도록 안내했다.

③ 건국설화 분석하고 토론하기

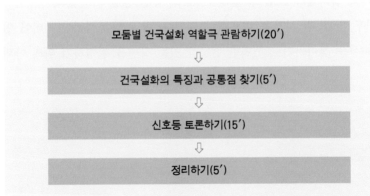

1. 모둠별 건국설화 역할극 관람하기
■ 유튜브, 클래스팅에 업로드한 영상 공유

- 친구들의 역할극 작품에서 잘된 점 찾기

- 건국설화를 만든 소감 나누기

2. 건국설화의 특징과 공통점 찾기

■ 삼국 건국설화의 특징 분석하기

- 자유롭게 역할극을 만들면서 생각했던 점을 이야기하도록 함

■ 건국설화의 공통점 찾기

- 다른 모둠과 우리 모둠의 동영상을 자세히 관찰해 공통점을 찾을 수 있도록 함

> *하늘의 민족, 선민사상이 담겨 있다.
> *인물의 특별한 출생 및 뛰어난 자질. 고난을 뚫고 성장하여 나라를 건국했다.
> *인물의 과장된 활약상이 드러났다.

3. 신호등 토론하기

■ 신호등 토론의 방법 알기

> 1. 자신의 의견 정하기
> 2. 삼색 카드로 자신의 의견 표현(빨강: 반대, 파랑: 찬성, 노랑: 중립)
> 3. 중립 의견을 가진 친구들이 찬성이나 반대 의견을 가질 수 있도록 설득하는 토론 진행
> 4. 최종 의견을 정하고 다시 삼색 카드로 자신의 의견을 표현함
> 5. 중립이 많이 이동한 쪽이 의견을 더 효과적으로 이야기한 것으로 판정함

■ 토론 주제에 대해 주장과 근거를 생각할 시간 갖기

- 주제: 지도자는 필요하다면 백성들에게 거짓말을 해도 되는가?

- 건국설화가 허구인 부분이 많음을 상기시키고 왜 그렇게 허구, 즉 거짓말을 해야 했는지 생각해 보도록 안내함

- 신호등 토론하기
- 중립 의견을 가진 친구들을 설득하는 데 주안점이 있음을 다시 한번 강조함
- 토론의 판정 및 토론 소감 나누기
- 토론에서 이기고 지는 것보다 자신의 의견을 명확히 말하는 태도와 경청하는 자세가 중요함을 짚어 줌

4. 정리하기
- 수업 소감 나누기
- 새롭게 알게 된 것, 수업에서 아쉬웠던 점에 대해 이야기 나누기

세 번째 수업은 학급 친구들이 촬영한 동영상을 함께 시청하는 것이다. 아이들은 소품을 준비한 모둠, 인상 깊은 연기를 보여 준 친구들에게 박수와 환호성을 보내 주었다. 여섯 모둠의 동영상을 모두 시청한 뒤에 아이들은 촬영 과정에 어려웠던 점, 즐거웠던 점에 대해 소감을 나누고 각 영상에서 재미있었던 점 등을 찾아보았다.

영상에 대한 이야기를 나눈 다음에는 세 나라 건국설화의 특징과 공통점을 찾아보았다. 아이들은 북방 유목민족인 부여에 뿌리를 두고 있는 고구려와 백제의 특징, 신라가 여러 부족의 통합체이며 백제처럼 외부에서 유입된 세력이었을 것이라는 점 등을 발견해 냈다. 각 나라 건국설화의 특징을 찾아낸 다음에는 공통점을 생각해 보았는데, 특별하게 탄생한 위대한 인물이 역경을 거쳐 이룩한 국가라는 점이 비슷하다는 것을 발견했다.

건국설화에 대해 알아보는 것을 모두 마친 후에는 '지도자는 백성들에게 거짓말을 해도 되는가?'라는 주제로 신호등 토론을 했다. 거짓말

<table>
<tr><td>

<삼국의 건국설화 이야기를 주제로 토론하기>
"지도자는 백성에게 거짓말을 해도 되는가?"

• 나는 주제에 대해 찬성 / 반대 입니다.

저는 반대 입니다 왜냐하면 권력을 위해 거짓말 말해
자기를 좋아 보이도록 한것은 아니라고 생각 하기 때문입니다
근데 한편으로 보면 다른 나라에게 공격 받지 않기위해 하기
위해서는 있기 때문에 반대 하는데 있는 거같기 입니다

</td><td>

</td></tr>
</table>

토론 전 의견 정하기　　　　삼색 카드로 자신의 의견 표현하기

에 대해 토론을 한다는 자체가 아이들의 도덕성 발달 수준에서는 어려운 주제였다. 대부분의 아이들은 어떤 경우에도 거짓말을 해서는 안된다고 주장했지만, 네다섯 명은 중요한 일을 위해서는 필요하다는 의견을 내놓았다. 선의의 거짓말이 필요하다는 의견, 사람들의 힘을 모아더 큰일을 해야 하기 때문에 거짓말을 할 수도 있다는 의견 등이 나와서 많은 아이들에게 생각할 거리를 주었다. 토론이 끝난 후에는 판정하는 시간을 가졌다. 판정은 아이들에게 승패를 알려 주기보다 누구의 설득이 더 효과적이었는지 생각해 보는 기회로 삼게 했다. 교사는 이때 각별히 언어 사용에 주의했고, 이기고 졌다는 표현 대신 '찬성하는팀의 설득이 더 효과적이었군요' 등의 표현을 함으로써 토론 자체의 의미를 생각해 볼 수 있도록 유도했다.

수업 소감으로는 친구들과 재미있는 경험을 할 수 있어서 좋았다는 이야기가 많이 나왔다. 첫 번째 주제를 배우면서 갖게 된 관심과흥미는 후속되는 삼국의 역사에 대한 수업을 이어 나가는 촉진제가되었다.

(2) 삼국의 왕권 강화

왕을 신성시한 사례(5′)

⇩

왕권 강화를 위한 노력(10′)

⇩

신라의 불교 수용 과정(15′)

⇩

가야가 중앙집권국가가 되지 못한 이유 생각하기(10′)

1. 왕을 신성시한 사례
■ 왕권 강화.ppt
- 이집트 파라오, 단군, 루이 14세
- 왕을 신성시한 이유 생각해 보기

2. 왕권 강화를 위한 노력
■ 왕권 강화 활동지.hwp
- 율령 반포
• 율령, 율령 반포의 의미 알기
• 율령 반포 후 나라의 변화 생각해 보기
• 삼국의 율령 반포 시기와 왕 알기(활동지 작성)
- 불교 수용
• 불교가 들어오기 전 사회: 각 마을마다 다른 원시 신앙으로 백성들의
  마음을 하나로 모으기 어려움
- 불교를 수용하면 좋은 점
- 삼국의 불교 수용 시기와 왕(활동지 작성)

- 신라의 불교 수용이 늦은 이유 알기

3. 신라의 불교 수용 과정
- 귀족들의 반발이 심해서 불교 수용이 늦어짐
- 이차돈 순교비에 얽힌 이야기 보기

4. 가야가 중앙집권국가가 되지 못한 이유 생각하기
- 왕권 강화가 되지 못하고 연맹왕국 단계에 머무름

'한반도 삼국지' 첫 번째 주제에서는 고구려, 백제, 신라의 건국설화를 역할극으로 만들었다. 두 번째 주제에서는 건국 이후 각 나라에서 왕권을 강화하기 위해 공통적으로 시행한 일들을 알아보았다. 역사 속 수많은 왕들은 왕권을 강화하기 위해 무던히 노력했다. 그 노력은 한반도 역사의 왕들뿐 아니라 다른 나라의 역사에서도 찾아볼 수 있다.

이 수업은 다양한 나라의 역사 속에서 왕권 강화를 위한 노력들이 어떻게 이루어졌는지 살펴보는 데 목적이 있다. 이집트의 왕 파라오는 자신을 태양의 아들이라 말했고, 고조선의 왕 단군은 하늘의 아들이었으며, 프랑스의 왕 루이 14세는 '짐은 곧 국가다'라는 유명한 말을 남겼다. 아이들에게 위 왕들의 예를 보여 주며 왜 이런 말을 했을까 생각해 보게 했다. "힘이 세 보이려고요", "자신이 최고라고 알려 주려고요." 아이들은 생각보다 쉽게 답을 유추했다.

왕권 강화를 위해 고구려, 백제, 신라의 왕들이 공통적으로 사용한 방법이 있었다. 율령 반포와 불교 수용이다. 먼저 율령과 율령 반포의 의미를 설명했다. 아이들에게 처음 들어 보는 단어들을 지금 사용하는 단어로 쉽게 풀어 알려 주고, 율령 반포를 한 후 나라가 어떻게 달라질 것인지 생각해 보게 했다. 또 삼국이 율령 반포를 한 시기와 당시

왕의 이름도 알아보게 했다. 이어서 불교 수용도 같은 순서로 수업을 진행했다.

이번 수업은 아이들에게 지식을 전달하는 설명식 수업이 될 수 있기 때문에 역사에 대한 흥미가 떨어질 우려가 있었다. 그래서 아이들의 관심을 끌 만한 신라 이차돈의 일화를 소개했다. 불교를 수용하기 위해 자신의 목숨까지 바쳤던 이차돈, 이차돈의 목을 베자 목에서 흰 피가 솟구치며 꽃비가 내리는 기이한 일이 벌어지고 그 일로 부처가 있음이 증명되어 신라가 불교를 수용할 수 있었다는 이야기다. 아이들은 이 이야기가 허무맹랑한 옛이야기라는 걸 알면서도 신기해했고 불교를 받아들이고자 했던 왕과 이차돈의 절실함을 느꼈다.

마지막으로 불교 수용과 율령 반포를 통해 삼국이 중앙집권국가로 발전했다는 것을 알려 주었다. 그리고 아이들이 스스로 가야가 중앙집권국가가 되지 못하고 연맹왕국에 머물었던 이유를 생각해 보도록 했다. 생각할 시간을 주기 전 중앙집권국가가 무엇인지, '중앙'이 뜻하는 것은 무엇인지, 불교 수용과 율령 반포를 한 나라가 중앙집권국가가 될 수 있었다는 점 등을 알려 주었다. 그러자 아이들 입에서 "율령 반포를 하지 않았기 때문이에요", "불교 수용을 하지 않아서요" 등의 대답이 어렵지 않게 나왔다.

왕권 강화 수업 자료

(3) 삼국의 신분과 생활

벽화 속으로(5′)

⇩

귀족, 평민, 노비의 모습 살펴보기(10′)

⇩

노비의 어떤 하루(상상 글쓰기)(15′)

⇩

발표하기(10′)

1. 벽화 속으로

- 수산리 고분 벽화 살펴보기

- 그림에서 사람들의 몸집 크기가 다르게 나타나는 이유는 무엇일까?

- 삼국 시대는 어떻게 신분이 나뉘어 있었을까?

• 삼국 시대 사람들은 모두 귀족, 평민, 노비로 나뉘어 있었고, 신분에 따라 생활 모습도 각각 다르게 나타났음

2. 귀족, 평민, 노비의 모습 살펴보기

- 귀족: 높은 관직, 많은 토지와 노비 소유, 고운 베나 비단으로 만든 옷을 입음

- 평민: 철로 만든 농기구와 소를 이용해 농사를 짓고, 생산물로 세금을 냄, 단순한 옷차림, 나라의 공사에 동원됨

- 노비: 정복된 나라의 평민이 노비가 되었으나, 가난을 이기지 못해 노비 신분으로 떨어지는 사람들도 생겼음

3. 노비의 어떤 하루(상상 글쓰기)

■ 노비의 하루 일기. hwp

철기 시대에 들어서고 고조선이 멸망하면서 그 주변에 새로운 나라들이 생겼다가 사라진다. 그중에서도 고구려, 백제, 신라는 왕권을 강화하고 체계적인 제도를 갖추며 더 큰 나라로 성장했다. 이 차시의 목표는 이 삼국의 발전과 성장에 대해 자세히 배우기 전에 삼국 백성들의 삶의 모습을 배우는 것이다.

재산이 축적되면서 신분의 차이가 나타나기 시작했다는 건 지난 '선사인의 생활' 수업에서 다루었다. 삼국 시대로 넘어오면서 이 신분의 차이는 더욱 견고해져 귀족과 평민, 노비 이렇게 세 계층으로 나뉘었고, 신분의 차이에 따른 생활 모습도 다르게 나타났음을 공부했다.

먼저 여러 벽화를 도입해 아이들의 흥미를 유발시켰다. 고구려 무용총의 접객도와 수산리 고분 벽화에 나온 사람들의 몸집 크기가 다르게 나타나는 이유에 대해서 생각해 보게 하였다. '어린아이를 표현했다', '실제로 몸집이 작은 사람을 그린 것이다' 등의 다양한 의견이 있었다. 신분의 차이를 이렇게 그림으로 표현한 것이라고 하자 아이들이 깜짝 놀랐다. 그림 속의 귀족에 비해 노비의 크기가 너무나 작았기 때문이다. 또한 벽화에 그려진 사람들의 특징을 보며 어디에 살았는지, 무슨 일을 했는지, 무엇을 먹었는지 추측해 보았다. 이렇게 옛날 사람들이 직접 그린 벽화와 유물들을 관찰하며 그 시대의 생활 모습을 상상하고 짐작해 보는 활동은 아이들이 역사에 더욱 친숙하게 다가갈 수 있도록 도와주었다.

귀족, 평민, 노비의 다른 삶을 알아보고 더 나아가서 '노비의 어떤 하루'라는 주제로 상상 글쓰기를 했다. 우리가 역사수업을 구성할 때 자주 참고했던 『살아 있는 한국사 교과서』(전국역사교사모임, 휴머니스트)에는 '노비 아광이의 어떤 하루'라는 글이 실려 있다. 이 글에 주목했던 이유는 소외된 계층에 대해 말하고 있기 때문이었다. 역사는 승자의 관점에서 쓰이고 그 사회를 주도하는 세력에 대한 이야기가 주를 이룬다. 그만큼 그 당시 소외된 계층이었던 여성이나 노비의 삶은 역사에서 배제되기 쉽다. 때문에 이 책에서 보게 된 '노비 아광이의 어떤 하루'라는 글은 교사들에게 신선하게 다가왔다. 아이들도 이러한 시각으로 역사를 조금 다르게 바라보는 경험을 하면 좋을 것 같았다. 그래서 삼국 시대 노비의 하루를 상상해서 글을 써 보는 활동을 고안하게 되었다. 아이들은 삼국 시대 노비의 하루 일기를 쓰면서 온갖 상상의 나래를 펼쳤고, 평범한 하루가 아닌 막장 드라마처럼 재미있게 글을 쓰는 아이도 있었다. 각자 쓴 글을 돌려 읽으며 서로의 생각을 엿보고 한바탕 웃을 수 있었던 활동이었다.

노비의 하루 상상 글쓰기

(4) 기술의 나라, 백제

① 백제의 정치

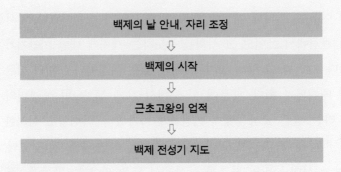

1. 백제의 날 안내, 자리 조정
■ 강냉이, 음료수 준비, 교실 가운데에 한강 만들기
- 고구려, 백제, 신라 제비뽑기
- 고구려, 백제, 신라를 2모둠씩 정하고 자리 이동
- 한강 유역에 있는 식량과 물 사용법 설명

2. 백제의 시작
- 초기 백제의 위치와 변화 모습

3. 근초고왕의 업적
- 5분 한국사 〈근초고왕〉 시청
- 근초고왕의 업적 정리
• 백제 왕권 강화 및 중앙집권화 강화
• 고구려의 남진정책에 대응하여 북방으로 전략적 진출
• 일본(왜)으로부터의 문화 전파 및 전달

- 요서지방으로 진출

4. 백제 전성기 지도
■ 삼국 전성기 지도.hwp(출처: 인디스쿨 학습지 변형)
- 사회과부도를 보면서 학습지에 지도 그리기
- 학습지 질문에 답하기

삼국 시대를 공부할 때, 가장 중요하게 생각해야 할 것은 무엇일까? 우리는 한강을 삼국 시대 최대의 격전지로 인지하는 것이 가장 중요하다고 생각했다. 이에 따라 삼국 시대를 배우면서 아이들이 한강 유역을 두고 싸운 이유와 싸운 과정을 쉽게 습득할 수 있도록 간단한 시뮬레이션을 계획했다.

시뮬레이션은 하루에 한 나라씩 '기술의 나라, 백제', '전쟁의 나라, 고구려', '황금의 나라, 신라'라는 주제로 수업을 진행하면서 모둠별로 영역을 나누어 백제, 고구려, 신라 사람으로 생활하게 하는 것이었다.

수업에 앞서 우리는 교실에 '한강'을 만들었다. 파란 색지를 이용해 간단하게 모형물을 만들어 놓고 아이들에게는 이곳이 '한강'이라고 말했다. 아이들은 처음엔 어색해했지만 한강 옆에 간식과 음료를 놓자 어떤 활동을 할지 기대하는 모습이었다.

아이들을 두 모둠씩 한 나라가 되어 삼국을 만들었다. 각 모둠의 대표가 뽑기를 해서 나라를 정했다. 나라가 구성된 후에 본격적으로 수업을 시작했다. 처음엔 어리둥절해하던 아이들은 "오늘은 백제의 날이고 한강은 백제인들의 것이니 모든 간식은 백제인들이 쉬는 시간과 점심시간에 마음껏 먹을 수 있습니다"라고 말하자마자 백제의 아이들은

한강 시뮬레이션

환호성을 질렀다.

간단한 시뮬레이션 후에 시작된 수업은 백제의 건국, 발전 과정에 대해 공부하면서 백제 전성기 지도 학습지를 채워 가는 형식으로 진행되었다. 수업이 다소 전달식으로 진행되어 아이들은 지루해하기도 했지만, 한강 유역에 대한 설명이 나올 때만은 눈을 반짝이며 집중하는 것을 느낄 수 있었다.

하지만 한강에 대해 알아보는 본격적인 배움은 백제의 전성기에 대한 수업이 다 끝난 후에 시작되었다. 쉬는 시간에 백제인들이 모여 간식을 마음껏 먹을 때 무역을 시도하는 다른 나라의 아이들이 있었고, 어서 한강을 차지하고 싶다고 외치는 아이도 있었다. 무역의 중심지이자, 곡창지대였던 한강의 기능을 아이들이 스스로 발견해 내는 기회가 된 것이다.

② 백제의 문화

백제의 문화 알아보기(5′)

⇩

중국, 일본과의 교류(10′)

백제의 유물, 유적 살펴보기(20′)

정리하기(5′)

1. 문화 알아보기

■ 백제의 문화.ppt

- 문화란? 사람이 사회를 이루어 살면서 오랜 세월에 걸쳐 쌓아 온 풍부한 생활 바탕(언어, 종교, 예술, 풍습, 과학, 기술 등)
- 백제의 문화를 알아보자.

2. 중국, 일본과의 교류

(1) 중국

- 백제의 지정학적 위치(한강 유역)로 인해 경제적 풍요와 중국으로 진출하기에 유리한 장점을 갖게 됨
- 고대 중국의 요서, 산둥반도 등과 교역하며 당시 중국의 선진 문물을 받아들여 문화 발전에 크게 기여함

(2) 일본

- 백제는 아직기, 왕인 박사 등의 학자를 일본에 파견하고 불교, 천자문, 한학 등을 일본에 전파하여 일본 최초의 불교문화인 아스카문화를 꽃피웠다.

3. 유물, 유적 살펴보기

■ 〈1박 2일〉, 편집 동영상

■ 지식채널e 〈금동대향로〉

■ 금동대향로 꾸미기.hwp
- 정림사지 5층석탑, 서산마애삼존불상, 무령왕릉, 금동대향로, 칠지
  도 등

4. 정리하기
- 백제는 경제적인 풍요를 바탕으로 중국의 문물을 받아들이며 예술 솜
  씨가 돋보이는 문화를 발전시켰으며, 일본에 큰 영향을 미쳤다.

'백제' 하면 '온화함', '섬세함'이 떠오른다. 이는 정림사지 5층석탑, 서산마애삼존불상, 무령왕릉, 금동대향로, 칠지도 등의 유물, 유적에 고스란히 담겨 있다. 백제는 경제적인 풍요를 바탕으로 중국의 문물을 받아들이며 예술적 솜씨가 돋보이는 문화를 발전시켰다. 그리고 이를 바탕으로 쌓아 온 문화와 기술을 일본에 전파함으로써 큰 영향을 미쳤다.

'기술의 나라'라고 일컬어지는 백제의 문화를 아이들에게 어떤 방법으로 전달해 줄 것인가? 수업을 계획함에 앞서 많은 고민을 했다. 온화함과 섬세함이 깃든 백제의 문화를 이해하려면 무엇보다 백제의 유물과 유적을 심도 있게 살펴보아야 한다는 것이 동료 교사들의 생각이었다. 따라서 다양한 영상을 제공해 백제의 문화를 느낄 수 있게 하고 더불어 '칠지도'를 둘러싼 일본의 주장을 바로잡고 백제 문화의 긍지를 가질 수 있는 기회를 제공하고자 했다.

먼저 백제와 일본, 중국의 교류를 학습했다. 백제는 고대 중국의 요서, 산둥반도 등과 교역하며 선진 문물을 받아들여 문화 발전을 이루었으며, 더불어 아직기, 왕인 박사 등의 학자를 일본에 파견하면서 일본 최초 불교문화인 아스카문화를 꽃피우기도 했다. 아이들은 중국의

문물을 받아들여 백제만의 문화를 정립하고, 나아가 일본에도 영향을 끼쳤다는 점에서 자긍심을 느끼는 듯했다.

이어서 백제의 여러 유물과 유적을 살펴보았다. 방송 프로그램 〈1박 2일〉 영상은 아이들이 백제의 유물과 유적을 재미있어하면서도 깊이 있게 학습할 수 있도록 하는 데 도움을 주었다. '그 옛날 어떻게 이렇게 크고 작은 석재들을 정갈하게 조각했을까?' 하는 궁금증과 함께 각 모서리마다 끝을 올려 조각한 모습까지 그 섬세함을 느낄 수 있었다. '금동대향로'는 EBS 역사채널의 영상과 학습지를 이용해 공부했는데, 그 속에 숨겨진 '미'를 알아볼 수 있었다. '금동대향로'를 꾸미고 색칠하면서 아이들은 백제의 문화가 섬세함의 극치라는 것을 느꼈을 것이다. 특히 '칠지도'의 전면과 후면에 기록된 글과 이를 둘러싼 오해를 통해 우리 문화의 소중함과 역사를 배워야 하는 이유를 다시 한번 생각해 볼 기회를 가졌다.

모든 나라의 문화는 오랜 세월 이어져 내려온 것으로 그 자체만으로도 고유한 가치를 지니고 있다. 몇 종류의 유물과 유적을 본다고 해서 한 나라의 문화를 전부 이해할 수는 없을 것이다. 그러나 이 수업을 통해 아이들이 백제가 '온화함', '섬세함' 등 여러 가지 모습이 복합적으로 숨어 있는 매력적인 나라임을 조금이라도 느껴 볼 기회가 되었을 것이다.

금동대향로 꾸미기

(5) 전쟁의 나라 고구려

① 고구려의 전성기

고구려 전성기 지도 그리기(10′)
⇩
광개토대왕릉비, 충주 고구려비 알아보기(10′)
⇩
광개토대왕이 되어 현재의 나에게 편지 쓰기(15′)
⇩
정리하기(5′)

1. 고구려 전성기 지도 그리기

- 고구려 전성기(광개토대왕, 장수왕) 활동지에 지도 그리기

- 광개토대왕 재위(391~412), 장수왕 재위(412~491)

- 고구려 유적 유물 살펴보기: 광개토대왕릉비, 장군총, 수렵도, 현무도

2. 광개토대왕릉비, 중원고구려비 알아보기

(1) 광개토대왕릉비 자세히 알아보기

- 중국 지린성 지안현 통거우에 있는 고구려 제19대 광개토대왕의 능비

- 높이 6.39m, 너비 1.38~2.00m. 네 면에 걸쳐 1,775자가 새겨져 있음

(2) 비문의 내용

- 세 부분으로 구성되어 있음

① 고구려의 건국 신화

② 광개토대왕의 정복 활동과 영토 관리

③ 능을 관리하는 수묘인(무덤 관리자)에 대한 내용

(3) 충주 고구려비(중원고구려비)
- 높이 2.03m, 너비 55cm. 네 면에 약 400자의 글자가 새겨져 있음

3. 광개토대왕이 되어 현재의 아이들에게 편지 쓰기
- 광개토대왕릉비 둘째 부분의 내용 알아보기
- 광개토대왕이 되어 현재의 아이들에게 편지 쓰기

4. 정리하기
- 5세기는 고구려에서 주로 광개토대왕과 장수왕이 재위하던 시기로 고구려의 영토가 가장 넓어진 전성기라 할 수 있다.

이번 시간은 고구려 모둠의 아이들이 한강을 차지하는 시간이다. 지난 시간 백제의 아이들을 부러운 눈으로 바라보던 고구려 아이들은 물 만난 고기처럼 신났다. 고구려 전성기는 광개토대왕과 장수왕으로 대표된다. 그렇기 때문에 한반도 중심의 지도에서 광개토대왕, 장수왕과 관련된 고구려의 유물과 주요 도시를 찾아보는 것이 이 수업의 주된 목적이다. 고구려의 유물은 광개토대왕릉비, 장군총, 무용총, 충주 고구려비(중원고구려비), 수렵도 등 여러 가지가 있는데 이 중 고구려 전성기 영토를 나타내는 광개토대왕릉비와 충주 고구려비(중원고구려비)에 대해 좀 더 자세히 알아보고, 마지막으로 자신이 직접 광개토대왕이 되어 현재의 아이들에게 편지를 쓰도록 했다.

먼저 고구려 전성기를 이끈 두 왕의 이름을 알아본 후 백지도에 전성기의 고구려 영토와 주요 도시를 표시해 보았다. 주요 도시는 국내성과 평양성에 표시하고, 영토는 프레젠테이션과 사회과부도를 통해 미리 확인한 후 직접 백지도에 그려 보았다. 대부분의 아이들은 별 어려움 없이 지도에 국내성과 평양성을 표시했으나 잘못된 곳에 표시하는

아이들이 종종 있었기 때문에 위치를 정확히 표시했는지는 확인해 주었다.

이후 광개토대왕릉비의 현재 모습을 사진으로 보여 주며 이 비가 현재 중국에 있음을 알려 주었다. 그리고 광개토대왕릉비의 비문 내용을 간략하게 알려 주었다. 아이들은 우리의 중요한 문화유산이 중국에 있다는 것을 아쉬워했다. 충주에 있는 중원고구려비는 고구려의 영토가 충청남도 충주까지 넓었음을 나타낸다. 아이들은 지도에서 충주 고구려비를 찾아보면서 좀 더 구체적으로 고구려 전성기의 영토 크기를 생각했다.

마지막으로 광개토대왕이 되어 편지를 쓰는 활동을 했다. 아이들은 광개토대왕릉비에 쓰인 글을 읽어 보고 광개토대왕의 업적에 대해 확인해 보았다. 활동지 한 쪽에 광개토대왕릉비에 쓰여 있는 비문의 내용을 써 주어 아이들이 광개토대왕이 한 일들을 먼저 확인해 보게 했다. 그런데 많은 내용을 A4 반절 크기의 활동지에 넣다 보니 글씨도 작고 읽기도 힘들었다. 또한 비문의 내용이 현재의 글로 번역되었어도 이해하기 어려운 부분이 많아 함께 한 줄 한 줄 읽으며 내용을 파악하는 데 시간이 많이 걸렸다. 다 읽은 후에는 광개토대왕이 되어 후손들에게 편지를 썼다. 편지글은 미리 첫 문장을 써 주어 아이들이 쉽게 글을 쓸 수 있도록 했다. 아이들은 다 쓴 편지를 소리 내어 친구들 앞에

광개토대왕이 되어 편지 쓰기

서 읽었다. 짐짓 자신이 광개토대왕이 된 것처럼 '나를 잊지 말고 평화를 지켜야 한다'고 말하는 아이들의 목소리에서는 비장미가 느껴지기도 했다.

광개토대왕의 입장에서 편지를 쓰게 한 것은 발상의 전환이었다. 광개토대왕이 되어 후손들에게 편지를 쓰면서 업적을 좀 더 자세히 알게 되고 감정이입하여 오래 기억에 남게 하는 활동이 되었다. 하지만 광개토대왕릉비에 쓰여 있는 비문 내용을 살펴보는 것은 시간적 제한이 많이 따랐다. 따라서 광개토대왕릉비의 비문은 수업 전 과제로 아이들에게 읽어 볼 수 있도록 제시한다면 좀 더 여유롭게 수업이 진행될 수 있을 것이다.

② 고구려의 문화

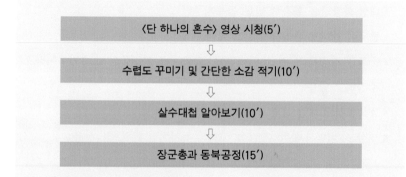

1. 〈단 하나의 혼수〉 영상 시청
- ■ 전쟁의 나라, 고구려(2).ppt
- ■ 영상 3 시청(역사채널e 〈단 하나의 혼수〉)
- – 혼수로 '수의'를 해서 가져갔다는 것은 어떤 의미인가?
- • 전쟁을 많이 했고, 그것인 일상인 사회

2. 수렵도 꾸미기 및 간단한 소감 적기

■ 수렵도 활동지.hwp

- 수렵도를 통해 알 수 있는 고구려의 모습은?

• 사냥을 하며, 활을 사용함 → 전쟁에서도 사용

3. 살수대첩 알아보기

- 누구와 누구의 전쟁? 고구려와 수나라

- 살수란? 청천강의 옛 이름

- 살수대첩의 과정과 결과에 대해 이야기 나누기

4. 장군총과 동북공정

- 장군총

• 장수왕의 무덤으로 추정

• 대형 화강암을 활용해 만든 돌무지무덤

• 중국이 제대로 관리하지 않고 있음

• 중국은 장군총의 한글 안내판에 '고구려'를 자신들의 소수민족이라고
  주장하고 있음

• 동북공정에 대한 설명

■ 영상 시청(역사채널e 〈35.6〉): 고려의 독자적인 단위 '척' 사용

이번 시간에는 고구려에 대해 조금 더 세세하게 살펴보기로 했다. 수렵도를 통해 고구려의 문화 및 생활상을 생각해 보고 살수대첩에 대해 알아보기로 했다. 더 나아가 장군총과 동북공정에 대해 이야기를 나누도록 했다.

먼저 역사채널e 〈단 하나의 혼수〉 영상을 시청했다. 현대인들과는 달리 고구려인들은 혼례에서 돈의 구애를 받지 않았다. 남자 집에서는

돼지고기와 술을 보낼 뿐, 재물을 보내는 예는 없었다. 그만큼 고구려의 혼례는 검소하고 소박했다. 그러나 중요한 혼수라고 생각하는 것이 있었는데 바로 수의였다. 아이들과 함께 그 영상을 본 후에 '왜 그들은 수의를 혼수로 해 갔을까? 그것을 통해 알 수 있는 고구려인들의 생활 모습은 무엇일까? 그들은 죽음에 대해 어떻게 생각한 것일까?'에 대해 이야기를 나누었다.

고구려인들은 척박한 땅과 깊고 험한 산세 속에서 살았다. 그래서 농사를 대신하여 고기잡이, 사냥, 전쟁을 선택할 수밖에 없었다. 그런 그들에게 전쟁은 삶이었다. 그러니 혼수로 수의를 준비해 갈 만큼 죽음이 그들의 삶 속에 가까이 있었다. 아이들과 함께 그 당시 고구려인들의 삶을 생각해 보고 나서 고구려의 대표적 문화재인 수렵도에 대해 알아보았다. 직접 수렵도를 색칠해 보고 새로 알게 된 것과 느낀 점을 정리해 친구들과 공유했다.

고구려 하면 빼놓을 수 없는 전쟁! 그 전쟁들 중에서도 가장 대표적인 살수대첩에 대해 알아보았다. 6세기 후반 중국에 통일 왕조가 들어서면서 고구려와 서로 대립하게 된다. 그런 흐름 가운데 주도권을 둘러싼 고구려와 수나라의 충돌은 어쩌면 당연한 것이었다. 아이들에게 전쟁이 일어나게 된 전체적인 배경과 살수의 의미, 살수대첩의 과정 및

수렵도 활동지

수렵도에 색칠하고 소감을 적는 아이

결과에 대해 전반적으로 이야기해 주었다.

마지막으로 장군총에 대해 공부했다. 장군총은 장수왕의 무덤으로 추정되는 곳으로 대형 화강암을 활용해 만든 돌무지무덤이다. 하지만 중국은 무덤을 제대로 관리하지 않을 뿐만 아니라 동북공정을 통해 고구려의 역사를 자신들의 역사로 귀속시키려 하고 있다. 아이들에게 어려울 것 같아 전반적인 중국의 의도와 진행 과정 정도만 설명했다. 그리고 동북공정에 대한 수업은 발해를 가르칠 때 자세하게 설명하기로 했다. 그리고 역사채널e 〈35.6〉을 통해 고구려는 중국의 소수민족이 아니라 독자적인 단위인 '척'을 가지고 있었던 나라임을 다시 한번 강조했다.

이 수업에서 아쉬운 점은 두 가지이다. 첫째는 한 차시로 진행하기에는 수업의 내용이 조금 많았다는 점이다. 그러다 보니 아이들과 수업을 할 때 더 깊은 대화를 나누지 못했다. 다음에 이 수업을 한다면 두 차시로 수업을 하는 것이 좋을 듯하다.

둘째는 고구려와 관련된 문화재가 우리나라에 많지 않다 보니 실제의 모습을 보여 줄 기회가 부족하다는 것이다. 백제와 신라의 경우에는 직접 체험학습을 가서 볼 수 있는 것들이 많지만, 고구려는 그렇지 못하기에 고구려를 멀리 동떨어진 나라로 받아들이기가 쉽다는 생각이 들었다. 추후에 이 수업을 한다면 고구려와 관련된 실제적인 사진 및 동영상 자료들을 많이 찾고 정리하여 활용해야 하겠다. 특히 문화재의 실제 크기와 현 상태를 알 수 있는 현실감 있는 자료들을 만드는 것도 중요해 보인다.

(6) 황금의 나라, 신라

신라가 황금의 나라로 불린 이유는?(5′)

⇩

신라가 한강의 주인이 된 비결 살펴보기(10′)

⇩

신라의 신분제도와 화백회의 알기(15′)

⇩

신라의 미스터리 문화재(10′)

1. 신라가 황금의 나라로 불린 이유는?

■ 황금의 나라 신라.ppt

- 역사채널e 〈황금의 나라〉 함께 보기

- 황금이 흔해서 금속공예품이 발전한 신라

2. 신라가 한강의 주인이 된 비결 살펴보기

- 화랑도로 인재 양성, 나제동맹, 가야 정복

3. 신라의 신분제도와 회의제도 살펴보기

■ 만장일치 회의 주제.hwp

- 골품제의 개념과 한계 알기

- 화백회의 하기: 화백회의를 체험하며 모둠별로 주어진 회의 주제를 만
  장일치로 통과시켜 보기

4 신라의 미스터리 문화재

■ 신라의 미스터리 천마도(읽기 자료).hwp

- 첨성대를 통해 알 수 있는 신라의 과학기술

'한반도 삼국지' 수업을 만들 때 교사들이 가장 공을 들였던 부분
은 아이들이 또렷하게 떠올릴 수 있는 삼국의 이미지를 만들어 내는
것이었다. 신라는 삼국 중 가장 화려하고, 귀족적인 느낌이 드는 국가
이다. 금관, 금귀고리 등을 비롯한 다양한 금 세공품은 신라의 귀족
적인 느낌을 한층 배가시킨다. 최근 큰 인기리에 방영되었던 드라마
〈선덕여왕〉에서 왕족과 귀족들이 착용했던 화려한 비단옷과 장신구는
그 자체로도 큰 볼거리였다. 그래서 신라를 공부하는 수업의 타이틀
은 "황금의 나라, 신라"로 정하게 되었다. 또한 고대 삼국 중 신라는 유
독 유명한 인물이나 인물과 얽힌 고사가 많은데, 이는 치열한 삼국전쟁
의 승리자로서 많은 영웅들을 배출했기 때문일 것이다. 이러한 인물들
은 대부분 '화랑' 출신이다. 신라의 발전과 삼국 통일을 논할 때 빠질
수 없는 것이 바로 '화랑도'다. 화랑이었던 소년들은 훗날 신라의 지배
층이 되어 눈부신 활약을 했다. 신라의 원동력이 된 '화랑도'에 대해서
는 자세히 다루되, 다음 주제 수업인 '발해를 꿈꾸며'와 겹치는 부분이
없도록 삼국 통일과 관련된 부분은 최대한 제외했다. 이번 수업은 신
라를 표현할 수 있는 다양한 키워드를 하나씩 탐구하면서, 궁극적으로
"신라가 세 번째로 한강의 주인이 될 수 있었던 까닭은?"이라는 핵심
질문의 답을 찾아가도록 했다.
  수업을 시작하면서 아이들에게 질문을 던졌다. "이 수업 제목이
'황금의 나라, 신라'가 된 까닭은 무엇일까요?" 아이들은 신라 금관을
어딘가에서 본 이야기를 하며 금이 많았을 것 같다고 했다. 함께 역
사채널e 〈황금의 나라〉를 감상한 후, 신라에 황금이 매우 풍부해 갖

가지 물건을 금으로 만들었다는 중국의 옛 기록에 대해 이야기를 나누었다. 귀한 금이 그때는 아주 흔했다니! 아이들의 신기해하는 모습을 보자, 이만하면 동기유발로 충분하다는 생각이 들었다. 다음으론 우리나라 국보 3호 북한산 진흥왕 순수비를 보며, '이것은 무엇을 기념하기 위해 세운 비석일까?' 생각하며 진흥왕 시기 전성기 신라의 지도를 살펴보았다. 한강을 차지한 기념으로 세운 비석임을 확인한 뒤, 사회과부도를 보고 나누어 준 지도에 신라의 영토와 주요 도시를 표시했다.

본격적으로 신라가 한강 유역을 차지할 수 있었던 비결을 알아보기로 했다. 첫 번째 비결은 신라의 상징인 화랑도였다. 김유신, 김춘추 등 신라 하면 떠오르는 걸출한 인물들이 모두 화랑도 출신이며, 귀족 자제 중 아름답고 용맹한 이가 화랑이 되었다는 이야기를 나누었다. 이미 화랑도에 대해서는 대략적으로 알고 있는 아이들이 많았다. 이것이 인재를 발굴하기 위한 신라의 제도였음을 확실히 하고, 불교의 교리에 따라 화랑들이 지켜야 할 '세속오계'를 소개했다.

두 번째와 세 번째 비결로는 나제동맹, 대가야 정복을 들었다. 신라가 나제동맹과 대가야 정복으로 착실히 세력을 키워 한강을 차지하기 위한 기반을 마련했음을 알 수 있었다.

역사채널e 〈황금의 나라〉

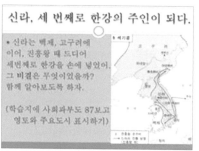

신라가 한강을 손에 넣은 비결은?

이 외에도 신라의 제도와 생활상을 설명하는 여러 가지 주제를 공부했는데, 대표적인 것이 '골품제'다. 골품제는 나아갈 수 있는 관직의 등급뿐만 아니라, 집의 크기, 의복, 결혼까지 생활 전반을 규정하는 엄격한 신분제라는 사실을 배웠다. '이러한 골품제로 피해를 입는 사람은 누구일까?'라는 질문에 아이들은 '능력은 있지만 신분이 낮은 사람'일 것이라고 추론했다. 6두품의 한계에 부딪혀 중앙으로 나아가지 못한 최치원과 같은 인물, 또한 골품제로 피해를 보게 된 여러 백성들의 이야기를 하며 골품제가 지배층의 권력 유지 수단임을 분명히 했다. 신라의 귀족적인 생활상을 설명하는 데 또 하나 빠질 수 없는 것이 '화백회의'이다. 만장일치 제도로 단 한 사람의 반대도 용납하지 않았던 화백회의의 유래에 대해 이야기해 주었다. 화백회의는 건국 초기 여러 가지 세력의 집합체였던 신라가 힘을 모으기 위해 채택한 제도라는 설명과 함께 우리도 직접 화백회의를 하는 시간을 가졌다. '교실에서 스마트폰을 사용해도 될까?', '우리 반에서 급식은 누가 먼저 먹어야 할까?' 등 민감한 사안에 대해 의견이 잘 모아지지는 않았지만, 만장일치를 이끌어 내기 위해 모둠원들을 설득하며 화백회의의 본질을 체험해 보았다.

마지막으로 신라를 대표할 수 있는 문화재인 '첨성대'와 '천마도'에 대해 이야기 나누었다. 첨성대는 언뜻 돌을 쌓아 만든 평범한 관측대처럼 보이지만, 실제로는 우주 삼라만상의 의미를 담은 과학적인 문화재이다. 지식채널e 〈신라 첨성대의 상징성을 아시나요〉 영상을 함께 본 뒤, 신라의 발달한 과학기술과 첨성대를 쌓은 신라인의 지혜에 대해 알아보았다.

또한 아직도 미스터리가 완전히 풀리지 않은 '천마도'를 탐구하는 시간을 가졌다. 천마도에 그려진 동물이 말인지 기린인지부터 시작해서 그 의미에 대해서도 다양한 해석이 있다는 내용의 신문 기사를 읽고 관련 영상(KBS 역사 스페셜 〈수수께끼의 나라, 신라〉 1편 '천마도 미스터리')을 시청했다. 특히 천마도를 발굴하는 장면과 발굴자 인터뷰에서 그 당시의 벅찬 감동이 생생하게 전해졌다. 나무껍질을 겹쳐 만든 천마도가 천년이 넘는 세월을 이겨 내다니! 적외선 촬영으로 말처럼 보이는 동물의 모습에서 뿔이 보일 때, 우리는 그 신비함에 숨을 죽이고 영상을 지켜보았다. 현대 과학으로도 완벽히 설명할 수 없는 두 문화재를 공부하며 문화재에 대한 관심을 갖게 되는 뜻깊은 시간이었다.

신라를 대표하는 몇 가지 키워드로 신라를 탐구할 수 있는 즐거운 수업이었다. 다만 공부할 내용은 많은 데 비해 화백회의를 체험하는 것 이외에는 활동이 별로 없어서 아쉬웠다. 그래도 〈황금의 나라〉, 〈천마도 미스터리〉, 신문 기사 등의 자료로 공부하는 것이 재미있었다는 아이들이 많았다. '6두품의 설움'이나 '진골 귀족의 하루'처럼 신라인의 생활상을 담은 역할극과 같은 다양한 활동을 배치해 좀 더 활기 넘치는 수업을 만들어 보면 어떨까 하는 아쉬움이 남았다.

(7) 삼국신문 만들기

배운 내용 복습하기(20')
⇩
신문 만드는 방법 알아보기(20')
⇩
자료 조사하기[개별 과제]
⇩
신문 만들기(80')

1. 배운 내용 복습하기

■ 삼국신문 만들기.pptx

- 고구려, 백제, 신라에 대해 배운 내용 간단히 복습하기

2. 신문 만드는 방법 알아보기

- 신문 만들 때 들어가는 내용 알아보기: 기사뿐만 아니라 만화, 광고,
  일기예보 등 다양한 정보가 있음을 상기시켜 줌
- 신문 만들 때 주의 사항 알아보기: 중요한 기사는 앞으로, 읽는 사람이
  흥미를 가질 만한 내용으로, 또 어떤 것을 주의해야 할까?
- 조사 계획서 쓰기: 모둠원들이 역할을 분담해 자신이 조사할 내용에
  대해 계획서 쓰기

■ 삼국신문 조사 계획서.hwp

3. 자료 조사하기

- 개별적으로 자료 조사하기

4. 신문 만들기

- 모둠별로 조사해 온 자료와 사진, 그림 등을 활용해 신문 제작하기
- 전시하여 공유하기

한반도 삼국지에서 배운 내용을 정리하는 활동으로 삼국신문을 제
작했다. 신문은 삼국 시대를 시작할 때 모둠을 이루었던 나라를 중심
으로 자기 나라의 신문을 만들기로 했다. 먼저 아이들은 삼국 시대에
대해 배운 내용을 간단히 복습했다. 건국, 발전 과정, 대표 문화재 등에
대해 복습한 뒤에 신문 제작 방법을 알아보았다. 아직 본격적으로 기
사문 작성 방법을 가르친 적이 없었기에 간단히 기사문에 대한 내용

을 안내했다. 그리고 신문에는 기사뿐만 아니라 다양한 콘텐츠가 들어 있음을 알려 주었다. 단순히 기사만 작성하지 말고 삼국 시대에 대해 배운 것을 가지고 광고나 퀴즈, 일기예보, 가로세로 낱말 풀이, 만화 등 다양한 형태로 표현해 볼 수 있게 한 것이다.

신문 만드는 방법과 신문을 만들 때 주의할 것들에 대해 알아본 후에는 모둠별로 역할을 나누어 자료조사 계획서를 작성했다. 신문에 어떤 내용을 넣을 것인지, 모둠원들은 각자 어떤 역할을 맡을 것인지 정하고 나서 주말에 신문 제작에 필요한 것들을 수집해 오도록 했다.

신문을 만들 때, 미처 사진 자료를 출력해 오지 못한 모둠은 교사의 도움을 받아 문화재나 인물 초상화 등을 출력해 신문에 넣었다. 기사문을 쓰기 전에는 각자 조사해 온 내용을 바탕으로 모둠별 협의를 하도록 했고, 대략적으로 쓴 기사문은 교사가 순시를 하며 읽어 보고 부족한 부분에 대해 조언을 해 주어 완성했다. 기사문을 조율하고 기사의 위치를 맞추느라 예상보다 한 시간이 더 소요되었다. 사전 계획을 가지고 기사를 만들게 한 덕분에 아이들의 신문에는 화랑도 광고, 삼국 가로세로 낱말 퍼즐, 한강 유역 일기예보 등 다양한 콘텐츠가 담겼다.

신문을 완성한 후에는 칠판에 게시하여 학급에서 공유했고, 학급

삼국신문 조사 계획서

백제 신문

공유가 끝난 다음에는 학년 복도에 게시하여 학년의 친구들이 자유롭게 관람할 수 있게 했다. 아이들은 다른 반 친구들의 신문을 보면서 자신들이 만든 신문과 비교하며 공통점과 차이점을 발견했다. 잘한 점을 칭찬하는 모습을 통해 전시회가 주는 교육적 효과도 확인할 수 있었다.

(8) 백제 문화 체험하기

삼국 시대에 대한 수업이 교실 안에서만 이루어지는 것에 아쉬움을 느꼈다. 그래서 첫 번째 수업을 하면서 선사인에 대해 더 자세히 알아보기 위해 고창 고인돌을 직접 보러 갔던 것처럼 이번에도 현장체험학습을 가면 좋겠다고 생각했다. 아이들이 배운 것을 확인하며 역사에 좀 더 관심을 가질 수 있게 하기 위해서였다. 다행스럽게도 우리 지역과 가까운 곳에 백제문화유적이 많이 남아 있는 부여와 공주가 있다. 현장체험학습을 다니기에는 다소 더운 6월 중순이었지만 우리는 백제 유물과 유적을 보기 위해 공주와 부여로 떠났다.

먼저 부여박물관에서 금동대향로를 직접 확인했다. 책과 영상에서 보았던 세밀한 표현과 아름다운 모양을 직접 보았다. 아이들은 생각보

무령왕 되어 보기

금동대향로 관찰하기

다 향로가 크다는 것에 놀랐고 사진보다 훨씬 더 아름답다며 감탄사를 연발했다. 그 밖에 부여박물관에 있는 다양한 유물들을 보며 백제 사람들의 생활 모습을 상상해 보았다.

다음으로 이동한 곳은 백제문화단지였다. 백제문화단지에서는 관람 후 점심을 먹고 3D영상을 보았다. 백제문화단지는 역사유적은 아니지만 웅장한 백제시대의 성과 집들을 구현해 놓은 것을 볼 수 있었다. 아이들이 잘 살펴보기를 바라는 마음에서 모둠별로 기억에 남는 사진을 찍어 오는 미션을 주었다.

마지막으로 방문한 곳은 공주 무령왕릉이었다. 무령왕릉 또한 수업에서는 간단히 다루었지만, 직접 방문해 벽돌로 지어진 무덤을 눈으로 직접 보고 출토된 유물들을 확인하면서 백제 수업의 제목이 왜 '기술의 나라'인지 다시 한번 확인해 보았다.

현장체험학습을 다녀온 후 쓴 기행문을 읽어 보니, 배운 것을 눈으로 직접 보니 공부한 것이 떠오르면서 백제인들의 위대함을 다시 알게 되었다는 이야기가 많았다. 평소 아이들은 박물관에 가는 것을 별로 좋아하지 않는다고 말한다. 아는 것이 없는 상태에서 가기 때문이다. 아는 만큼 보인다고 했던가, 충분히 공부한 뒤 박물관에 가면 즐거운 공간이 될 수 있다는 것을 확인하는 시간이었다. 짧은 시간이었지만 문화재의 아름다움과 그 의미를 느낄 수 있었다. 그리고 아이들에게 우리 역사에 대한 자부심을 더 키워 줄 수 있는 기회도 되었다.

4) 지켜야 할 우리의 역사 '발해를 꿈꾸며'

가. 수업 마인드맵

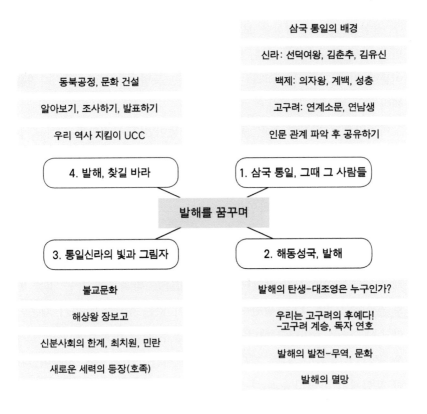

역사시대 속에서 발해는 그동안 소외된 국가였다. 현재는 '남북국시대'로 그 시기를 지칭하지만, 1997년 이전 교과서에서는 '통일신라시대'라는 이름으로, 발해를 제외시켜 왔다. 발해는 왜 이렇게 소홀하게 대접받았을까? 아마도 신라의 영토가 현재 대한민국과 일치한다는 지리적 인식을 벗어나기 힘들었으리라. 또한 삼국을 통일한 신라의 시선으로 봤을 때, 발해는 하나의 주변국에 불과했을 것이다. 그런 역사적 시각이 팽배한 환경에서 『발해고』를 저술한 조선 후기 실학자 유득공이 '남북국 시대'라는 말을 최초로 사용하여 발해를 역사의 무대로 등장시킨 점은 참 대단하다.

발해는 우리 역사상 가장 넓은 영토를 차지한 국가이며, 그 위대함을 동북아 대륙에 널리 떨친 국가다. 하지만 현재의 역사적인 상황은 이전보다 더욱 녹록지 않다. 중국은 발해가 당나라의 지방 정권이었다고 주장하고 있으며, 발해의 민족 구성과 현재 영토의 관점에서 보자면 이런 주장은 설득력 있게 들린다. 그럼에도 발해는 우리의 역사임이 자명하다. "발해가 왜 중국의 역사가 아닌 대한민국의 역사인가?"라는 질문에 설득력 있게 대답할 수 있는 이가 몇이나 될까? 이런 식으로 되돌아보면 우리 스스로 발해에 대한 공부를 포기하면서 발해를 우리의 역사에서 슬그머니 소외시키고 있었는지도 모른다.

2015년 처음 '발해를 꿈꾸며' 수업을 계획하며, 우리만큼은 발해의 시각에서 남북국 시대를 조명하자는 생각을 많이 했다. 수업을 만들면서 인터넷, 책 등에서 발해에 대한 여러 가지 자료를 찾아보았지만 생각보다 자료가 많지 않았다. 그래도 발해가 고구려의 혼을 계승한 우리의 역사임을 잊지 않으려는 태도를 유지하려고 노력했다. 또한 고려 시대와의 연결성을 생각해 해상무역국가, 귀족 중심 국가로서의 화려한 통일신라와 그 이면의 부패에 관해서도 설득력 있는 수업을 만들고자 했다. 2016년 다시 이 수업을 하기 전에 우리는 교육부 주관 역사 현장답사단에 선정되었다. 여름 방학을 이용해 답사단 활동의 일환으로 동북 3성의 고구려·발해 유적지를 답사할 수 있었다. 아는 만큼 보인다고 했던가. 직접 답사를 하고 난 후, 우리는 고구려와 발해에 대한 애착이 더욱 커졌을 뿐만 아니라 기존 수업의 아쉬운 점을 채워 수업을 더욱 완성도 있게 만들 수 있었다.

특히 중국 답사로 동북공정에 대해 잘 알게 되어 주요 활동을 구성하는 데 도움이 되었다. 현재 중국의 동북공정으로 인해 우리는 발해의 역사를 빼앗길 위기에 처해 있다. 통일신라에 대해 배우는 것도 중요하지만 위기에 처한 발해의 역사를 알고 문제의식을 느끼는 것도 매우 중요한 일이다. 이미 중국에서는 발해를 당나라의 속국으로 기정사실화하고 있다. 우리가 관심을 갖지 않으면 그대로 중국의 역사가 될 판이다. 우리는 이런 문제의식 속에서 발해 역사와 '동북공정'에 대해 아이들이 정확히 파악하여 우리 역사를 지켜야 함을 깨달았으면 했다. 그래서 마무리 수업으로 '우리 역사 지킴이 UCC'를 제작하여 발표하는 시간을 가졌다.

나. 세부 수업 계획

수업 제목	교과	시량	학습 내용 및 활동
수업 안내	사회	1	– 무지개책 만들기 – 마인드맵 그리기
1. 삼국 통일, 그때 그 사람들	사회2 국어1	1	1. 삼국 시대 복습하기 2. 삼국 통일의 과정 알아보기 [금–과제] 신라, 고구려, 백제 인물 조사(인물 카드 8장)
	사회2	2~3	3. 인물 인터뷰(질문지, 활동지) 4. 인물관계도 만들기 5. 인물관계도를 통해 알게 된 것, 느낀 점 나누기
2. 해동성국, 발해	사회2	4	1. 발해의 탄생 2. 우리는 고구려의 후예다(고구려 문화, 독자연호 사용 등)
		5	3. 발해의 발전, 해동성국 4. 발해의 멸망
3. 통일신라, 빛과 그림자	사회2	6	1. 찬란한 불교문화 2. 해상왕 장보고
		7	1. 신분사회의 한계 2. 새로운 세력의 등장(호족)

| 4.
발해,
찾길 바라 | 사회2
실과
국어1 | 8
~11 | 1. 동북공정, 문화 건설-알아보기
2. 우리 역사 지킴이 UCC 제작하기
3. UCC 감상회 |

다. 주요 관련 교과 성취기준

교과	성취기준
사회	우리 역사의 시작과 발전 (4) 선덕여왕, 김춘추, 김유신, 계백, 을지문덕, 대조영 등을 중심으로 삼국의 통일 과정과 발해의 건국을 이해한다. (5) 유물과 유적을 통해 삼국, 통일신라와 발해 시기의 사람들의 생활 모습을 파악한다.
국어	듣기·말하기 (2) 면담의 방법을 알고 효과적으로 면담한다. (5) 토론의 절차와 방법을 알고 적극적으로 참여한다.
실과	(3) 생활과 정보 (나) 사용하기 쉬운 소프트웨어로 창의적인 발표 자료를 만들고, 일상생활에서 많이 사용되는 정보 기기를 이용하여 사용자의 환경에 적절한 멀티미디어 자료를 만들어 활용할 수 있다.

라. 이렇게 수업했어요

(1) 삼국 통일, 그때 그 사람들

① 삼국 통일의 배경과 과정

수업 안내, 무지개책 만들기(40′)

⇩

신라의 전성기 복습하기(5′)

⇩

삼국 통일의 배경 및 과정 알기(30′)

⇓

1. 신라의 전성기 복습하기
- 고구려 백제, 신라 중 가장 전성기를 늦게 맞이한 나라는?
- 신라가 전성기를 맞을 수 있었던 이유는?

2. 삼국 통일의 배경 및 과정 알기
■ 삼국 통일, 그때 그 사람들(1).ppt
- 김춘추, 선덕여왕, 연개소문, 의지왕 등의 인물을 바탕으로 통일의 배경
  살펴보기
- 삼국 통일의 과정 알아보기: 나·당 연합 → 백제의 멸망 → 고구려의
  멸망 → 나·당 전쟁
- 함께 생각해 보기: 신라의 삼국 통일은 어떤 한계(아쉬운 점)가 있을
  까요?

3. 인물 카드 작성 안내하기
■ 인물 카드(백·고·신).hwp
- 각 모둠에 8명의 인물 제시하고, 카드 작성법 및 유의할 점 안내
• 인물 초상화나 그림 찾아서 붙이기
• 핵심 질문을 잘 읽고 이에 대한 대답을 찾아 요약해 적어 오기

신라의 삼국 통일은 종종 반쪽짜리 통일이라는 비판을 받곤 한다.
외세(당)와 연합한 통일이었다는 점, 당에게 고구려 영토 대부분을 넘
겨주었다는 점 때문일 것이다. 하지만 한반도 최초의 통일국가로서 백
제, 고구려 유민들을 적극적으로 수용하여 하나의 민족을 형성한 통일

이라는 긍정적 평가를 받기도 한다. 신라의 삼국 통일을 의미 있게 알기 위해서는 고구려와 수의 전쟁에서부터 신라와 당나라의 전쟁까지 그 과정을 이해하는 것뿐 아니라 그 안에 얽힌 인물들의 이해관계를 파악해야 한다. 어떻게 하면 아이들이 삼국 통일을 이뤄 낸 인물들 간의 관계 구도를 잘 이해할 수 있을까? 고민을 거듭한 끝에 삼국 통일과 관련된 인물 카드를 작성하고 그 카드를 이용해 인물관계도를 작성하는 수업을 구상했다.

먼저 삼국 통일 과정에 대해서 간략하게 알아보는 시간을 가졌다. 이 수업은 자칫 지루하고 딱딱할 수도 있기 때문에 다양한 영상 자료를 활용했다. 〈EBS 5분 사탐 한국사-삼국 통일의 서막, 김춘추〉와 〈지니스쿨-황산벌 전투〉 영상을 활용해 흥미와 이해도를 높였다. 그리고 한 편의 이야기를 들려주듯이 수업을 진행했다.

그런 뒤에 아이들에게 다음 수업을 위해 필요한 인물 카드 작성을 사전 과제로 제시했다. 인물 카드는 삼국 통일과 관련된 주요 인물에 대한 핵심적인 질문을 담고 있다. 아이들은 인터넷과 책을 활용하여 질문에 대한 답변을 작성하고 그 인물에 대해서도 공부를 해 오기로 했다.

이 수업을 준비할 때, 인물 카드의 핵심 질문을 만드는 데 가장 많

 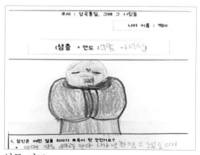

삼국 통일 인물 카드

은 시간을 들였다. 아직 조사학습이 서툴고 역사적인 배경지식이 적은 아이들에게 조사를 위한 지침을 주기 위해서였다. 인터넷 검색 결과 가장 먼저 나오는 내용을 무슨 뜻인지도 모르고 적어 오는 경우가 많다. 이런 경우 정작 수업에 필요한 내용은 아이들이 조사하지 못하는 경우도 있고, 자신이 적어 온 내용이 무슨 뜻인지도 모르는 경우가 많다. 우리는 이런 상황을 미연에 방지하고자 활동지에 아이들이 꼭 조사해야 할 내용을 질문으로 제시했다. 예를 들어 연개소문에 대해서는 "고구려의 영류왕을 죽이고 새로운 왕을 세운 이유는 무엇입니까?", "백제가 신라를 괴롭힌다고 신라의 김춘추가 고구려를 찾아와 군사 지원을 요청했습니다. 왜 신라를 돕지 않았나요?", "고구려의 귀족들은 당나라와 친하게 지내고 싶어 했는데, 당신은 당나라와 전쟁을 하자고 주장하여 당과 싸웠습니다. 대국인 당나라와 전쟁을 일으킨 이유는 무엇이었습니까?"라는 세 가지 질문을 주었다. 이 세 질문에 대한 답은 '연개소문'이라는 이름만 검색해서는 쉽게 얻을 수 없었다. 그래서 아이들은 검색한 내용을 자세히 읽어야만 했고, 백과사전이나 역사책을 찾아보아야 했다. 이 과정을 거쳐 자신이 맡은 인물에 대해서는 자연스럽게 공부가 되었다.

과제를 위해 아이들은 같은 인물을 맡은 친구들과 모여 함께 자료를 조사했고, 각자 조사해 온 내용을 비교해 보며 부족한 부분을 채우기도 했다. 다음 수업을 위해 아이들이 노력하는 모습이 대견했다. 오랜 시간을 들여 활동지를 만든 보람이 있었다.

② 삼국 통일 인물 인터뷰

인물 인터뷰하기(30′)

인물 인터뷰 내용 정리하기(20′)

⇩

인물관계도 만들기(30′)

1. 인물 인터뷰하기
- 삼국 통일 그때 그 사람들(2).ppt
- 인터뷰 학습지.hwp
- 인터뷰 질문지.hwp
- 인물 인터뷰 방법 알아보기
- 인터뷰를 요청할 때: 자신이 가지고 있지 않은 인물 카드 확인 → 그 인물을 조사한 모둠원에게 질문 → 인터뷰를 마치고 학습지 완성
- 친구가 내게 인터뷰를 요청할 때: 자신이 조사한 인물 중 하나를 맡음 → 그 인물의 입장이 되어 성심껏 인터뷰에 응함(*최대한 인물 카드를 보지 않고 대답하기)
- 인물 인터뷰하기

2. 인물 인터뷰 내용 정리하기
- 인터뷰 학습지.hwp

3. 인물관계도 만들기
- 인물 카드(백·고·신).hwp, 모둠당 전지 한 장, 색연필, 사인펜
- 인물관계도: 인물 간의 특징뿐 아니라 인물 간의 협력관계, 대립관계 등을 한눈에 알 수 있는 그림
- 인물관계도 만들기
- 자유롭게 여러 방법으로 인물관계도 완성하기

지난 차시와 연결하여 사전에 아이들이 조사해 온 인물 카드를 가지고 수업을 시작했다. 이번 수업에서는 각자 맡은 인물이 되어 인터뷰를 한다.

아이들이 조사해 온 인물 카드를 가지고 수업을 시작했다. 먼저 인물 인터뷰 방법을 알아보았다. 아이들은 자신이 가지고 있지 않은 인물 카드를 찾아 다른 모둠으로 가서 인터뷰를 진행하고 그 내용을 학습지에 적는다. 매끄러운 인터뷰 진행을 위해 아이들에게 인물 카드의 모든 질문이 적힌 인터뷰 질문표를 제공했다. 인터뷰하러 갈 때와 친구가 인터뷰하러 올 때에 유의할 사항들을 하나씩 확인한 뒤, 인터뷰를 했다. 인터뷰는 비교적 차분히 진행되었다. 아이들은 인터뷰를 하러 친구를 찾아가 질문하고 자신의 인물 카드를 참고하며 친구의 인터뷰에 응하기도 했다. 15분 정도의 인터뷰 시간이 끝나고 모든 질문과 답을 다시 살펴보며 공유하는 시간을 가졌다.

인물 인터뷰가 끝난 후, 바로 이어서 '인물관계도'를 작성했다. 인물관계도란 인물들 간의 협력관계와 대립관계를 표현해 인물의 각 특징뿐 아니라 인물 간 이해관계를 파악할 수 있는 구조도이다. 각 인물을 나타내는 사진(그림)은 인물 카드를 이용하고 인물 간 협력관계는 파란색 화살표, 대립관계는 빨간색 화살표로 나타냈다. 각 모둠별로 전지에

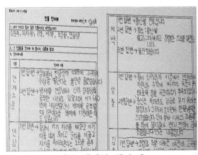
인물 인터뷰 학습지

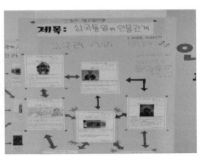
인물관계도

인물관계도를 나타내 보니 다양한 결과가 나왔다. 협력관계와 대립관계를 알 수 없는 관계에 초록색 화살표를 이용했고 화살표 옆에 설명을 덧붙이기도 했다. 아이들은 이 활동을 통해 모든 인물들 간 이해관계를 생각해 볼 기회를 가졌다. 더불어 완성된 인물관계도를 통해 아이들이 삼국 통일을 얼마나 잘 이해하고 있는지를 파악할 수 있었다.

수업을 마치고 인물관계도를 교실 한쪽 벽에 전시했더니 아이들은 삼국 통일의 과정이 한눈에 정리되어 좋다는 말을 했다. 사실 인물에 중점을 둔 수업을 구성하는 것이 부담스러웠지만 어느 정도 수업 목표에 도달한 것 같아 다행스러웠다. 아이들이 자신이 만든 인물관계도 이미지를 머릿속에 간직하고 언제든 떠올려 삼국의 통일 과정을 이해하는 데 도움이 되길 바라 본다.

(2) 해동성국 발해

① 발해의 탄생, 우리는 고구려의 후예다

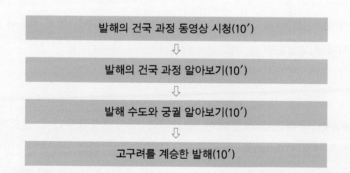

1. 발해의 건국 과정 동영상 시청
■ 발해의 탄생.ppt

- 초롱이의 옛날 여행: 발해의 시조, 대조영
- 나라를 잃은 고구려 유민들은 어떻게 되었을까?
- 대조영이 나라를 세우게 된 이유는 무엇일까?
- 대조영이 발해를 세우며 겪게 된 어려움은 무엇일까?

2. 발해의 건국 과정 알아보기
- 당나라의 고구려 복속 정책
- 거란인 이진충의 봉기
- 천문령 전투
- 제국의 탄생(698년)

3. 발해 수도와 궁궐 알아보기
- 발해의 5개의 수도 상경용천부, 중경현덕부, 동경용원부, 서경압록부, 남
  경남해부
- 상경용천부의 발해궁성지(팔보유리정)

4. 고구려를 계승한 발해
- 발해가 고구려를 계승한 증거들: 정혜공주 묘, 홍륭사 발해 석등과 돌
  사자상, 정효공주 묘, 외교문서 속 발해, 기와, 온돌

2016년 우리는 교육부에서 주관하는 역사현장답사단에 공모해 선정되는 행운을 누렸다. '역사신동답사단'이라는 이름으로 8월 2일부터 7박 8일 동안 동북 3성 일대의 고구려·발해 유적지를 답사했다. 답사 덕분에 발해 관련 수업은 2016년에 더욱 발전했다. 책에서만 보았던 여러 유물과 유적지를 직접 눈으로 확인하면서 옛 선조들의 삶을 느낄 수 있었다. 발해의 근원지인 동모산에서부터 상경, 중경의 수도

를 관통하며 그동안 머리로만 알고 있던 지식을 눈으로 확인하고 직접 체험하며 역사의 모퉁이에 있다고 느꼈던 발해의 역사가 우리나라 역사의 한 부분임을 가슴으로 느낄 수 있었다. 또한 동북공정에 대해 자세히 알게 됨으로써 피상적으로 품었던 문제의식을 실질적으로 목격했다. 그리고 수업을 통해 발해의 역사를 지킬 수 있는 방안을 고민했다.

답사 중 직접 찍은 발해광장의 대조영 사진과 발해 유물 및 유적지 사진을 시작으로 아이들이 수업에 관심을 갖도록 했다. 아이들은 선생님이 직접 나오는 사진을 통해 현장감을 느끼며 흥미를 보였고 교과서 사진에서는 알 수 없었던 유물의 실제 크기나 현재 모습에 대해 알게 되었다. 남쪽에는 통일신라가, 북쪽에는 발해가 있었던 그 당시의 국제적인 상황을 파악한 후 발해의 건국 과정을 알아보았다. 대조영이 발해를 처음 세웠다고 알려진 동모산, 아이들은 교사들이 직접 그 산에 다녀왔다는 것을 알고 놀라워했다. 동모산은 현재 정확한 위치가 어디인지 논란의 여지가 있지만 역사학자들이 발해의 근원지로 대부분 동의하는 곳이었다. 그곳에서 우리는 발해가 국가의 수명이 왜 그렇게 짧았는지, 수도를 왜 그렇게 많이 옮겼는지 알 수 있었다. 넓은 평야에 우뚝 솟은 산등성이인 동모산은 사방이 뚫려 방어하기는 적절하지 않은 곳이다. 우리는 답사를 통해 알게 된 생생한 지식과 현장에서 직접 느낀 감상을 토대로 수업을 풍성하게 만들 수 있었다.

그런데 발해의 탄생에 대해서는 중국과 우리의 시각이 전혀 다르다. 동북공정을 통해 중국은 이미 발해를 당나라의 속국으로 만들어 놓았고, 수많은 역사유적지에 사실로 표기했다. 그에 반해 우리나라 역사학자들은 당나라 사신에게 속국임을 인정받은 것이 아니라 친선관계를 맺은 것이라고 주장한다. 많은 역사적인 사실이 중국의 동북공정 정책으로 변질되고 위조되고 있음을 답사를 통해 확인할 수 있었다. 아이들에게 발해가 우리 역사임을 알려 주고 중국의 정책의 부당함을 깨닫게 해 주어야만 하는 당위성을 우리들 스스로 느꼈던 시간이었다.

우리는 발해의 건국과 함께 발해가 고구려의 후손임을 증명하는 유물과 유적에 대한 내용을 수업에 넣었다. 교과서에도 나오는 고구려 양식의 팔각 우물인 팔보유리정, 모줄임 천장 양식의 정혜공주의 묘, 거칠고 투박한 모양의 홍룡사 발해 석등과 돌사자상, 모줄임 천장 양식의 정효공주의 묘, 고구려와 발해의 기와 등이 발해의 문화가 고구려의 문화로부터 영향을 받았다는 것을 증명해 주었다.

수업을 마치며 아이들에게 중국에서 발해 역사가 훼손되고 있는 것을 목격한 사람으로서의 느낌을 간단히 이야기해 주었다. 중국에서 이미 대한민국의 역사가 아닌 발해를 마주했을 때의 분노와 서글픔에 대해 토로하니 아이들은 함께 분노했다. 교사의 살아 있는 목격담을 통해 아이들이 발해의 역사에 더 깊은 관심을 갖게 되길 바라는 마음으로 이야기를 나누었다. 잘못된 것을 제자리로 되돌리기 위해서는 현재 우리들의 노력이 중요함을 알고, 그 시작이 역사 공부임을 아이들이 깨닫기를 바란다.

발해 수업 PPT 첫 장

발해 석등

② 발해의 발전과 멸망

해동성국, 발해(15′)

⇩

발해는 왜 멸망했을까?(10′)

⇩

정리하기(10′)

1. 해동성국, 발해

■ 해동성국, 발해.ppt

- 전성기 때(9세기, 선왕)의 지도와 수도(상경, 서경, 중경, 동경, 남경): 사회과부도 91쪽
- 상경 부근에는 넓은 평야가 있어 농사짓기에 좋았고 상경을 중심으로 여러 교역로가 발달
- 해동성국: 바다 동쪽의 번성한 나라(산둥반도와 요동반도 사이의 발해만 동쪽의 번성한 나라)
- 해외 무역: 당나라, 영주도와 압록도(일본: 동해, 신라: 신라도)

2. 발해는 왜 멸망했을까?

- 발해의 멸망 원인 1:

  최근 1,000년간 가장 큰 화산 폭발이었던 백두산 화산 폭발.
- 발해의 멸망 원인 2:

• 거란의 기록 "우리 시조는 발해의 국내가 서로 뜻이 맞지 않은 틈을 타 싸우지도 않고 이겼다."

• 발해 내부의 분열(고구려 유민과 다수의 말갈족을 거느리고 출발한 발해, 고구려 우월주의에 빠져 말갈족을 끌어안지 못한 것은 아닐까?)

발해의 역사유적지가 모두 대한민국 영토 밖에 남아 있는 상황에서 해동성국이라 불리던 발해의 명성이 과연 어느 정도였는지 한국 역사 교육에서는 확인하기 어렵다. 따라서 발해의 역사가 중국과의 줄다리기에 놓여 있기 때문에 더 정확한 역사적 근거를 위해 발해의 유적과 영토를 직접 확인할 필요가 있다.

발해가 '해동성국'이라 불릴 만한 위용이 있었다는 건 답사를 하는 동안 여러 곳에서 느낄 수 있었다. 첫째로 가장 뚜렷한 증거는 발해의 영토이다. 발해의 역사유적 지역은 굉장히 넓게 분포되어 있다. 가장 오래된 수도인 상경을 포함해 발해는 총 5개의 수도를 가졌다. 발해가 얼마나 큰 영토를 가지고 있었는지 짐작할 수 있다. 우린 중국 목단강 지역에 도착하여 제일 먼저 상경성터를 찾았다. 처음 도착했을 때 생각보다 많은 관광객에 당황했다. 상경성터 앞은 깔끔히 정리된 백일홍 밭이 꾸며져 있었고 넓은 공터에 사람들이 옹기종기 모여 앉아 소풍을 즐기고 있었다. 그곳은 중국에서 관리하고 있었지만 곳곳에 세워진 너덜너덜한 안내판과, 관광지임에도 불구하고 제대로 된 화장실 하나 없다는 점을 보면 보여 주기 식의 관리가 아닌가 하는 의구심이 들기도 했다. 상경성터는 굉장히 넓었고 성벽의 안쪽으로 들어가면 당시 사용되었던 우물도 있었다. 오랜 시간이 지나 많은 부분이 소실되었지만 옛 상경성이 얼마나 웅장했는지 알 수 있었다. 둘째, 중국에서 세운 구조물들에 남은 '해동성국'이라는 명칭이 그 증거이다. 물론 중국은 현재 발해 역사를 중국의 한 소수민족으로 폄하하고 있지만 발해가 '해동성국'이었음은 인정하고 있는 듯하다.

위와 같이 발해 유적지를 실제로 답사하면서 발해의 위상을 직접 확인하고 '해동성국'이라는 명칭을 붙인 이유를 알 수 있었다. 현장에서 확인하고 느낀 것을 바탕으로 우리는 '(1) 발해의 발전과 멸망' 수업을 다시 생각하기로 했다. 단순히 인터넷 자료로 해동성국을 설명하는 것이 아니라 교사가 보고 느낀 것들을 직접 전달하며 수업을 진행했다. 수업 자료에는 교사가 직접 출연하는 사진들이 등장했고 아이들은 그 사진을 보며 훨씬 다양한 질문들을 쏟아 냈다. 중국 현지의 상황, 현지인들의 발해에 대한 인식 등 직접 가 보지 않았다면 대답할 수 없는 질문들이 많았다.

번성한 발해를 살펴본 후 아이들과 함께 발해의 멸망에 대해 생각해 보는 시간을 가졌다. 발해가 멸망한 이유는 여러 가지가 있겠지만 가장 설득력 있는 주장은 발해가 넓은 평야였기 때문에 외적의 침입을 막아 내기가 힘들었을 것이라는 설이다. 실제로 발해의 영토는 고구려의 영토와 달리 넓은 평야로 이루어져 있었고 높은 산이 없어 방어하기에 부적합했다. 직접 눈으로 보고 와서 그런지 멸망의 이유를 더 실감 나게 이해할 수 있었다. 아이들에게도 발해 평야 사진을 보여 주며 교사가 이해한 그대로 더욱 실감 나게 전달할 수 있었다.

발해 상경고 박물관 내

돈화시내

(3) 통일신라, 빛과 그림자

① 통일신라의 빛

'불국을 세워라!' 통일신라 사회 상황(10′)
⇩
불교의 꽃을 피우다(20′)
⇩
해상왕 장보고(10′)

1. 불국을 세워라

■ 통일신라의 빛.ppt

- 통일신라의 번성

• 통일로 인해 왕권이 더욱더 강해짐

• 고구려와 백제의 문화를 흡수하여 문화적으로 성장

• 원효대사 이야기(EBS 애니메이션)

- 신라가 불국을 세우는 데 큰 도움을 준 스님

- 어려운 경전을 공부하거나 힘들게 수행하지 않아도 깨달음을 얻을 수
  있다고 가르침(원효대사 해골 물) → 백성들에게 널리 퍼짐

- 부처님의 나라:
  이상세계를 경주 땅에 건설(이상세계＝부처님 나라＝불국)

2. 불교의 꽃을 피우다

- 불교문화재 알아보기

• 석굴암(세계유산채널 영상)

※ 일제 강점기 석굴암 훼손

- 신라인들은 샘물 위에 석굴암을 앉힘. 샘물이 온도를 유지하여 습기가 제거됨. 열린 구조로 짜여 통풍이 잘됨
- 일제 강점기 때 석굴암의 외면이 습기를 차단한다는 이유로 시멘트로 메움
- 그 후 석굴암 내 습기가 차고 파손되어 현재는 보존을 위해 유리벽으로 내부를 차단하고 습기 제거기가 달려 있음
• 불국사/석가탑/다보탑(세계유산채널 영상/무영탑의 전설 영상)
• 무구정광대다라니경
• 성덕대왕신종(지식채널e)

3. 해상왕 장보고
- 국제도시 신라: 신라의 그릇은 일본의 보물, 귀족들만 살 수 있는 물건
• 로마, 이슬람까지 교류
- 해상왕 장보고(드라마 〈해신〉 편집 영상)
• 장보고: 당나라에 건너간 군인, 당나라와 신라인을 연결
   무역 주도, 신라로 돌아와 해적 소탕을 위해 완도에 청해진 설치, 완도는 중국, 신라, 일본을 연결하는 동아시아 삼각 무역의 최고 중심지로 번영
- 장보고의 최후, 청해진의 멸망: 드라마 속 역사 보기(드라마 〈해신〉 편집 영상)

'발해를 꿈꾸며' 수업에서 배우는 큰 주제는 발해와 통일신라이다.
   앞서 발해의 건국과 전성기에 대해 알아보았고 이번 차시부터는 통일신라에 대해 자세히 알아본다. 통일신라는 삼국으로 나뉜 한반도를 하나의 나라로 통일했다는 점에서 역사적 의의가 크다. 하지만 그 이면에는 통일로 인한 부정적인 면도 있다. 우리는 통일신라의 특징을 빛

과 그림자, 두 가지로 나누어 두 차시에 걸쳐 아이들에게 소개하기로 했다.

먼저 첫 차시에는 통일신라의 빛, 즉 통일신라가 삼국을 통일함으로써 이루어 냈던 성과와 통일신라의 전성기에 대해 알아보았다. 통일신라의 긍정적인 면 중 불교문화의 꽃을 피웠다는 것, 국제적 교류가 활발했다는 것 두 가지를 선택했다. 그리고 아이들의 이해를 도와줄 영상을 추가했다. 특히 불교문화에 관한 부분은 현재까지 남아 있는 문화재들이 많기 때문에 문화재를 소개하는 영상이 많은 도움이 되었다.

통일신라의 첫 번째 빛, 불교문화에 대해 배우기 전 불국을 세우려 했던 통일신라의 노력을 알아보았다. 불국을 세우려 했던 이유와 불국을 세울 만큼 나라가 번성할 수 있었던 이유를 설명하고 불국을 세우는 데에 많은 기여를 했던 원효대사의 이야기를 영상으로 보았다. 이어서 불국을 세우기 위해 신라가 만들었던 여러 가지 건축물과 문화재에 대해 소개했다. 부처를 모시는 석굴암과 불국사, 부처의 모습을 담은 석가탑과 다보탑, 부처의 말씀을 적은 무구정광대다라니경, 부처의 목소리를 흉내 낸 성덕대왕신종 네 가지 문화재를 영상(《무한도전》_불국사 소개. 지식채널e 〈성덕대왕신종〉)과 사진으로 알아보았다. 석굴암이나 성덕대왕신종 등은 아이들에게 익숙한 문화재이지만 그 안에 부

불교문화

처를 위한 의미가 담겨 있다고 하니 문화재를 새로운 시선으로 바라볼 수 있는 계기가 되었다. 또한 석가탑(무영탑)에 얽힌 이야기는 아이들이 매우 흥미로워했다.

다음으로 통일신라의 두 번째 빛, 활발했던 국제적 교류에 대해 알아보았다. 국제적 교류의 중요 단어는 해상왕 장보고이다. 아이들은 장보고라는 인물을 중심으로 통일신라가 교류를 활발히 했다는 것을 배운다. 하지만 통일신라의 국제적 위상을 드높였던 장보고가 귀족들의 눈엣가시가 되면서 암살당하는 영상(드라마 〈해신〉)을 보며 매우 안타까워했다.

수업의 마지막은 앞에서 배운 내용을 빈칸 문제 형식으로 공책 정리를 하며 마무리했다. 마무리 문제에서 몇몇 아이들은 부처님의 말씀을 담은 무구정광대다라니경과 부처님의 목소리를 흉내 낸 성덕대왕 신종을 반대로 말하기도 했다. 무구정광대다라니경이 처음 들어 보는 생소한 문화재이기도 했고 말씀과 목소리를 착각한 듯하다. 하지만 수업의 목표가 어떤 문화재가 부처의 무엇을 나타내는 것인지를 아는 것이 아니라 이렇게 왕성하게 불교문화를 꽃피웠다는 것을 아는 것이었기 때문에 큰 문제는 아니었다고 생각한다.

이번 수업을 아이들이 쉽게 이해할 수 있었던 가장 큰 이유는 적절한 때에 삽입한 영상이었다. 부처의 말씀이나 부처의 목소리 같은 경우 아이들이 쉽게 이해하기 힘들고 추상적인 개념이기 때문에 교사가 말로 설명했다면 많은 어려움이 있었을 것이다. 하지만 다양한 영상을 통해 아이들이 흥미를 잃지 않고 수업에 임할 수 있었고 그 영상 속에서 추상적인 개념을 구체적으로 접할 수 있었다. 영상에 의존하는 수업은 자칫 지루해지거나 표면적인 지식 전달에만 그칠 수 있다. 적절한 시기에 제공되는 영상은 아이들의 배움에 도약의 발판을 마련해 준다는 점을 이번 수업을 통해 다시 한번 느꼈다.

② 통일신라의 그림자

통일신라 말기 사회 상황(5′)
⇩
신분의 한계(15′)
⇩
새로운 세력의 등장(15′)
⇩
정리하기(5′)

1. 통일신라 말기 사회 상황

■ 통일신라의 그림자.ppt

- 동기유발: 달리트(dalit) 인도 카스트 제도

- 통일신라 말기 사회

• 자신의 능력을 발휘할 수 없음

• 귀족과 다른 삶을 사는 백성들(가난하고 힘든 삶)

2. 신분의 한계(신라의 골품제도)

■ 5분 사탐 최치원(동영상)

- 골품제도 설명: 진골, 성골, 6두품~4두품, 3두품~1두품

• 차별: 옷, 집, 그릇, 말의 수, 여자 치마, 비녀 등

- 신분의 한계: 원효대사, 최치원(관련 동영상 시청)

3. 새로운 세력의 등장(호족의 등장)

■ 통일신라 말기(동영상)

- 통일신라 말기 사회 상황 확인

• 귀족 간의 왕위 다툼

• 흉년, 전염병으로 백성들의 삶은 어려워짐
- 호족의 등장 원인: 통일신라 말기 정치적 혼란 속에서 왕의 권력이 약화됨에 따라 지방에서 힘이 있는 사람들이 경제력과 군사력을 앞세워 새로운 세력으로 나타남
- 유명한 호족: 견훤, 궁예
- 통일신라 말기 사회 상황 동영상 보기(1분 30초)

4. 정리하기
- 마인드맵으로 정리

　통일신라 말기의 시대 상황을 통해 통일신라 멸망의 원인을 살펴보았다. 삼국을 통일시킨 신라의 힘은 점점 그 빛을 잃어 갔다. 통일신라가 빛을 잃어 간 이유는 골품제도라는 신분적 한계를 극복하지 못했음에 있다. 또한 지방에서 등장한 호족이라는 새로운 세력들은 통일신라의 중앙집권적 세력이 약해짐을 나타낸다. 이러한 어두운 그림자가 결국 통일신라를 멸망을 이끌고 말았다. 한 나라의 흥망성쇠에는 다 이유가 있다. 이번 수업은 통일신라의 멸망 이유를 살펴보고 아이들이 미래를 살며 같은 실수를 반복하지 않길 바라는 마음으로 계획했다.

　동기유발 자료로 인도의 카스트제도인 달리트(dalit)와 관련된 이야기를 했다. 아이들은 인도의 달리트 제도에 대해 불합리한 제도라고 생각하며 이러한 제도는 없어져야 한다고 말했다. 달리트와 똑같은 신분제도가 통일신라에도 있었음을 보여 주며 신분이 낮은 사람들은 가난하고 힘들게 살 수밖에 없었음을 이야기했다. 이 부분은 도입 부분이기 때문에 자세한 설명보다는 전체적인 상황에 대해 간단히 이야기

해 주었다.

　그런 다음 신라의 신분제도인 골품제도에 대해 알아보았다. 이 시간에 나오는 골품제의 내용은 반드시 암기할 필요는 없다고 안내했다. 옷 색깔, 집, 그릇 등 여러 분야에서의 차별로 일반 백성들은 가난하고 힘든 삶을 살아야 했다고 알려 주었다. 골품제도의 구체적 설명을 위해 골품제로 피해를 받은 최치원의 이야기를 포함시켰다. 통일신라시대에 당나라까지 가서 벼슬에 올랐던 그는 6두품이라는 신분의 한계로 제대로 자신의 능력을 발휘하지 못했다. 이러한 이야기와 함께 EBS의 5분 한국사 동영상을 보며 골품제도의 피해자인 최치원에 대해 아이들이 공감하도록 했다.

　통일신라 말에는 귀족 간의 왕위 다툼으로 자주 왕이 바뀌고 흉년과 전염병으로 백성들은 힘들게 살았다. 이런 상황에 각 지방에서 경제력과 군사력을 가진 새로운 세력인 호족이 등장한다. 호족은 신라 멸망과 함께 고려 건국과도 긴밀한 관계가 있기 때문에 꼭 이야기해야 할 부분이다. 하지만 자세한 내용은 고려 건국 시간에 진행되기 때문에 이 시간에는 대표적인 호족인 견훤과 궁예에 대해서만 이야기했다.

　이번 수업은 지식적인 내용이 대부분을 차지했다. 제도에 대한 이야기, 인물 이야기, 새롭게 등장한 이름들로 수업에 대한 거부감이 느껴

통일신라의 그림자

5분 사탐 최치원

질 수도 있다. 교사는 기본적으로 이 수업에서 핵심적으로 가르쳐야 할 단어를 마음에 새겨 두었다. '골품제'와 '호족', 이 두 개의 단어 이외의 것은 크게 중요하지 않다. 이 수업을 성공적으로 이끌기 위해서는 앞에서 본 두 개의 단어에 집중하며 통일신라 말기에 이 둘이 어떤 영향을 미쳤는가를 아이들과 이야기해 보는 것이 중요하다. 만약 외우기에 집중하여 진골, 성골, 6두품, 최치원, 원효대사, 견훤, 후백제, 궁예, 후고구려와 같은 단어를 암기하게 한다면 아이들은 역사를 지루하고 따분한 보기 싫은 과목으로 여기고 말 것이다.

(4) 발해, 찾길 바라

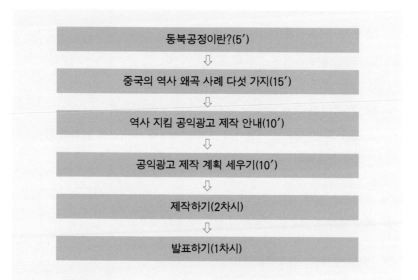

1. 동북공정이란?

■ 동북공정.ppt

- 동북공정이 무엇인지 알아보기

- 동북공정이 왜 문제인지 생각해 보기

2. 중국의 역사 왜곡 사례 다섯 가지

- 동북공정 이후 나타난 중국의 역사 왜곡 사례 알아보기

  ① 고조선 역사 왜곡, 웅녀는 중국 사람

  ② 고구려, 발해 산성이 만리장성으로

  ③ 중국 역사 교과서에 고구려 영토 삭제

  ④ 발해는 당나라 지방정부

  ⑤ 발해는 거란족이 세운 중국의 역사

3. 역사 지킴 공익광고 제작 안내

- 우리나라 역사 지킴이 공익광고 함께 보기

- 만드는 방법 안내

  ① 분량: 30초~1분

  ② 주제: 우리 역사에 관심을 갖고 지키자!

  ③ 내용: 고조선, 고구려, 발해 역사 왜곡 문제

  ④ 형식: 사진, 그림, 동영상 등을 활용한 영상 만들기

  ⑤ 제출 방법: 일요일 저녁까지 완성된 영상을 유튜브에 올리고 클래스

  팅에 공유하기

4. 공익광고 제작 계획 세우기

- 제작 계획 활동지를 이용하여 모둠별 계획 세우기

5. 공익광고 제작하여 발표하기

- 제작된 영상 학급에서 상영하여 관람하기

- 제작 소감 및 시청 소감 나누기

이 수업의 제목은 "발해, 찾길 바라"이다. 본격적으로 수업을 시작하

기 전에 지난 시간에 배운 동북공정과 문화 건설에 대한 내용을 전체적으로 되돌아보았다. 그 과정 속에서 '역사'를 제대로 배우고 인식해야 하는 이유에 대해 이야기를 나누었다. 한 나라의 국민이 역사에 대해 제대로 알지 못하고 관심이 없다면 미래에 경제적, 문화적으로 큰 손실을 입을 것이다. 더 나아가서는 그 나라 전체의 역사를 잃을 수도 있다는 것까지 생각해 보았다.

직접 아이들이 기획하고 제작하여 만든 '역사 지킴이 UCC'를 여러 편 보았다. 아이들에게 그것을 보여 준 이유는 역사에 대해 관심을 가진 친구들이 주변에 많다는 것과 다양한 방법으로 영상을 만들 수 있다는 것을 느끼게 해 주고 싶었기 때문이다. 아이들은 그 영상을 보니 중국의 역사 왜곡이 여러 방면으로 일어나고 있다는 것이 더 사실적으로 와닿는다고 했다. 우리들도 직접 영상을 만들어서 주변 사람들에게 역사에 대한 관심을 갖자고 권유하고 싶다고 했다.

아이들에게 모둠별로 제작 계획 활동지를 나누어 주었다. 활동지에 전체적인 공익광고의 스토리와 각 장면들에 대한 설명과 필요한 소품들을 적게 했다. 그리고 역사 왜곡과 관련된 다양한 자료들을 조사하고 정리하게 했다. 그런 과정을 통해 아이들은 중국이 어떻게 역사 왜곡을 하고 있으며 왜 그렇게 하고 있는지에 대해 좀 더 정확하게 알 수

공익광고 제작 중인 아이들

있었다. 아이들은 교사가 전해 준 지식을 통해서만이 아니라 궁금증을 가지고 스스로 조사 및 정리하는 과정을 통해서 더 많은 정보들을 알게 되고 생각들을 정리하게 된다. 거기에서 한발 더 나아가 다른 친구들과 조사해 온 자료를 나누고 제작 계획을 세우는 과정 속에서 사회적 의사소통 능력 또한 커진다. 그것은 아이들이 단순히 지식을 알고 암기하는 것보다 삶을 살아가는 데 몇 배나 더 중요한 것이라고 생각한다.

아이들은 제작 계획 활동지를 바탕으로 필요한 소품 및 자료들을 만들었다. 그리고 그것을 바탕으로 직접 영상을 만들어 나갔다. 그 과정에서 가끔은 소소한 갈등이 생기기도 했지만 그러한 것들을 대화로 해결하면서 공동의 작업을 진행했다. 영상을 제작해 가는 과정 속에서 교사와도 함께 소통하며 수정 및 보완해 나갔다.

그 후에는 학급에서 모둠별로 만든 영상 6편을 시청했다. 아이들은 앞에 나와서 영상의 제목과 전체적인 내용 및 취지에 대해서 간단하게 소개를 했다. 그리고 영상을 시청한 뒤에는 소감 나누기를 했다. 아이들은 '중국이 왜 역사 왜곡을 하는지 몰랐는데 자료 조사를 하면서 더 자세히 알게 되었다', '영상을 만드는 동안 친구들과 의견이 달라서 갈등이 있기도 했지만 완성하고 나니 뿌듯하다', '주변 사람들이 이 영상

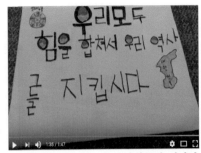

아이들이 제작한 역사 지킴이 UCC

을 보고 역사에 대해 관심을 가졌으면 좋겠다' 등과 같이 느끼고 생각한 것들을 자유롭게 발표했다.

이 수업을 마무리하면서 미국의 작가 제임스 볼드윈이 역사에 대해 한 말이 떠올랐다. "역사는 단순히 과거에 관한 것이 아니다. 아니 과거와는 거의 상관이 없다. 사실 역사가 강력한 힘을 갖는 까닭은 우리 안에 역사가 있기 때문이고, 우리가 깨닫지 못하는 다양한 방식으로 우리를 지배하기 때문이며, 그리하여 말 그대로 우리가 하는 모든 일 안에 현존하기 때문이다." 그의 말처럼 역사란 지나간 과거가 아니라 지금의 현 시점에서 살아 숨 쉬고 있다는 생각이 들었다.

그렇기 때문에 사람들은 역사에 대해 관심을 갖고 현재를 살며 미래를 내다볼 수 있는 힘을 길러야 한다. 그리고 그러한 힘을 아이들이 가질 수 있도록 가정과 학교, 사회가 도와주어야 한다. 그런 면에서 우리가 구상하고 진행한 이 수업이 현재를 바라보며 분별할 수 있는 힘을 길러 주고 역사 인식의 중요성을 깨닫는 데 도움이 되었기를 바란다.

5) 세계와 만난 우리 선조들 '웰컴 투 코리아'

가. 수업 마인드맵

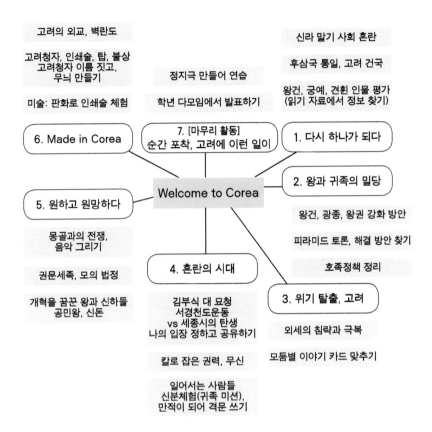

고려는 우리 역사 중 무역과 외교 활동이 가장 활발했다고 알려져 있는 시기이다. 벽란도를 중심으로 해외 무역이 활발히 이루어진 덕에 개방적이고 역동적이었다는 고려. 이에 따라 고려 수업의 제목은 외국인들을 환영한다는 의미의 영어 제목 '웰컴 투 코리아'로 지었다.

고려부터는 성취기준의 양이 늘어나 학습 내용이 많아진다. 내용이 많아지니 강의식 수업이 늘어나고 지루해지기 쉽다. 그래서 아이들이 지속적으로 흥미를 갖고 역사수업에 참여하는 것에 주의를 기울였다. 수업을 계획할 때 아이들이 지루해하지 않도록 활동 위주로 진행했고 과감히 내용을 축약했다.

고려시대부터는 현재 우리의 삶과 연결되는 지점을 쉽게 찾을 수 있다. '원하고 원망하다' 수업에서는 몽골이 전해 준 다양한 문화(소주, 만두, 족두리 등)를 알아보았고 '혼란의 시대' 수업에서는 묘청의 서경천도운동을 행정수도 이전과 비교해 보기, 권문세족과 친일파의 공통점 찾기 등을 통해 현재 우리가 처한 문제 상황과 연결해서 해결 방안을 찾아보도록 했다.

나. 차시별 수업 계획

수업 제목	학습 내용	교과	차시	수업 흐름
수업 안내		사회	1	1. 무지개책 만들기 2. 수업 안내 및 마인드맵 그리기
1. 다시 하나가 되다	신라 말 사회 혼란	사회 국어	2~3	1. 신라 말 사회 혼란 및 고려 건국 과정 2. 인물 평가-읽기 자료에서 인물에 대한 정보 찾기 3. 왕건, 궁예, 견훤에 대한 인물 평가를 통해 왕건이 통일할 수 있었던 이유 찾아보기
2. 왕과 귀족의 밀당	왕건, 광종의 왕권안정정책	사회 국어	4~5	1. 고려 초 호족세력에 대해 알아보기 2. 해결 방안 찾기-피라미드 토론 3. 호족 관련 정책 간단 정리
3. 위기 탈출, 고려	외세 침략 극복과정 알기	사회 2	6~7	1. 모둠별 스토리 만들고 공유하기 1) 귀주대첩-전쟁 일지 2) 서희 담판-고록왓송 3) 동북 9성-이야기카드
4. 혼란의 시대	(1) 서경천도 운동	사회	8	1. 이자겸의 난, 묘청의 서경천도운동 알아보기 2. 노무현 정부 행정수도 이전에 대해 알아보기 3. 수도 이전에 대한 나의 입장 정하고 토의
	(2) 칼로 잡은 권력	사회	9	1. 무신정변 알아보기 2. 무신정변은 정당한가?

4. 혼란의 시대	(3) 일어서는 사람들	사회 국어	10	1. 고려 말 노비, 농민의 삶 체험(역할극) 2. 만적의 격문 읽어 보고, 격문 써 보기 3. 고려 봉기와 현재 집회·시위의 공통점
5. 원하고 원망하다	(1) 몽골전쟁	사회 2	11 ~12	1. 몽골 침략 역사 알아보기 2. 문장으로 정리하여 음악 그리기
	(2) 권문세족	사회 국어	13	1. '권문세족 살인사건' 인형극 보기 2. 모의법정-원고: 권문세족/ 피고: 피지배민 3. [과제] 친일파 알아보고, 소감 쓰기
	(3) 개혁을 꿈꾼 왕과 신하들	사회	14	1. 공민왕과 신돈의 개혁정책 알아보기 2. 전민변정도감, 몽골풍 금지 등
6. 메이드 인 코리아	(1) 고려의 외교	사회	10	1. 고려의 대외관계와 무역, 벽란도 등
	(2) 고려 문화재	사회	10	1. 고려청자, 인쇄술, 탑, 불상… 2. 고려청자 이름 짓고 무늬 만들기
	현장체험학습			*국립전주박물관 탐험! – 분청사기, 고려유물 찾아보기, 큐레이터 되어 보기
7. 순간 포착, 고려에 이런 일이	정지극 제작 및 발표	사회1 국어1	19 ~20	고려 역사 중 가장 인상 깊었던 한 장면을 골라 정지극으로 만들어 발표하기
	학년 공유 시간	국어	21	학년 다모임에서 정지극 발표하기

다. 주요 교과 관련 성취기준

교과	교육과정 내용	성취기준
사회	세계와 활발하게 교류한 고려	(가) 고려의 성립 과정을 견훤, 궁예, 왕건 등의 활동을 통해 파악한다.
		(나) 외적의 침략과 이를 극복해 가는 과정을 조사한다.
		(다) 주변 국가와 활발한 교역 및 문화 교류가 이루어졌음을 사례를 통해 이해한다.
		(라) 금속활자, 청자, 팔만대장경, 불교 미술 등을 통해 고려 시기의 과학과 생활, 문화를 파악한다.
국어	듣기·말하기	(3) 설득하거나 주장하는 말의 타당성을 판단하며 듣는다.
		(5) 토론의 절차와 방법을 알고 적극적으로 참여한다.

국어	쓰기	(4) 적절한 이유나 근거를 들어 주장하는 글을 쓴다.
미술	표현	여러 가지 재료와 용구, 표현 방법, 표현 과정 등을 탐색하여 표현하기

라. 이렇게 수업했어요.

(1) 다시 하나가 되다

무지개책 만들기, 수업 안내, 마인드맵 그리기(40′)

⇩

통일신라 말기 배경 복습(5′)

⇩

후삼국 시대 및 몰락(15′)

⇩

읽기 자료에서 인물에 대한 정보 찾기(25′)

⇩

왕건, 궁예, 견훤에 대한 인물 평가(20′)

⇩

후삼국의 통일, 고려 건국(15′)

1. 통일신라 말기 배경 복습

■ 다시 하나가 되다.ppt

- 통일신라 말기

• 귀족, 왕족들의 사치 및 왕위 다툼. 흉년, 전염병 등 백성들의 원성

• 지방 세력인 호족들의 등장(견훤, 궁예)

2. 후삼국 시대 및 몰락

- 후백제: 견훤(백제 사람 아님)
• 오늘날의 전라, 충청 지역 대부분(수도: 완산주 지금의 전주)
- 후고구려: 궁예(신라의 왕자라는 설)
• 스스로 미륵이라 칭함(소망을 이루어 줄 미륵이라 믿게 함)
- 궁예의 신하 왕건(후고구려의 영토 확장)
- 궁예의 몰락
• 절대적 권한의 왕 원함, 정치적 이유로 부인과 아들 죽임
• 골품제를 없애고 능력에 따른 관직을 주려 함, 귀족들의 반감

3. 읽기 자료에서 인물에 대한 정보 찾기
■ 읽기 자료.hwp
- 각 인물의 경력, 강점, 약점 찾아 정리하기

4. 왕건, 궁예, 견훤에 대한 인물 평가
■ 인물평가서.hwp
- 세 인물에 대한 평가를 통해 왕이 되기에 적합한 인물 정하고, 친구들
  과 생각 나누기

5. 후삼국의 통일, 고려 건국
- 고창전투(안동): 후백제 vs 고려 승
- 백제 내부 왕위 다툼: 넷째 아들 금강 vs 맏아들 신검
- 일리천전투: 후백제 vs 견훤을 앞세운 고려군
• 후백제 멸망, 고려에 흡수
- 신라 멸망: 경순왕 → 왕건에게 나라를 바침

수업을 안내할 때, 아이들은 'Welcome to Corea'라는 제목을 보고

왜 'K'가 아니라 'C'인지 궁금해했다. 교사들은 차차 수업에서 'K' 대신 'C'를 쓴 이유를 알아볼 것이라고 귀띔해 주었다. 아이들은 마인드맵의 소제목들에서 앞으로 배울 내용을 유추해 보며 수업에 대해 기대감을 가졌다.

본격적으로 시작된 수업에서는 후삼국 통일과 고려의 건국 과정, 그 당시의 중요한 인물인 왕건, 궁예, 견훤에 대해 알아보았다. 또한 그들에 대해 알게 된 내용을 바탕으로 왕이 되기에 적합한 인물이 누구인지 평가하고 (인물평가) 자신의 생각을 공유하는 시간을 가졌다.

통일신라 말 귀족, 왕족들의 사치 및 흉년, 전염병 등으로 백성들이 힘든 상황을 겪는 가운데 호족이라는 새로운 세력이 등장했다. 호족의 대표적인 인물들이 바로 왕건, 궁예, 견훤이다. 그들이 후고구려와 후백제를 세웠다.

이런 시대적 상황을 이야기해 준 뒤에 왕건, 궁예, 견훤에 관한 읽기 자료를 제시했다. 아이들은 그것을 토대로 인물의 경력, 강점, 약점을 파악하고 후삼국을 통일할 왕으로 어떤 인물이 적합한지 선택했다. 그리고 왜 그 인물을 선택했는지에 대한 타당한 이유를 인물평가서에 적었다. 그 뒤 작성한 내용을 친구들과 함께 나누어 보았다.

이 활동으로 아이들은 견훤, 궁예, 왕건의 출생부터 죽음에 이르기

수업 내용 정리 무지개책

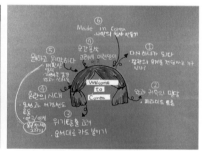
수업 마인드맵

까지 자세히 알게 되었다. 또한 왕건이 후삼국을 통일하고 고려를 통일할 수 있던 사회적 배경 및 상황에 대해서도 알게 되었다. 궁예와 견훤이 왕건에 비해서 단순히 능력이 모자라서 삼국을 통일하지 못했던 것이 아니라는 것, 개인적인 능력도 중요하지만 여러 가지 여건들도 맞아야 한다는 것 등을 알게 되었다. 역사에서는 우연적인 요소를 배제할수 없다.

이 수업을 진행하기 전 대부분의 아이들이 후삼국을 통일시킬 왕으로 왕건을 선택할 것이라고 예상했었다. 그러나 의외로 견훤을 선택한아이들도 많았는데, 선택한 이유는 '견훤은 카리스마와 리더십이 있다', '아들 문제만 미리 예방했다면 왕이 되기에 적합하다' 등이었다.

아이들에게 통일신라 말의 상황, 후고구려를 세운 궁예, 후백제를 세운 견훤, 삼국을 다시 통일한 사람이 왕건이라는 역사적 사실만을 일방적으로 제시했다면 이 수업은 아이들의 기억에 남기 어려웠을 것이다. 그러나 직접 읽기 자료를 읽고 왕이 되기에 적합한 인물을 정하는활동 등을 해 봄으로써 암기하는 것을 넘어서서 분석하고 평가하는부분까지 이를 수 있었다.

최근 연구가 활발한 뇌 과학의 관점에서 바라보면 아이들의 뇌는 매일 공사 중이라고 한다. 그런 아이들에게는 다양한 경험이 필요하다.

읽기 자료 3-견훤

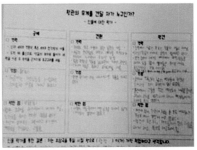

견훤, 궁예, 왕건 인물평가지

아이들의 뇌는 사람과 자연 등의 다양한 관계 속에서 성장하고 있기 때문이다. 그런 맥락에서 우리는 아이들이 이 활동을 통해 옆에 있는 친구, 나아가 역사 속 인물들과도 직간접적으로 소통하고 성장하기를 바라는 마음으로 수업을 만들었다.

(2) 왕과 귀족의 밀당

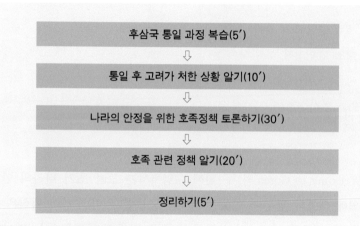

1. 후삼국 통일 과정 복습
- 후삼국 통일 과정 간단히 복습하기
• 신라 혼란스러운 시기, 호족의 등장
• 궁예, 견훤의 후고구려, 후백제 건립
• 왕건의 고려 건국 및 후삼국의 통일

2. 통일 후 고려가 처한 상황 알기
■ 왕과 귀족의 밀당.ppt
- 태조 왕건의 편지
• 고려 초기, 나라의 안정을 위해 호족정책을 펼쳐야 함을 알기

3. 나라의 안정을 위한 호족정책 토론하기

■ 피라미드 토론 활동지.hwp

- 피라미드 토론

- 논제: 고려 초기, 나라의 안정을 위해 어떤 호족정책을 펼쳐야 할까?

- 나의 생각 적기(10′) → 1:1 토론(5′) → 2:2 토론(5′) → 전체 토론(5′)

  → 정리, 평가(느낀 점, 칭찬 등)(5′)

4. 호족 관련 정책 알기

- 태조: 혼인정책, 성씨 사여 등

- 광종: 노비안검법, 과거제 실시 등

5. 정리하기

'Welcome to Corea'의 두 번째 수업에서는 고려 초기 나라의 안정을 위해 태조와 광종이 펼쳤던 정책을 공부했다. 이 수업의 핵심은 고려 초기, 나라를 안정시키기 위해 '호족'을 견제할 정책을 찾는 것이다. 지난 수업을 통해 아이들은 혼란스러운 신라 말기에 '호족'이라는 새로운 세력이 등장했음을 알았다. 새롭게 등장한 태조 왕건은 이 호족을 억압했을까, 아니면 자신의 세력으로 포섭했을까? 우리는 아이들이 주어진 상황 속에서 스스로의 판단력을 이용해 태조 왕건이 되어 보도록 수업을 계획했다.

이때 우리는 몇 가지 난관에 봉착했다. 아이들이 역사적 상상력을 펼쳐 얻어 낸 다양한 호족정책은 모두 옳은 것인가? 다양한 호족정책들 중 바른 역사적 판단을 내려 보게 할 수는 없을까? 이에 대한 답으로 우리는 '피라미드 토론법'을 수업에 접목시켜 보기로 했다. 피라미드 토론법은 모든 아이들이 의견을 가지고 토론에 참가하되, 단계가 거듭될수록 의견을 점점 좁혀 나가는 토론의 한 방법을 뜻한다. 예를 들어 24명의 아이가 토론에 참가한다고 하면, 문제 해결 방안에 대한 자신의 생각을 근거와 함께 정리하고 무작위로 두 사람(1:1)씩 만나 토론하고 생각을 하나로 합하고 둘은 한 팀이 된다. 다음으로 무작위로 두 팀(2:2)씩 만나 생각을 다시 절반으로 줄여 나간다. 1:1, 2:2, 4:4… 이렇게 학급 전체가 하나의 최종적인 의견에 도달한다. 우리는 이 토론법이 모든 아이들이 토론에 참여할 수 있는 좋은 방법이라고 생각해서 적용했다. 단계별 활동 내용은 다음과 같다.

수업의 첫 번째 활동은 태조 왕건의 편지를 보고 문제의식을 갖는 것이었다. 제시된 편지는 '호족에게 당근을 줘야 할까? 채찍을 줘야 할까?'라는 물음을 이끌어 내는 내용이었다. 아이들은 당근과 채찍이라는 말에 흥분했다. '내가 새로운 나라의 왕으로서 호족에게 어떤 정책을 펼치긴 해야 하는구나'라는 감정이입을 제대로 한 듯했다. 편지만 보여 줬을 뿐인데 삼삼오오 모여 자신들의 의견을 나누기 시작했다. "당근이지. 잘해 줘야 내 편이 되는 거야", "아니야. 채찍이야. 언제 배신할지 몰라." 아이들의 대화는 자연스럽게 토론으로 이어졌다.

앞서 소개했듯 '피라미드 토론법'은 모든 아이들이 토론에 참여할

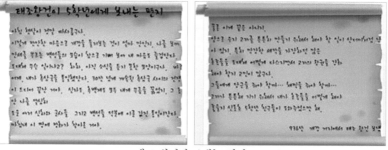

태조 왕건이 보내는 편지

수 있다는 장점이 있다. 말수가 적은 아이들도 팀을 이루어 끝까지 능동적으로 토론에 참여해 자신의 의견을 제시했다. 반 구성원의 수적인 문제로 1:1, 2:2, 4:4, 전체 토론 이렇게 네 단계로만 진행했음에도 다양한 의견이 나왔다. 처음에는 단순히 당근만 줘야 한다거나 채찍만 줘야 한다는 의견에서 시작했지만 토론이 지속되면서 점점 다양하고 탄탄한 근거를 들어 주장하기 시작했다. 심지어 실제 태조 왕건이 행했던 정책을 생각해 낸 팀도 있었다. 반 전체의 의견 차이가 점차 좁혀지면서 아이들은 마치 태조가 된 마냥 행복해했고 너무 재미있는 토론이라며 내내 웃음을 잃지 않았다.

마지막으로 태조와 광종이 실제 나라를 안정시키고 강화시켰던 정책들을 살펴보았다. 혼인정책, 왕씨 성 사여, 노비안검법, 과거제 실시 등 쉽지 않은 내용을 아이들은 잘 이해하고 받아들였다.

"선생님, 우리가 생각했던 것들도 있네요. 신기해요"라는 아이들의 말에서 우리는 아이들이 직접 참여하는 토론식 수업의 중요성을 다시금 느꼈다. 아이들은 자신들의 생각과 비슷한 정책이 실행되었다는 점에 신기해했으며, 쉬는 시간에도 이 재미난 토론법에 대해 계속 이야기를 나누었다. 토론으로 인해 당초 예상했던 수업 시간보다 더 많이 소요되었지만 실제 정책을 자신의 의견과 비교하며 이해하고 받아들이는 능동적인 수업이 되었다는 점에서 매우 뜻깊은 수업이었다.

(3) 위기 탈출, 고려

고려 초기 한반도 상황 설명(5′)

⇩

세 가지 이야기 살펴보기(10′)
⇩
이야기 순서 맞추기(10′)
⇩
이야기 돌려 보기(10′)
⇩
마무리 활동(5′)

1. 고려 초기 한반도 상황 설명

■ 위기 탈출: 고려.ppt

- 송과 거란 사이에서 고려의 위치

2. 이야기 순서 맞추기

■ 이야기 카드: 거란1차전쟁.ppt, 거란3차전쟁.ppt, 여진전쟁.ppt

- 카드를 살펴보고 이야기 순서 맞추기(모둠별 진행)

3. 이야기 돌려 보기

4. 마무리 활동

- 거란: 1차(소손녕 vs 서희-서희의 담판, 강동6주)

    3차(소배압 vs 강감찬-홍화진전투, 귀주대첩)

- 여진: 윤관(동북 9성)

고려 초기 외세의 위협 속에 어려움을 겪는 고려가 어떻게 위기를 극복했는지를 알아보는 것이 이 수업의 목표이다. 교사의 설명 위주로 진행되는 딱딱한 수업이 아니라 아이들이 활동을 통해 외세 침략을 극복하는 과정을 알아보도록 했다. 그러기 위해 우리는 세 가지 이야기 주제를 생각했다. 서희의 담판, 강감찬 장군의 흥화진전투와 귀주대첩, 그리고 윤관의 별무반 이야기, 세 가지 이야기를 순서 없이 나열하여 아이들에게 주고 아이들이 순서에 맞게 이야기를 배열하도록 했다.

첫 번째, 서희의 담판은 아이들이 좋아하는 웹툰을 소재로 이야기를 꾸며 보았다. 인터넷에서 연재되고 있는 「조선왕조실록」이라는 만화를 패러디하여 고려왕조실록으로 서희의 담판과 관련된 만화를 만들었다. 거란의 소손녕과 서희의 대화를 초등학교 5학년 아이들이 좋아할 만한 대화로 만들어 재미를 더했다. 아이들은 내용을 재미있어하며 집중해서 서희와 소손녕의 대화를 보았다.

두 번째, 강감찬 장군의 활약은 일기 형식의 글로 만들어 보았다. 서희의 담판 후 거란은 다시 소배압 장군을 필두로 고려를 침입한다. 이때 강감찬 장군은 이 거란군을 막으며 고려를 지켜 낸다. 특히 두 개의 전투를 집중해서 살펴보았는데 첫째로는 흥화진전투이며 두 번째는 귀주대첩이다. 이 이야기들은 『난중일기』와 비슷하게 강감찬 장군이 주인공이 되어 쓴 일기글로 제시했다.

세 번째, 윤관의 별무반 이야기는 그림과 글을 함께 제공하여 쉽게 의미를 파악할 수 있도록 했다. 여진족은 우리나라 북동쪽의 오랑캐로 끊임없이 우리나라의 백성을 괴롭혀 왔다. 윤관은 처음에 여진족을 이길 수 없었다. 그래서 별무반을 만들어 훈련시키고 나서야 여진족을 물리칠 수 있었다.

이 수업에서 중요하게 생각한 것은 고려의 외세 침략 극복 과정을 아이들이 알고 사건과 인물을 연결하여 생각할 수 있도록 하는 것이었다. 그래서 순서를 섞은 카드를 아이들에게 제시하고 모둠별로 각각의 이야기 순서를 배열하여 외세 침략 극복 과정을 알 수 있도록 했다. 또한 자기 모둠의 주제뿐 아니라 다른 모둠의 이야기들도 눈여겨보게 하기 위해 세 모둠씩 한 팀이 되어 세 가지 이야기를 서로 돌려보게 했다.

마무리 활동으로 모둠별로 문제를 만들고 그 문제를 함께 풀어 보도록 했다. 아이들은 문제를 만들면서 핵심적이고 중요한 것이 무엇인지 확인할 수 있는 시간을 가졌다. 이때, 다른 모둠의 이야기를 자유롭게 가서 볼 수 있는 시간을 주었더니 아이들이 좀 더 집중해 준비할 수 있었다.

서희, 강동6주, 강감찬, 귀주대첩, 윤관, 별무반 등의 단어를 외우는 것도 중요하지만 그것보다 고려 사람들이 외세의 침략을 극복하려고 노력했고 그러한 노력이 어떠한 과정으로 이루어졌는지를 생각해 보는 것이 더 중요하다고 생각하며 수업을 진행했다. 아이들도 고려가 다른 나라의 공격을 이겨 내고 그러한 과정을 통해 자주적인 국가를 이룰 수 있었다는 점에서 우리 선조들에게 감사하는 마음을 가지게 되었다.

역사를 배운다는 것은 단순히 과거의 지식을 암기하는 것이 아니라 사람의 마음과 생각을 일깨우는 중요한 것임을 다시 한번 깨닫게 되는 수업이었다.

서희의 담판

강감찬의 활약

윤관과 별무반

(4) 혼란의 시대

① 서경천도운동

문벌 귀족의 등장(10′)
⇩
이자겸의 난(5′)
⇩
문벌 귀족과 묘청의 대립(묘청의 서경천도운동)(10′)
⇩
묘청의 서경천도운동과 행정수도 이전(15′)

1. 문벌 귀족의 등장

■ 묘청과 서경천도운동.ppt

- 문벌 귀족 중심의 사회 구조: 높은 벼슬, 넓은 땅 독차지

- 공음전과 음서제도

- 반면 민중들의 삶은 점점 어려워졌음

2. 이자겸의 난

- 경원 이씨 가문에서 왕비 다수 배출

- 이자겸 세력이 커지자, 왕이 되려고 난을 일으킴

3. 문벌 귀족과 묘청의 대립

- 이자겸의 난으로 불타 버린 궁, 왕의 권위 하락

- 문벌 귀족에 대한 비판, 신진 세력 등장

- 묘청의 서경천도운동: 서경(평양)으로 수도를 옮기고, 독자적인 연호,
  황제 칭호 사용, 금나라(여진)에 쳐들어가자!

　이 수업은 고려 초기의 대표적인 지배계층이었던 문벌 귀족과 이에 반대하는 신진 세력들 간의 다툼에 대해 다룬다. 이 수업을 구성하고 진행하면서 한 가지 고민이 생겼다. 과연 어느 정도의 깊이로 수업을 해야 하는지에 관한 것이었다. 교과서와 관계없이 성취기준과 아이들이 꼭 알았으면 하는 가치를 중심으로 수업을 해 왔지만 고려로 넘어오면서 학습량이 너무나 많아져 아이들이 버거워하는 것 같았다. 그중 하나가 바로 묘청의 서경천도운동이었다. 교과서에는 다루고 있지 않은데 '중고등학교 국사에 들어가는 어려운 내용을 굳이 이 수업 내용에 넣어야 할까?'라는 고민이 들었다.

　그럼에도 불구하고 이 내용으로 수업을 한 차시 구성했다. 왜냐하면 현재 우리가 살아가는 사회에도 그 당시의 고려처럼, 현 상태를 유지하려는 보수 세력과 끊임없이 변화를 시도하려는 진보 세력이 있기 때문이다. 또한 서경천도운동의 배경에서 과거와 현재의 연결점을 찾을 수 있었고, 묘청의 서경천도운동이 성공했다면 과연 사회가 어떻게 변화했을지 역사적으로 상상해 보는 것도 의미 있어 보였다.

　또한 웰컴 투 코리아 수업을 2년째 하면서 몇몇 수업들을 가다듬었는데, 그중에서도 묘청의 서경천도운동을 다른 각도에서 바라볼 수 있는 수업으로 대폭 수정하자는 의견이 많았다. 단순히 도읍을 옮기자는 의미가 아니라 권력의 이동을 뜻하는 '서경 천도'의 역사적 의미에 대해 고찰하고, 현대의 '수도 이전'과 연결 지어 보자고 의견을 모았다.

지난 시간 '왕과 귀족의 밀당' 수업에서 우리는 왕권과 신권 사이의 팽팽한 힘겨루기, 호족 출신 귀족을 설득하고 견제하기 위한 정책에 대하여 배웠다. 태조 왕건이 호족 회유책을 많이 썼다면, 4대 왕 광종은 귀족 세력 숙청, 사병 축소, 노비안검법 등 견제책을 많이 사용한 왕이다. 혼란스러운 고려 초기에 살아남은 호족 세력은 문벌 귀족이 되었고, 이러한 문벌 귀족들은 일종의 명문가(문벌)로 왕권을 위협할 정도로 성장했다는 역사적 사실을 소개했다. 또한 경제적 기반(공음전)과 정치적 기반(음서제)을 마련하여 권력을 대물림했다는 점을 이야기했다.

이자겸은 강력한 외척 세력이자 문벌 귀족이었고 왕이 되고자 난을 일으켰던 인물이다. 그만큼 문벌 귀족은 권력을 쥐고 횡포를 부렸으며 그럴수록 백성들의 삶은 어려워졌다는 것에 대해 이야기를 나누었다. 작년보다 이자겸의 난을 더 자세하게 소개했는데, 이번 수업 주제인 서경천도운동뿐만 아니라 앞으로 배울 무신정변으로 이어지는 역사적 흐름 속에서 문벌 귀족 사회의 모순을 극명하게 보여 주는 사건이기 때문이다.

이러한 문벌 귀족의 횡포에 대한 비판이 거세져 가고, 새로운 주장을 하는 세력이 등장했다. 승려 묘청, 정지상으로 대표되는 신진 세력은 서경 천도, 금나라 정벌 등을 주장한다. 그러나 기득권이었던 문벌 귀족 김부식의 세력은 개경을 사수하자는 입장을 고수했다. 이 세력싸움에서 묘청 세력은 패배했다. 정치적 입장뿐 아니라 사상적 배경, 계승의식마저 달랐던 그들이었다. 묘청의 패배로 사회 개혁을 바라던 왕과 서경 세력과 민중들의 꿈은 꺾이고 말았다.

작년의 수업이 김부식, 묘청의 정치적 입장과 사상적인 차이를 살펴보는 데 주력했다면, 올해에는 핵심적인 발문을 몇 가지 추가하여 생각해 볼 지점을 제공했다. '서경으로 도읍을 옮기자는 주장의 속뜻은 무엇이었을까?', '서경천도운동은 단순히 땅을 옮기자는 주장일까?', '수도를 옮기는 데 반대한 사람들은 어떤 사람들이었을까?', '도읍을 옮기는 데 반대한 사람들의 속마음은 어땠을까?' 등이다. 도읍의 이동은 권력의 이동, 즉 기존 도읍에서 쌓은 권력을 무너뜨리는 것을 뜻한다. 수박 겉핥기식의 이해가 아니라 역사적 상황 속에서 인물들의 행동과 그 이면의 생각을 이해하고 공감할 수 있도록 하기 위해 다양한 발문들로 아이들과 대화를 나누었다.

　서경천도운동에 대한 이야기가 끝나고, 노무현 정부의 대선공약이었던 '행정수도 이전 계획'을 소개했다. 비슷한 두 사건 속에서 우리는 많은 시사점을 찾을 수 있었다. 아이들이 묘청의 서경천도운동 같은 일이 단순히 과거의 사건이 아니라 현대를 사는 우리에게도 고민할 거리를 제공한다는 사실을 이해할 수 있도록 했다. 수도 이전을 찬성하고 반대하는 사람들의 논리도 고려시대의 그것과 다르지 않다. 비록 묘청과 노무현 정부의 시도는 실패로 끝났으나 수도 이전에 대한 고민은 여전히 진행 중이다. 수도 이전 주장에 대하여 어떻게 생각하는지 짧은 글쓰기를 하고, 서로 의견을 나누었다.

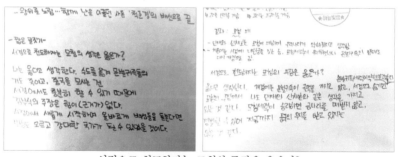

서경으로 천도하자는 묘청의 주장은 옳은가?

② 칼로 잡은 권력

드라마 〈무인시대〉로 알아보는 역사(20′)
-왜 군인들은 칼을 손에 쥐었나?
-무신들의 권력싸움
-최충헌의 횡포

⇩

가치수직선 토론
주제: 무신정변을 일으킨 것은 옳은 행동인가?(20′)

1. 드라마 〈무인시대〉로 알아보는 역사

■ 칼로 잡은 권력.pptx

- 왜 군인들은 칼을 손에 쥐었나?: 무신정변의 직접적 계기(문신 한뢰의 무신 이소응 폭행, 정중부의 수염을 불태운 사건)

- 드~러워서 군인 못해먹겠네: 뿌리 깊은 문무 차별

- 칼자루와 칼끝은 가까운 법: 무신들의 권력싸움

- 그놈이 그놈이네: 최충헌의 횡포

2. 가치수직선 토론

- 주제: 무신정변을 일으킨 것은 옳은 행동인가?

- 무신정변의 의의와 한계를 토론

- 무신정권의 의의

• 이성계를 비롯하여 이후의 신진사대부 세력으로 발전

• 새로운 시대로 나아가고 변화하고자 하는 의지

• 권력의 확산으로 피지배층에 희망을 심어 줌

- 무신정권의 한계

• 권력투쟁에 몰두

• 새로운 시대에 대한 목표와 계획이 없었음

• 백성들의 삶은 오히려 어려워짐

고려를 대표하는 수많은 키워드 중에서도 가장 인상적인 것은 무신 정변 아닐까? 무신정변이 일어나게 된 계기도 드라마처럼 흥미롭거니와 근현대의 군사 정권이 떠오르기 때문일 것이다. 무신정변은 권력의 속성과 문벌 귀족으로 대표되는 신분사회의 모순이 뚜렷이 드러난 사건이다.

무신정권 당시 계속해서 바뀌었던 최고 집권자의 모습을 통해 우리는 무엇을 느낄 수 있는가? 확고한 목적의식 없이 오직 권력만을 쫓는 인간 군상과 그 말로를 확인하며 권력의 덧없음에 대해서 느낄 수 있다. 그뿐인가? 무신정변은 고려 중기까지 문벌 귀족 시대의 종료를 선언하며 뒤이어 등장한 대몽골 시대를 설명하는 데 유의미한 연결고리가 된다.

무신정변에 관한 수업을 만들면서 가장 염두에 둔 것은 무신정변의 주인공들에 대한 이해와 공감이었다. 왜 그들이 목숨을 건 저항을 해야 했는지, 왜 권력을 잡고 나서도 실패했는지 아이들이 쉽게 느껴 볼 수 있었으면 좋겠다는 의도에서 TV 드라마를 전면으로 내세웠다. 또한 단순히 이해와 공감에서 그치는 것이 아니라, 아이들이 여태 접하지 못한 새로운 토론 방법을 익히고 '무신정변을 일으킨 것은 역사적으로 옳은가?'에 대해 스스로 판단해 보도록 했다. 수업의 기본적인 관점을 형성하고 수업 자료를 구성하는 데는 KBS의 〈역사 저널 그날, 드라마로 보는 역사〉를 참고했다.

수업을 시작하며 무신정변이 어떤 사건인지 아는 친구들이 있느냐고 질문했다. 역사책을 이미 읽은 친구들도 있고, 무신정변이라는 말 자체가 직접적인 뜻을 나타내고 있기에 많은 친구들이 이야기를 했다. 아이들에게 오늘은 예전에 방영되었던 〈무인시대〉라는 역사 드라마를 보며 무신정변이라는 사건의 흐름을 중심으로 공부할 거라고 말했다.

먼저 〈무인시대〉의 한 장면을 감상하며 무신정변이 일어나게 된 가장 직접적인 계기가 된 사건에 대해 알아보았는데, 의종의 '수박회' 사건이다. 수박 경기에서 한발 물러섰다는 이유로 품계도 낮은 젊은 문신 한뢰에게 모욕을 당한 이소응 대장군을 본 무신들이 분개하는 장면을 보여 주었다. 젊은 문신이 정중부의 수염에 불을 붙였던 사건까지 곁들여 이야기하며 '이 사건들은 고려시대의 어떤 모습을 보여 주는 것일까?' 질문하니 고려시대 뿌리 깊은 무신 차별에 대한 이야기를 쉽게 이끌어 낼 수 있었다. 이 밖에도 무신은 아무리 승진을 해도 정3품까지가 그 한계여서 국가의 중대사를 결정하는 도당 회의에는 참여할 수 없었다는 점, 고려시대 과거 시험에는 무과가 없었다는 점, 우리가 알고 있는 강감찬, 윤관과 같은 인물들도 모두 문신이었다는 점을 또 다른 무신 차별의 예로 소개했다.

'문신의 관을 쓴 자는 단 한 명도 살려 두지 마라!' 무신정변의 시작에 대한 이야기를 마치고, 무신정변이 어떻게 전개되었는지 공부할 차례였다. 역시 드라마의 한 장면을 통해 정중부, 이의방, 경대승, 이의민 등 당시 권력자들이 빠르게 교체되었다는 점을 알 수 있도록 했다. 칼로 얻게 된 권력은 칼로 망하는 법, 오로지 권력의 야망에 취해 서로를 견제하고 죽음을 맞이하는 모습에서 왠지 모를 허망함이 느껴졌다. 무신정권 당시 피폐한 민중들의 삶과 손에 쥔 권력을 남용하는 권력자들의 모습이 대비되어 더욱 안타까웠다.

드라마를 본 뒤 '무신정권이 실패한 이유는 무엇일까?' 질문했다. 권력의 속성을 이해하기는 아직 어려운 초등학교 5학년 아이들이지만, "자신들의 욕심에만 눈이 멀어서 백성들의 삶에는 관심이 없었다", "항상 차별받고 소외된 사람들이어서 어떻게 정치를 해야 할지 몰랐던 것 같다" 등의 야무진 대답을 했다.

드라마를 통해 무신정권에 관한 역사적 사실을 재미있게 익혔으니,

이제 아이들의 눈으로 무신정변을 직접 판단해 볼 차례였다. 가치수직선 토론의 방법을 소개하고, '무신정변을 일으킨 것은 잘한 일인가?'를 주제로 이야기를 나누었다. 의자를 두 줄로 길게 배열하고 양쪽 끝을 강한 찬성과 강한 반대를 나타낸다고 알려 주었다. 아이들은 손을 들고 자신의 의견을 이야기한 뒤 각자의 생각을 토대로 자리에 앉았다. 아이들 사이에서 무신정변의 정당성에 대한 의견이 엇갈렸다.

찬성 측은 "온갖 차별 때문에 무신들의 서러움이 쌓인 상태에서 수박희에서 대장군의 뺨을 때린 사건은 무신들의 분노를 불러왔을 것", "차별과 배제로 얼룩진 상황 속에서 그들의 선택은 어쩔 수 없었을 것"이라는 의견이었다. 반대하는 아이들은 "결국에 자신들이 정권의 중심에 서지 못했기 때문에 문신들을 죽이고 살인을 저지른 것(권력투쟁일 뿐)", "억울한 상황은 이해하지만 왕을 살해하고 백성을 살피지 못한 죄는 정당화될 수 없는 것"과 같은 의견을 내놓았다.

가치수직선 토론을 해 보니 모든 아이들의 참여를 유발할 수 있어서 좋았다. 다만 상대적으로 나중에 발표하는 친구들은 위치 선택의 폭이 적었다는 점, 앞에서 이미 이야기를 해 버려서 같은 의견이 반복되었다는 점은 아쉬움으로 남았다.

권력의 속성과 인간의 비정함을 이해하기에 아직은 어린 아이들이지만 드라마를 활용하여 수업을 하니 역사 속 인물의 선택과 그 이유에 대해 심도 있게 이해할 수 있었다. 토론 방법 자체가 가지는 한계가 아쉬움으로 남았지만, 아이들이 머리로 익히는 데 그치는 것이 아니라 역사적 사건에 대한 옳고 그름을 자신이 직접 판단해 보면서 역사적 판단력을 기를 수 있는 계기가 되었다.

③ 혼란의 시대-일어서는 사람들

고려시대 하층민 역할극 & 소감 나누기(10′)
⇩
고려 신분제와 만적에 대해 알아보기(5′)
⇩
만적이 되어 연설문 쓰고 발표하기(10′)
⇩
설득력 있는 연설문 선정, 연예인 게임하기(10′)
⇩
집회와 시위에 대해 생각해 보기(5′)

1. 고려시대 하층민 역할극

■ 일어서는 사람들.ppt

■ 일어서는 사람들 역할극 대본.hwp

- 모둠별로 대본 훑어보고 연습하기

- 역할극 발표하기, 소감 및 느낀 점 나누기

2. 고려 신분제와 만적에 대해 알아보기

- 고려 신분제 알아보기

- 만적의 연설 장면(드라마 동영상) 시청 후 느낌 나누기

3. 연설문 쓰고 발표하기

■ 일어서는 사람들 연설문.hwp

- 고려시대 만적, 혹은 노비 중의 한 사람이라고 생각하고 사회적 차별에 함께 대항하자고 말하는 연설문 쓰기

- 다른 사람을 설득하기 위해서는 타당한 근거가 있어야 함

- 당당한 자세와 큰 목소리로 연설문 읽기

4. 최고 연설문 선정하기
- 가장 설득력 있는 연설문 선정하기
- 선정된 연설문을 쓴 사람을 앞세워 교실 한 바퀴 돌기

5. 집회와 시위에 대해 생각해 보기
- 고려시대 노비 봉기는 약자가 목소리를 내는 유일한 수단
- 오늘날에도 약자들이 목소리를 낼 수 있는 방법으로 집회와 시위를 하고 있음

이 수업은 고려시대의 혼란한 사회상에 대해 알아보는 수업 중 마지막 주제이다. 지배층의 혼란으로 묘청의 서경천도, 무신정변에 대해 알아보고 피지배층에서 일어난 혼란으로 노비의 봉기에 대해 알아보았다.

노비들의 삶에 대해 알아보기 위해 우리는 간단한 역할극을 해 보았다. 대본은 노비와 농민들의 비참한 삶이 드러나도록 만들었다. 내용은 중미정 이야기 등 고려시대 전해져 오는 이야기에 기반을 두고 각색했다. 5~6명 정도의 아이들이 참여해 간단히 할 수 있는 역할극으로 구성했다. 짧은 역할극이었지만 아이들은 "노비들이 너무 불쌍하다", "같은 사람인데 동물 취급을 당하는 것 같아서 불쾌하다", "내가 그 시대에 태어나지 않아서 너무 다행이다" 등의 다양한 반응을 보였다. 역할극을 마친 후에는 고려시대 신분제에 대해 간단히 알아보고 만적의 봉기에 대해 알아보았다. 예전에 방영되었던 〈무인시대〉라는 드라마의 한 장면을 시청한 후, 실제 고려사에 실려 있는 만적의 연설문을 함께 읽어 보았다. 아이들은 동영상을 먼저 시청한 후였던 까닭에 신분차별에 대해 함께 분노했다.

노비의 삶

▶ 등장인물: 여실, 규속, 개똥이

해설: 고려시대에는 주인과 함께 사는 노비, 주인과 함께 살지 않지만 농사를 지어서 거둬서 바치는 노비가 있었다. 노비들은 애완동물보다 못한 대접을 받았다.

규속: 애 개똥아 이번에 너 애기를 낳았다면서, 내 친구가 어린 노비가 하나 필요하다는 구나. 너 애기 데려올.

개똥이: 너? 막 걸음마를 한 아이가 엄마 못하고 어찌 엄마 없이 혼자 나이였어.

규속: 그러니까 나가 보내면은 보내는 거지 뭔 말이 많아? 어이. 이놈이 죽고싶어?

개똥이: 주인니임..제발 그것만은

규속: 애들아! 이 놈을 매우 쳐라! 냅벼려라 못된 놈아 여디사 나 말을 거역하다 죽지

역할극 대본

고려시대 하층민의 삶

▶ 어떤 장면이 가장 인상적 이었나요?

▶ 가장 도와주고 싶은 등장인물은 누구인가요?

▶ 이 사람들은 왜 이렇게 살아야 했을까요?

▶ 내가 이 역할극의 등장인물이었다면 앞으로 어떻게 했을까요?

역할극 후 나눈 질문들

만적의 연설문을 토대로 아이들에게 그 시절 노비가 되어 연설문을 써 보도록 했다. 연설문을 쓰기 전에 지난 1학기에 배운 '설득하는 글'을 떠올려 본 후에 타당한 근거를 가지고 써야 함을 상기시켜 주었다. 연설문을 완성한 후에는 크고 당당한 목소리로 연설문을 읽도록 했다.

진지하게 연설을 지켜본 후 가장 설득력 있는 연설문을 선정했다. 연설문 선정은 아이들이 직접 가장 마음에 드는 연설문에 스티커를 붙여 주는 방식으로 진행했다. 선정된 연설문을 쓴 아이를 맨 앞에 서게 해서 교실을 한 바퀴 돌면서 함께 '차별하지 마세요' 등의 구호를 외치기도 했다.

즐거운 게임으로 진행되었지만 수업의 마지막에는 '고려시대 봉기'와

연설문

동의하는 연설문 선택하기

오늘날 '집회와 시위'의 공통점에 대해 생각해 보며 마무리했다. 아이들은 매체에서 보이는 집회와 시위의 과격한 모습, 부정적인 보도를 통해 집회와 시위의 자유가 헌법에 보장된 우리의 소중한 권리임을 알지 못했다. 이 수업을 통해 우리들이 바란 것은 아이들이 민주시민으로서 자신의 목소리를 낼 수 있는 통로이자, 약자들에게는 최후의 수단인 집회와 시위를 무작정 부정적으로 바라보기보다는 그들이 '왜' 그런 행위를 하는지 관심을 갖게 되는 것이다.

(5) 원하고 원망하다

① 고려 vs 몽골전쟁사

몽골전쟁 이전의 모습
⇩
고려를 눈독 들이는 몽골의 침략
⇩
몽골전쟁 음악 그리기
⇩
뮤직비디오 감상하기

1. 몽골전쟁 이전의 모습
■ 몽골전쟁.ppt
- 고려: 무신정권 지배기(최우)
- 몽골: 칭기즈칸의 세력 확장(고려 최충헌이 집권하던 무렵, 몽골의 칭기즈칸은 여러 부족을 통일하여 엄청난 힘을 키웠고 주변 국가를 차례로 멸망시키면서 영토를 확장)

2. 고려를 눈독 들이는 몽골의 침략

- 몽골은 거란을 무찔러 주는 대신 고려에 공물을 요청

- 몽골 사신이 고려 땅에서 죽은 것을 빌미로 고려 침략(1231년)

- 1차 침입: 귀주성 승리(이후, 강화도로 수도를 옮김)

- 2차 침입: 처인성 전투(갑옷을 입지 않은 백성들과 승려)

- 40년 동안 계속된 전쟁 끝에 화해하는 두 나라

3. 몽골전쟁 음악 그리기

■ 몽골전쟁 음악 그리기.hwp

- 함께 읽어 봅시다.

- 자신이 맡은 파트에 표시해 봅시다.

- 사회 교과서, 사회과부도 오려 붙이기

4. 뮤직비디오 감상하기

- 느낀 점 나누기

'Welcome to Corea' 수업 중 '5. 원하고 원망하다'는 수업의 이름에서도 알 수 있듯이 원나라에 관련된 수업이다. 몽골이 성장하여 '원'으로 이름을 고치며 고려를 침략하여 간섭하기까지의 내용을 다루고 있다. 원나라의 권력을 등에 업고, 호가호위하며 백성들을 괴롭혔던 권문세족들에게는 좋은 시대였을 수 있다. 그러나 어지럽고 혼란스러운 시기를 보내며 원나라를 원망하며 살아가는 사람이 많았다. 이 두 입장을 포괄하는 뜻에서 '원하고 원망하다'라는 이름을 짓게 되었다.

이 수업을 계획했을 때 우리는 40년간의 긴 몽골과의 전쟁 이야기를 어떻게 풀어 나갈 수 있을까 고민했다. 때는 안으로는 무신들이 정권

을 장악하던 시기이고 밖으로는 몽골이 성장하여 영토를 넓히고 주변 국가들을 침략하는 13세기이다. 이런 내용들이 아이들에게 조금 어려울 수도 있겠지만 전쟁 과정을 하나의 이야기처럼 풀어 나간다면 아이들이 흥미롭게 느낄 수 있지 않을까 생각했다.

그때 떠오른 생각은 '뮤직비디오'였다. 평소에 음악과 미술을 연계하여 음악 그리기 활동을 몇 번씩 한 적이 있었는데 그 형식을 빌려 오기로 했다. 몽골전쟁 이야기를 간단한 문장으로 나타낸 뒤에 한 사람에 한 문장씩 그림을 그려서 합치는 것이다. 전쟁의 분위기를 느낄 수 있는 엄숙하고 웅장한 음악을 배경으로 넣기로 했다. 음악 사이트를 검색하다가 레지엠(lesiem)의 'fundamentum(전쟁의 신)'이라는 음악을 선택했다. 아이들이 음악 그리기로 표현할 가사(문장)를 만드는 작업이 생각보다 어려웠다. 아이들에게 쉬운 말과 그림으로 표현할 만한 구체적인 내용을 선택해야 했기 때문이다. 여러 책과 인터넷을 참고하여 만들다 보니 알고 있었던 역사적 지식의 잘못된 부분, 오해했던 부분을 발견하기도 했다. 교사가 얼마나 깊게 알고 있는지에 따라서 수업이 달라질 수 있다는 걸 새삼 깨달았고, 지금까지 수업을 이렇게 열심히 알아보고 준비하지 못했었다는 걸 반성했다.

수업을 협의하는 도중에 음악 그리기를 할 때 문장들을 하나하나 나누어 주면 그 부분만 알게 될 것 같다는 의견이 있었다. 그래서 전체를 다 나누어 주어서 전체의 흐름을 같이 느껴 보고 자신이 맡은 부분을 표시하여 그리기로 했다.

수업에서는 먼저 몽골과의 전쟁을 간단하게 살펴보았다. 지난 시간에 배웠던 무신정변에 대해 다시 돌아보고, 이 시기에 일어나는 일이라는 것을 안내했다. 음악 그리기 활동에서 아이들이 익숙하게 그릴 수 있도록 돕기 위해 PPT 자료에 지도와 인물 등을 많이 넣으려고 노력했다.

이 수업에서 중점을 둔 것 중에 하나는, 지배층은 강화도로 피신했지만 남은 백성들이 앞서서 몽골과 맞서 싸웠다는 이야기였다. 자신들의 안위와 이익만을 위해 돌보아야 할 백성들을 버려두고 떠난 지배층의 모습이 이후에 임진왜란 당시 선조의 모습이나 현재 일어나는 여러 가지 사건들에서도 되풀이되는 게 참으로 안타까웠다. 실제로도 이번 고려 수업에서 아이들이 가장 많이 했던 말은 "정말 역사가 반복되네요!"였다.

음악 그리기 활동을 할 때에는 사회 교과서와 사회과부도를 참조하여 오려 붙이게 했다. 더 그려 넣고 싶은 내용이 있으면 스마트폰 검색을 활용하도록 했다. 그림 그릴 때 잘 그려야 한다는 생각에 어려워하는 아이들도 있었는데 잘 그리는 것이 중요한 게 아니라 내용이 잘 전달될 수 있도록 상상력을 발휘하여 그 장면을 떠올려 보라고 했다. 그랬더니 어려워하면서도 끝까지 완성했다.

완성한 그림들을 찍어서 동영상으로 만든 후 함께 감상하는 시간을 가졌다. 아이들이 자신들이 그린 그림이 나오는 것을 보고 좋아했다. 25명의 그림이 모여 하나의 이야기가 되었다. 아이들은 우리 반 모두가 참여했다는 것에 뿌듯해했다.

음악 그리기 하는 아이들

'몽골 침략 역사' 영상

② 권문세족

복습하기(3′)
⇩
몽골과 강화를 맺은 고려(10′)
⇩
권문세족 살인사건 판결하기 (20′)
⇩
권문세족과 친일파의 공통점에 대해 생각하기(7′)

1. 복습하기

- 몽골전쟁이 일어난 원인은 무엇이었나요?

- 몽골전쟁 때 지배층들은 어떻게 하였나요?

- 약 40년 동안 계속된 긴 전쟁을 겪으면서 백성들의 삶은 어땠을까요?

2. 몽골전쟁 이후-몽골과 강화를 맺은 고려

■ 권문세족.ppt

- 원나라: 고려를 자신의 침략 전쟁에 끌어들이려고 함

• 고려인 전쟁에 동원·고려 영토와 재물 뺏기

• 고려 왕: 원나라 공주와 결혼·원나라에 공녀 바치기

3. 권문세족 살인사건 판결하기

■ 권문세족 살인사건.mp4

■ 재판장 일지.hwp

- 권문세족이란? 기존 권력 집단+새로 등장한 친원 세력

- 동영상 시청: 권문세족 살인사건

- 판결문 쓰기: 내가 재판장이라면?(원고: 권문세족, 피고: 아버지)

- 판결문 발표하기

  권문세족 수업 차시에서는 몽골의 침략 후 권문세족이라는 새로운 세력의 등장에 대해 배웠다. 이 수업은 배울 내용과 별개로 교사들만의 특별한 목표가 있었다. 이 수업 바로 직전 우리는 아이들에게 고려 수업이 어렵다, 지루하다는 말들을 들었다. 갑자기 배울 내용이 많아진 탓도 있겠지만 지난 역사 주제 수업보다는 아이들의 흥미를 돋우어 줄 만한 활동이 많이 없었다는 것을 깨달았다. 그래서 초기 수업 계획을 변경하여 '권문세족 살인사건 판결하기' 활동을 추가했다. 추가한 활동이 아이들에게 다시 역사수업의 재미를 불러일으킬 수 있을지가 관건이었다.

  '권문세족'은 어떤 사람들일까? 이들은 원나라의 세력을 등에 업은 환관, 역관, 군인 출신 집안으로서 백성들의 토지를 강제로 빼앗고 백성들을 강제로 노비로 만들기도 했다. 아이들이 어떻게 하면 이러한 권문세족들의 횡포와 그 상황을 실감 나게 느낄 수 있을까 고민했다. 고민 끝에 우리는 인형극을 만들기로 결정했다. 인형극엔 드라마적인 요소를 위해 권문세족의 횡포를 견디지 못한 아버지가 공녀로 끌려가는 딸을 구하기 위해 권문세족을 살해하는 내용을 넣었다. 덧붙여 국어 수업으로 판결문을 써 보는 활동을 넣었다. 권문세족을 살해한 아버지에게 무죄를 내릴 것인지 유죄를 내릴 것인지 생각해 보고 주장에 대한 적절한 근거를 써 보도록 했다. 어떻게 보면 딜레마인 이러한 상황에서 아이들이 어떤 사람의 편을 들지 궁금했고, 아이들도 흥미를 가지고 참여했다.

아이들의 판결문을 보면 유죄 판결을 내린 아이들은 대부분 권문세족이 잘못을 했다 하더라도 살인이라는 죄는 넘어갈 수 없는 무거운 죄이므로 벌을 내려야 한다고 했다. 반면 무죄 판결을 내린 아이들은 아버지의 상황을 고려하여 딸을 살리기 위한 어쩔 수 없는 선택이었음을 인정하여 무죄를 선고했다. 아이들의 판결이 어느 쪽이 옳은지 그른지가 중요한 것이 아니라 한 번쯤 그 상황에 대해 생각해 보고 나라면 어떻게 했을 것인지, 지금의 나와 연관 지어 생각해 보는 기회를 주었다는 점에서 의미가 있다.

마지막으로 권문세족과 친일파의 공통점을 생각해 보았다. 아직 그 부분은 수업을 안 했어도 우리나라가 일본에게 식민 지배를 당했었고, 그때 당시에 일본의 앞잡이 노릇을 하던 사람들을 일컬어 '친일파'라고 한다는 사실은 아이들이 이미 잘 알고 있었다. 최근에 〈암살〉, 〈밀정〉과 같은 그 시대를 배경으로 한 영화가 많이 개봉했기 때문에 아이들이 관심이 높은 편이었다. 아이들에게 권문세족이 원나라와 친하게 지

권문세족 살인사건 인형극

권문세족 살인사건 인형극 영상

냈다고 해서 그들을 '친원파'라고 말했다. 그렇다면 권문세족과 친일파의 공통점은 무엇일까? 아이들에게 생각할 거리를 던져 주었다.

"친일파와 권문세족, 둘 다 우리 민족을 배신하고 다른 나라 편이 되었다", "살기 힘든 백성들을 괴롭혀 더 힘들게 만들었다", "다른 나라에 붙어 자기들만 높은 부와 권력을 누렸다", "나라를 사랑하는 마음이 없었다" 등 다양한 의견들이 나왔다. 수업이 끝난 후 아이들에게 친일파에 대해 더 조사해 보고 글을 써 오게 했다. 아이들은 권문세족에게는 분노하지 않았지만 친일파에게는 분노했다. "역사는 공부할수록 화가 난다, 그들이 진정으로 사과해야 한다"며 어느 시대나 자기 민족을 배신하는 사람이 있다는 것에 분노했고 그 역사가 현재 진행 중이라는 것에 대해 화가 난다고 했다. 아이들에게 이런 잘못된 것들이 반복되는 것은 역사로부터 배우지 못했기 때문이라는 말을 해 주었다. 역사를 배우는 이유가 바로 과거의 실수를 다시 하지 않기 위해서라는 점을 강조해 주고 싶었다.

역사를 배울 때 한 사건에만 집중하기보다는 그와 비슷한 이후의 역사도 함께 살펴보면 더 의미 있는 수업이 된다. 역사가 단순히 과거의 사실에 머물러 있지 않고 현재에도 계속해서 이어지며 하나의 판단 근거로서 작용할 수 있다는 것, 그래서 우리의 역사 공부가 더욱 의미 있

모의재판 판결문

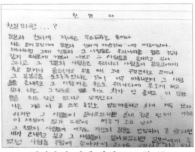
친일파에 대해 알아보고 쓴 글

다는 것을 아이들과 함께 나눌 수 있기 때문이다.

③ 원하고 원망하다–개혁을 꿈꾼 왕과 신하들

지난 시간 되돌아보기(7′)
⇩
시대의 변화 알아보기(8′)
⇩
공민왕이 되어 보기(10′)
⇩
공민왕의 반원 개혁(15′)

1. 지난 시간 되돌아보기

■ 개혁을 꿈꾼 왕과 신하들.ppt

– 원나라의 영향을 받음: 만두, 순대, 설렁탕, 소주 등

– 원나라의 간섭이 심함

2. 시대의 변화 알아보기

– 고려를 둘러싼 시대의 변화

• 원나라의 힘이 약해지고, 명나라의 세력이 강해짐

– 새로운 왕의 등장(공민왕)

• 12살에 원나라에 끌려감

• 10년간 원나라에서 생활해 사정을 잘 알고 있음

• 21살에 고려로 돌아와 제31대 왕이 됨

3. 공민왕이 되어 보기

– 공민왕의 고민 해결의 열쇠는?

- 내가 만약 공민왕이라면 어떻게 이 문제 상황을 해결할지 생각하기
- 발표하기

4. 공민왕의 반원 개혁
- 공민왕의 반원정책 정리만화.hwp
- 원나라의 정치 간섭 문제: 친원파 제거
- 몽골풍 문제: 몽골풍을 없애고 고려 풍습 되살리기
- 빼앗긴 영토 문제: 되찾기 위해 원나라 공격
- 권문세족의 횡포 문제: 권문세족 숙청, 토지개혁, 노비해방
- 공민왕과 함께 노력한 인물: 신돈
- 실패로 끝난 공민왕의 개혁

'Welcome to corea'의 여덟 번째 수업은 몽골(원)의 간섭에서 벗어나 개혁하고자 한 공민왕의 정책을 구성한 '개혁을 꿈꾼 왕과 신하들'이다. 이 수업의 핵심은 몽골의 간섭을 받던 고려를 개혁하기 위한 새로운 정책을 찾는 것이다. 지난 수업을 통해 아이들은 몽골의 간섭 아래 비참했던 고려의 모습을 살펴보았다. 아이들은 '공민왕'의 등장과 함께 고려의 반원 개혁을 배우게 될 것이다. 공민왕은 몽골풍을 금지시키고 빼앗긴 영토를 회복하고 신돈과 함께 자주적인 반원 개혁을 하려 힘썼다. 언제나 그렇듯 우리는 일방적인 지식의 주입이 아닌 아이들이 먼저 생각해 보는 수업을 계획했다.

수업 도입에서 MBC 〈무한도전〉 영상을 통해 전 차시 내용을 상기해 보았다. '몽골풍'의 반대말 '고려양'을 접한 아이들은 매우 흥미로워했다. 만두, 순대, 소주 등 지금도 쉽게 찾아볼 수 있는 문화가 그 시대로부터 온 것이라니…. 고려와 자신의 연결고리가 생겨서일까? 아이들은

사소한 그림 몇 가지를 보고도 싱글벙글이었다.

수업의 첫 번째 활동은 '공민왕 되어 보기'였다. 먼저 공민왕에 대한 정보를 주었다. 언제 원나라에 끌려갔는지, 어떻게 원나라의 사정에 대해 잘 알게 되었는지, 언제 돌아와 고려의 왕이 되었는지. 그런 다음 질문을 던졌다. 몽골의 지배와 간섭에서 벗어나고 싶은데 어떻게 하면 좋을까? 아이들은 당황했고 몽골에게서 받던 간섭에서 벗어나려면 구체적으로 어떻게 해야 할지 생각하지 못하는 듯했다. 그래서 공민왕의 고민 해결의 열쇠를 쥐어 주었다. '원의 정치 간섭, 몽골풍, 빼앗긴 영토, 권문세족의 횡포'가 바로 그것이었다. 고민 해결의 열쇠를 들은 아이들은 미소를 지으며 자신들의 생각을 적어 나갔다. 몽골에게서 벗어나기 위한 아이들의 방법은 참으로 기발했다. 여러 의견이 있었지만 아이들은 '몽골풍'을 없애는 것이 가장 먼저 해야 할 일이라고 입을 모아 말했다. 지금까지 만두, 순대, 소주가 남아 있는 걸 보라며 말이다. 다른 나라의 문화가 전파되어 유지되는 것이 무서우면서도 참 대단한 일이라고 느껴졌나 보다.

이어진 활동에서 공민왕이 실제 펼쳤던 반원 개혁을 살펴보았다. 아이들에게 주었던 고민 해결의 열쇠 힌트에 맞추어 SBS에서 방영되었던 〈신의〉라는 드라마 장면과 함께 여러 개혁정책을 소개했다. 공민왕이

공민왕에 대한 아이들의 생각 발표

정리만화 활동지(인디스쿨)

몽골풍의 옷을 벗어던지는 장면을 보고 아이들은 환호성을 질렀다.

　마지막 활동 '정리만화 빈칸 채우기'를 통해 아이들은 배운 내용을 정리했다. '원나라, 반원정책, 몽골식, 땅, 왕세자, 공민왕' 등의 보기를 주고 만화의 빈칸을 채워 보는 활동이었다. 쌍성총관부, 전민변정도감 등의 어려운 용어가 포함되어 있었음에도 아이들은 그 의미를 질문하며 부지런히 빈칸을 채워 갔다.

　수업에서 아쉬운 점이 있다면 '신돈'이 공민왕과 함께 어떻게 개혁정책에 참여했는지 이를 수업에 잘 녹여내지 못했다는 것이다. 다음에 수업을 구성할 때는 이 부분에 대한 연구와 협의가 더 깊게 이루어져야 할 것 같다.

(6) 메이드 인 코리아

① 고려의 외교

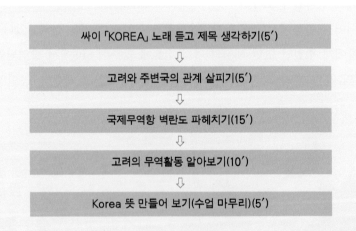

1. 싸이 「KOREA」 노래 듣고 제목 생각하기
■ 고려의 외교.ppt

- 싸이의 뮤직비디오를 보고 제목 「KOREA」 생각하기

2. 고려와 주변국의 관계 살피기
- 당시 고려와 주변 나라들의 관계를 지도를 통해 알아보기
- 정치적으로 우호관계이거나 적대관계일 수 있지만 교류는 계속되었음
  을 알기

3. 국제무역항 벽란도 파헤치기
■ 벽란도 읽기 자료.hwp
■ 벽란도 파헤치기.hwp
- 네 가지의 읽기 자료를 모둠원과 돌려 보며 벽란도의 위치, 교역물품,
  '코리아'라는 이름의 유래 등을 스스로 찾아보기
- '벽란도 파헤치기' 활동지에 정리하기

4. 고려의 무역활동 알아보기
- 고려와 주변국들이 수입, 수출하던 물품 알아보기
- 비파, 산호와 같은 특수 물품 알아보기

5. Korea 뜻 만들어 보기
- Japan: 일본, japan: 칠기 / China: 중국, china: 도자기와 같이 각 나라
  의 유명한 물품을 영어 이름으로 사용하고 있음을 보여 주고 나만의 영
  어사전을 만들어 korea의 뜻을 지어 보기

'Welcome to Corea' 수업의 주제명에서 알 수 있듯이 이번 역사 주제 수업의 핵심은 Corea라는 나라 이름에 있다. 고려에서 파생된 Corea라는 이름의 유래와 당시 고려인들이 얼마나 다른 나라와 교역을 활발하게 했었는지 알아보는 수업이 'Made in Corea' 수업이다.

먼저 가수 싸이의 노래 중 「KOREA」라는 뮤직비디오를 보여 주며 수업을 시작하기로 계획했다. 노래 가사에 Korea가 많이 나오기 때문에 뮤직비디오가 끝나고 '노래 제목이 무엇일 것 같으냐'는 질문에 아이들은 곧바로 대답할 수 있었다. 노래 제목을 이번 소주제와 관련시켜 학습 동기를 부여했다.

'외교'에 대해 알기 위해서는 선행되어야 할 것이 고려와 주변국들의 관계를 아는 것이다. 당시 고려는 정치, 사회적으로 적대적인 국가도 있었지만 교류적 측면에서는 끊임없이 관계를 유지하는 모습을 보였다. 지도를 통해 고려와 주변국의 위치 및 관계를 한눈에 정리해 보았다.

고려는 주변 국가들과 활발히 교류하면서 수도인 개성 옆 벽란도를 국제적 무역항구로 사용했다. 벽란도는 점차 번성했으며 벽란도에서 교류하던 아라비아 상인들이 고려의 이름을 세계 곳곳에 퍼뜨렸다. 이번 주제 수업에서 가장 중요한 핵심은 이 부분이라고 생각한다. 주제 수업의 이름이 'Welcome to Corea'인 만큼 Corea에 초점을 맞추어 고려의 문화와 이름을 알아야 한다고 생각했다. 따라서 벽란도에 대한 지식을 아이들 스스로 찾아 기억할 수 있도록 네 가지 읽기 자료를 준비했다. 읽기 자료는 모둠 안에서 돌려 보았다. 벽란도의 위치, 유래, 코리아라는 이름의 기원, 벽란도에서 교역하던 물품들에 대해 조사했다. 읽기 자료는 아이들 수준에 맞추어 단어나 문장을 고쳐 제시했다. 활동지 작성 후 따로 교사가 정리해 주지 않아도 아이들은 읽기 자료 속에서 벽란도에 대한 정보를 충분히 찾아내어 정리했다.

다음으로 실제 고려가 주변국들에 수출·수입했던 물품들을 살펴보았다. 물품의 목록을 외우는 것이 목적이 아니라 주요 수출품이나 독특한 수입품이 있었다는 것, 서역의 아라비아까지 교류했다는 것에 집중했다. 아이들은 고려-꼬레-꼬리아로 이름이 전파되었다는 이야기를 들으며 신기하고 재미있어했다. 또한 당시 비행기가 없이 배를 이용해 먼 길을 돌아 교류하는 것을 보고 대단하다는 반응을 보였다.

마지막으로 이 수업의 마무리는 아이들이 직접 우리나라 Korea라는 이름의 뜻을 만들어 보는 것이다. 가까운 중국이나 일본의 이름은 각 나라의 유명한 물건들의 단어에서 유래되었다. China는 '도자기'라는 뜻을 가진 china에서 유래되었고, Japan은 '칠기'라는 뜻을 가진 japan에서 유래되었다. 하지만 우리나라 Korea는 유명한 물건이 아닌 '고려'라는 나라 이름에서 유래되었다. 그래서 아이들에게 우리나라 이름의 뜻을 만들어 보도록 했다. 어떤 아이들은 고려의 수출품이었던 인삼, 청자, 붓 등을 의미로 짓기도 했고 현재 우리나라의 주요 수출품인 자동차, 핸드폰 등의 의미로 짓기도 했다.

이번 수업에서 아이들은 고려의 외교적 위상을 알게 되었다. 평소 우리가 자주 쓰는 Korea라는 단어의 유래를 배우는 부분에서 크게 흥미를 가졌다. 신나게 자신만의 뜻을 만들어 내는 아이들을 보면서 아이들의 세계와 배움이 연계되고 있음을 느꼈다.

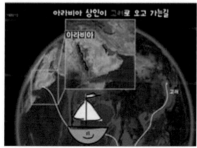

아라비아 상인 이동경로

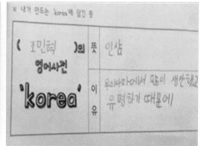

Korea의 뜻 만들기

② 찬란한 유산, 상감청자와 팔만대장경

고려의 정신적 기둥, 불교(10′)
⇩
하늘이 내린 빛깔을 담은 고려청자(10′)
⇩
고려의 인쇄술(10′)
⇩
인쇄술 체험(80′)
⇩
정리하기(10′)

1. 고려의 정신적 기둥, 불교

■ 고려 문화재.ppt

- 커다란 불상과 탑

- '절' 안에 담긴 의미들(장생표, 소를 대여, 경제활동 등…)

- 팔관회와 연등회

2. 하늘이 내린 빛깔을 담은 고려청자

- 고려청자와 상감법 알아보기

• 상감법: 표면에 무늬(그림)를 새겨 파낸 자리에 다른 색의 흙을 메우는 기법

- '나만의 청자 만들기'

• 청자 상감 (   )문 (   )모양 (   )

3. 인쇄술

- 『팔만대장경』과 『직지심체요절』 알아보기

4. 미술 연계 수업-고무판화
 - 음각, 양각을 활용한 고무판화(자유 주제)
 - 판화 작업을 통해 판화의 미술적 특성과 고려의 판화 이해하기

5. 정리하기

 '고려' 하면 '도자기', '인쇄술'이 떠오른다. 고려청자, 『팔만대장경』, 『직지심체요절』 등의 유물 안에 고려의 기술이 고스란히 담겨 있다. 고려는 신라와 발해의 자기공예 전통 기술을 이어받고, 송나라의 기술을 결합해 11세기 자기 공예의 경지에 올랐다. 더불어 고려 인쇄술이 발달해 세계문화유산으로 지정된 『팔만대장경』과 『상정고금예문』 등을 만들었다.

 이러한 고려의 문화를 아이들에게 어떤 방법으로 전달해 줄 것인가? 박물관에서 무심코 지나칠 수 있는 고려청자와 불교문화, 인쇄술 등을 아이들이 직접 체험하고 느낄 수 있었으면 좋겠다는 것이 우리들의 생각이었다. 이에 미술 수업을 접목해 판화를 이용한 인쇄술 체험을 생각해 보았다. 좌우가 바뀌는 특성을 가진 판화를 직접 파 찍어 봄으로써 그 당시 고려인들의 인쇄술이 얼마나 힘들고도 위대한 것인가를 느낄 수 있도록 해 보자는 것이었다. 더불어 고려청자는 모양, 무늬 등이 직접 이름에 담긴다는 것에 착안해 아이들이 직접 고려청자를 만들 수는 없지만 디자인을 해 보고 이름을 붙이는 독특한 활동도 생각해 보게 되었다.

 수업의 첫 번째 활동은 고려의 정신적 기둥으로 작용한 불교문화를 이해하는 것이다. 처음에 연등회 그림을 아이들에게 보여 주었다. 예상대로 아이들은 부처님 오신 날이라고 잘 대답해 주었다. 하지만 팔관회

그림은 처음 본다는 반응이었다. 이 두 사진으로 아이들에게 궁금증을 갖게 한 후, 본격적으로 고려시대 이야기를 시작했다. 커다란 탑과 불상, 연등회와 팔관회, '승과'가 있었던 것, 고려시대의 절은 장생표가 있었고 소를 대여해 준다든지 숙소의 역할과 경제활동의 중심지가 된다는 것을 알려 주었다. 물론 고려 말에 이르러 부패의 온상이 되기도 했지만, 수업 중에 "고려시대에 절이 없었으면 큰일이었겠네요!"라고 표현하는 아이들을 보니 어느 정도 불교의 중요성을 실감한 듯했다.

두 번째 활동은 '고려청자'를 알아보는 것이었다. '청자', '비색', '상감법' 등의 어려운 낱말이 많기에 이를 좀 더 쉽게 설명하기 위해 아이들에게 퀴즈를 내 보았다. 『고려도경』에 나오는 구절을 이용해 아이들에게 고려청자는 무늬, 모양, 용도 등의 내용을 이름에 담는다는 것을 알게 하려는 목적이었다. '청자 상감 갈대 버드나무 물새문 표주박모양 주전자' 문제의 정답을 공개할 땐 함성이 터져 나왔다. 자신들도 제목을 만들 수 있겠다며 그려 보겠다는 아이들도 있었다. 분위기는 자연스럽게 아이들이 고려청자를 디자인하고 이름을 붙여 보는 활동으로 넘어가게 되었다. 아래에서 볼 수 있듯 아이들은 전체적 모양부터 무늬까지 독창적인 아이디어를 쏟아 냈다. 서로의 그림을 보며 웃느라 정신없기도 했지만 서로의 발표를 들어 볼 땐 사뭇 진지한 표정과 칭찬의

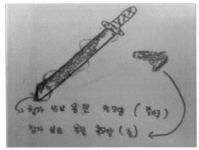

나만의 상감청자 만들기

박수를 아낌없이 보내 주었다. 사뭇 딱딱할 수 있는 문화재 수업을 즐거운 시간으로 바꿔 준 좋은 활동이었다.

이어서 고려의 인쇄술을 알아보았다. 『팔만대장경』, 『직지심체요절』에 담긴 의미를 알아보고 그것을 제작하는 것의 어려움이 얼마나 될지 질문을 던져 보았다. 아이들은 굉장히 어렵고 힘들었을 것이라고 했다. 이 수업을 진행하기 얼마 전 지우개 도장을 만들어 찍어 본 경험이 있어서였을 것이다. 그래서 아이들에게 그다음 시간에 미술 수업으로 우리도 직접 판화를 찍어 보자고 했다. 아이들 표정엔 걱정하는 기색이 가득했지만 기대된다는 말도 아끼지 않았다.

미술 수업 시간에 진행된 판화 수업은 미술 이론에 입각해 이루어졌다. 판화를 통해 고무판화의 특성, 양각과 음각, 조각칼의 사용법 등 아이들이 꼭 알아야 할 내용들이 많았기 때문이었다. 그래서 2차시의 수업 동안 한 작품을 완성하기 위해 미술, 역사의 이론적인 내용뿐 아니라 안전교육까지 모든 것이 총체적으로 이루어졌다. 아이들은 스케치부터 마지막 찍어 내기까지 정성을 다해 판화 작품을 만들었다. 아이들은 낑낑대며 작업하면서도 활자본보다 『팔만대장경』은 나무를 일일이 다 파는 것이라 참 힘들었을 것 같고 정말 대단하다는 찬사를 아끼지 않았다.

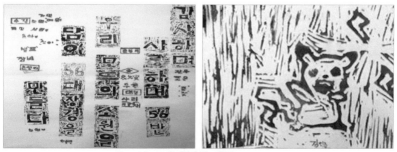

아이 판화 작품

미술 수업까지 연계해 고려의 문화 수업을 진행하면서 당초 예상했던 것보다 더 많은 시간이 걸리긴 했지만 수업을 마치고 보니 아이들이 고려의 청자와 인쇄술은 꼭 기억할 수 있겠다는 생각이 들었다. 이 수업은 아이들이 능동적으로 참여했다는 점에서 매우 보람 있었다.

(7) 순간 포착, 고려에 이런 일이

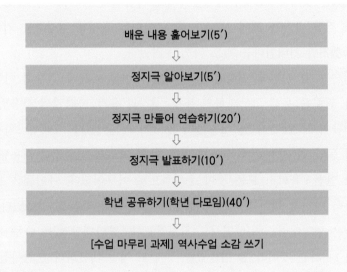

1. 지금까지 배운 내용 훑어보기
- 웰컴 투 코리아 수업에서 배운 내용 훑어보기
- 정리 책에 기록한 내용, 활동지 등

2. 정지극에 대해 알아보기
■ 순간 포착, 고려에 이런 일이.ppt
- 사진의 한 장면으로 표현하는 역할극
- 그 장면에 등장한 인물이나 사물이 되어 말하기
- 창의적으로 그 장면에 대해 해석하여 말할 수 있음

3. 정지극 만들기

■ 정지극 계획하기.hwp

- 모둠별 장면 정하기, 장면에 어울리는 행동과 대사 만들기, 연습하기

4. 발표하기

- 5초 안에 자세 잡기

- 진행자가 건드리는 사람이 대사 말하기

5. 학년 다모임 시간에 공유하기

- 반별로 친구들이 뽑은 모둠이 다모임 시간에 발표하기

- 발표하는 친구들 응원하며 관람하기

6. [수업 마무리 과제] 역사수업 소감 쓰기

■ 마무리 글쓰기.hwp

'웰컴 투 코리아' 수업의 대장정이 끝났다. 아이들은 3주에 걸쳐 고려시대의 다양한 역사를 알아보았다. 아이들이 수업에서 가장 인상 깊었던 것을 역할극으로 수업을 마무리했다. 대사가 너무 길거나 움직임이 크면 준비 시간이 길어지기 때문에 아이들이 부담 없이 참여할 수 있는 '정지극'을 하기로 했다.

정지극은 사진처럼 인상 깊었던 장면을 사진의 한 장면처럼 정지 상태로 재연하는 역할극이다. 정해진 시간 내에 자세를 잡은 후 진행자가 등장인물들을 한 명씩 건드리면 그 상황에 맞는 말을 하는 것이다. 정지극의 좋은 점은 사람뿐만 아니라 그 상황에 있었을 법한 물건도 대사를 할 수 있는 것이다. 정지극은 그 상황을 해석하여 창의적이고 기발한 생각을 말할 수 있는 기회가 되기도 하고, 무엇보다 소극적인

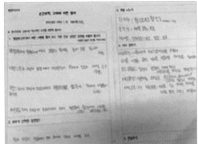

| 정지극 활동 방법 안내 | 정지극 계획하기 |

아이들도 부담 없이 참여할 수 있다는 장점이 있다.

본격적으로 수업을 시작하기에 앞서 아이들은 '웰컴 투 코리아' 수업이 진행되는 동안 정리했던 무지개책을 훑어보는 시간을 가졌다. 무지개책에는 매 시간 배운 내용이 정리되어 있다. 수업을 처음 시작할 때 함께 그렸던 마인드맵, 아이 활동지, 새롭게 알게 된 것을 필기해 둔 것을 훑어보면서 정지극으로 표현하고 싶은 장면을 생각해 보았다.

무지개책을 훑어본 후, 아이들은 모둠별로 활동지를 기록하며 정지극을 준비했다. 짧은 시간 동안 아이들은 간단한 소품을 만들고 기발한 대사를 생각해 냈다. 간단한 연습을 하고 나서 모둠별로 발표하는 시간을 가졌다. 아이들이 생각해 낸 고려의 순간은 생각보다 다양했다. 아이들은 청자가 만들어지는 순간, 무신정변이 일어나게 된 계기가 되었던 무술 경연장, 권문세족이 횡포를 부리던 마을, 궁예가 왕건을 만나는 장면, 왕건의 호족정책 등 다양한 정지극을 만들었다. 특히 한 모둠이 깨지는 청자를 표현하며 고려시대 장인의 마음을 표현하자 아이들이 모두 박장대소하며 즐거워했다.

학급에서 친구들의 역할극을 공유한 후 반별로 한 작품을 선정해 학년 다모임 시간에 발표했다. 모두가 모인 자리에서 작품을 발표하니 아이들은 더욱 성취감을 느끼며 좋아했다. 그리고 지난 수업에 대해

학급에서 정지극 발표하기 　　　　　　　　 다모임에서 발표하기

다시 생각해 보는 기회가 되었다고 말했다.

　역할극으로 수업을 마무리한 후, 수업에 대한 각자의 소감을 적어 보게 했다. 이 소감을 통해 우리는 아이들이 어디서 머뭇거렸는지, 무엇을 어려워했는지 확인할 수 있었다.

　▶아이들의 수업 소감

• 역할극을 많이 해서 좋았다.

• 역할극을 통해 내가 맡은 인물에 대해 더 많이 생각하고 공감할 수 있었다.

• 인형극이나 역할극, 동영상 등을 통해 역사를 배우니 더 재미있었고 기억에 남는다.

• 중요한 사건을 중심으로 역사를 배우니 지루하지 않고 역사를 더 좋아하게 된 것 같다.

• 사건 하나하나에 대해 나의 생각을 말하고 표현할 수 있어서 좋았다.

• 지금까지 배운 역사수업 중 가장 재미있었다. 다음 역사수업이 기대된다.

• 서경천도운동 수업이 가장 기억에 남는다. 토론 활동을 한 것이 재미있었고, 현재 우리 삶과 관련이 많은 주제였다.

6) 여전히 우리 곁에서 숨 쉬는 '모두의 조선'

가. 수업 마인드맵

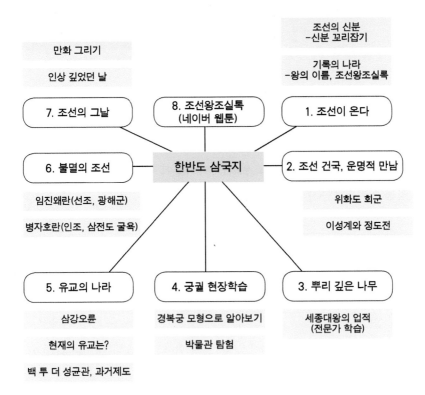

조선은 여전히 우리 곁에 있다. 조선은 다양한 영역에서 아직도 우리 삶에 큰 영향력을 미치고 있다. 우리는 조선을 알아야만 현재를 이해할 수 있고, 앞으로 나아갈 방향을 판단할 수 있으리라 생각했다. 성취기준을 분석하며 현재 우리의 삶에 영향을 가장 많이 주고 있는 것과 반드시 알아야 하는 것이 무엇인지 고민했다. 그 결과 세종대왕, 경복궁, 유교, 임진왜란과 병자호란에 초점을 맞추기로 했다. 누구나 알고 있는 세종대왕의 업적에 대해서는 잘 알려지지 않은 것들을 중심으로 전문가 학습을 했다. 경복궁 현장체험학습을 통해 궁궐의 웅장함과 그 의미를 알고 자부심을 느꼈다. 일제 강점기를 거치며 훼손된 현재의 모습을 보며 아쉬움을 느껴 보는 시간도 있었다. 다음으로 우리 삶 속에 남아 있는 유교적 가치에 대해 부모님을 인터뷰하고 이야기를 나누는 활동을 했다. 임진왜란과 병자호란의 진행 상황을 알아보는 수업에서는 선조와 광해군의 행적을 통해 지도자의 역할이 얼마나 중요한지 깨닫는 기회도 가져 보았다.

방대한 내용을 모두 다룰 수 없었기 때문에 수업을 안내하면서 「조선왕조실톡」이라는 웹툰을 미리 보며 조선에 대해 알아볼 수 있도록 안내해 주었다. 5학년 역사수업의 마지막을 장식할 수업인 만큼 아이들이 그동안 배워 온 역사적인 지식들을 활용해 수업에 참여할 수 있도록 다양한 활동을 계획했다.

나. 세부 수업 계획

수업 제목	소주제	교과	시량	학습 내용 및 활동
수업 안내		사회	1	• 무지개책 만들기 • 수업 마인드맵 그리기
조선이 온다	우리 곁의 조선	사회 국어 체육 도덕	8	[현장체험학습] 전주 한옥마을에서 찾아보는 조선 -경기전, 향교, 오목대, 한옥 등을 돌아보며 조선의 자취 찾아보기
	신분과 생활	사회	2	왕 / 정승, 양반 / 상인, 평민 / 백정, 노비 1. 계급별로 신분 팻말 들고 돌기 2. 바로 위의 단계 신분만 잡을 수 있다 3. 가위바위보에서 이기면 신분 변화, 지면 제자리 에서 다섯 세기 4. 15분 종이 울렸을 때의 신분이 자기 신분 5. 교실로 돌아와서 신분 설명, 왕은 왕 노릇 6. 조선인들의 생활 모습 간단하게 알아보기

조선이 온다	기록의 나라	사회	1	[정리] 왕 계보도 만들어서 무지개책에 붙여 넣고 수업마다 정리하기 1. 역사채널e 〈왕의 이름〉 시청하기 – 왕의 계보 보여 주면서 조, 종, 군의 차이 설명해 주기 2. 〈기록의 나라〉 의궤 영상(복원 영상, 지식채널 2개) 3. 왜 왕이 사초를 못 읽게 했을까?
조선을 세운 운명적 만남	조선의 건국	국어	1	1. 고려 말 상황, 위화도 회군(「조선왕조실록」) 2. 온건파 vs 급진파 토론 ·상황 제시 → 의사결정: 내가 고려의 관리라면? ·하여가, 단심가, 선죽교, 정도전
뿌리 깊은 나무	세종 대왕의 업적	사회 국어	2	1. [전문가학습] 6개 주제: 세종대왕의 생애, 정치, 한글, 농사, 장영실, 예술 2. 모둠별 마인드맵 그리기
궁궐 현장 학습	경복궁 탐험 하기	사회 미술	3	1. 〈1박 2일〉 '경복궁' 편 보기 2. 경복궁 미니어처 만들기
		사회 국어 도덕 체육	8	[현장체험학습] 경복궁 탐험하기 –지도 보며 경복궁 탐험하기 –근정전, 아미산, 경회루 등 찾아보고 인증샷 찍기
유교의 나라	삼강 오륜	사회	1	1. 왕부터 백성까지 실천한 유교 2. 삼강오륜과 관혼상제 3. '부모님 인터뷰' 과제 안내 [과제] 부모님 인터뷰 1. 우리가 배운 조선의 유교 2. 지금도 있을까요? 3. 좋은 점? 나쁜 점? 4. 나쁜 점은 왜? 어떻게 바꾸면 좋을까?
		국어	1	1. 현재의 유교는? 인터뷰 내용 정리 2. 5분 역할극 만들어 발표하기
	백 투 더 성균관	사회	1	1. 과거제도 〈역사저널 그날〉 2. 과거 시험 체험 ·책문에 대해 글쓰기 '반 편성은 어떤 기준으로 해야 하는가?'
불멸의 조선	임진 왜란	사회	1	1. 임진왜란의 배경 및 진행 상황 알아보기 2. 임진왜란의 영웅들 ·이순신과 그의 활약에 대해서 알아보기 ·영웅 지도 만들기

불멸의 조선	임진 왜란	사회	1	1. 선조를 규탄한다! ·영상: 역사채널e 〈어떤 반란〉 2. 선조를 규탄하는 글쓰기
	병자 호란	사회 국어	1	1. 병자호란의 배경 및 진행 상황 ·광해군, 인조, 효종과 다른 나라와의 관계 속에서 파악 ·인조의 삼전도 굴욕 ·역사채널e 〈고향으로 돌아온 여인들〉
				1. 광해군에 대한 재평가 ·영상: 역사채널e 〈이상한 밀지〉 ·광해군의 업적(중립외교 포함) 및 폭정 등 알아보기 ·활동: 읽기 자료를 바탕으로 한 PMI 활용
조선의 그날	수업 마무리	사회	2	조선의 그날 ·개별 주제를 정해서 만화 만들기 예) 사관의 하루, 훈민정음의 탄생, 인조의 굴욕
		과제		[수업 소감 글쓰기] '모두의 조선' 수업 소감 쓰기

다. 주요 교과 관련 성취기준

교과		성취기준
사회	유교 문화가 발달한 조선	(가) 조선의 건국 과정을 이성계, 정몽주, 정도전 등을 중심으로 이해한다. (나) 세종 대에 이루어진 대외 관계와 문화, 과학 분야의 여러 성과를 탐구한다. (다) 유교적 신분 질서 아래 양반과 중인, 상민, 천민의 생활 모습을 파악한다. (라) 이순신과 남한산성 등 대표적인 인물과 유적을 통해 임진왜란과 병자호란의 극복 과정을 조사한다.
국어	듣·말	(3) 설득하거나 주장하는 말의 타당성을 판단하며 듣는다. (5) 토론의 절차와 방법을 알고 적극적으로 참여한다.
	읽기	(1) 문맥을 고려하여 낱말의 의미를 파악하며 글을 읽는다.
	쓰기	(4) 적절한 이유나 근거를 들어 주장하는 글을 쓴다.

라. 이렇게 수업했어요

(1) 조선이 온다

① 우리 곁의 조선–전주 한옥마을에서 조선 찾기

'모두의 조선' 수업을 본격적으로 시작하기에 앞서 우리는 전주 한옥마을에 현장체험학습을 나갔다. 아이들은 전주에 살면서 전주 한옥마을을 너무 많이 가 보았다며 현장체험학습을 할 것이 있는지 의심스러워했다. 하지만 한옥마을에 남아 있는 조선을 찾아보자는 미션을 받은 아이들은 자신감이 사라진 난감한 표정을 감추지 못했다. 아이들은 모둠별로 다니면서 지도에 표시된 장소에 가서 미션을 수행한다. 미션은 경기전을 시작으로 한옥마을에 남아 있는 향교, 한옥, 오목대 등을 돌아보며 자세히 알아보는 활동이었다.

처음엔 한옥마을 현장체험학습에 별 기대가 없었지만 모둠별로 돌아다니며 미션을 수행하는 과정에서 평소에 알지 못했던 것을 알게 되었다며 즐거워했다.

한옥마을에서의 일정을 마친 뒤에는 국립무형유산원으로 이동해 우리나라의 무형유산들에 대해 알아보았다. 무형유산으로 정해진 것들

한옥마을 미션 장소 지도

한옥마을 미션

은 대부분 조선시대부터 사용되어 온 악기와 옷감, 그릇, 가구 등을 만드는 기술이었다. 아이들은 다시 한번 조선을 만날 수 있었다.

전주 한옥마을 활동을 통해 조선시대가 그리 먼 과거가 아니며 여전히 우리 곁에 숨 쉬고 있음을 느낄 수 있었다. 이를 통해 앞으로 수업에 참여하면서 조선이 현재와 어떻게 연결되어 있는지 스스로 찾아보게 되는 계기가 되었다.

② 신분과 생활

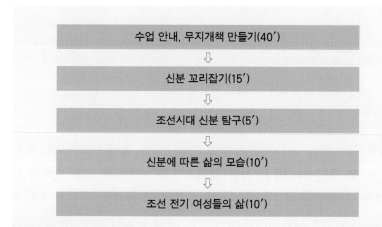

1. 신분 꼬리잡기

■ 신분 꼬리

■ 신분과 생활.ppt

- 왕, 양반, 중인, 상민, 천민 5단계의 꼬리

- 왕은 노비 3명을 잡아 호위병으로 쓸 수 있음

- 왕이 바뀌면 호위병이었던 노비 3명은 본래의 신분으로 돌아감

2. 조선시대 신분 탐구
- 양인(양반, 중인, 상민), 천민(노비 및 천한 일을 하는 사람)
- 고려시대 신분과의 차이 찾기
• 고려시대의 평민＝조선시대의 상민
• 고려시대에 없던 새로운 신분(중인)
• 고려시대의 백정은 평민, 조선시대 백정은 천민

3. 신분에 따른 삶의 모습
- 양반, 중인, 상민, 천민들이 주로 하는 일과 의식주

4. 조선 전기 여성들의 삶
- 신사임당, 정희왕후의 삶 보기
- 그들이 능력을 펼칠 수 있었던 까닭 생각하기

9월 'Welcome to Corea' 수업을 마친 후 한 달이라는 시간이 흘렀다. 한 달 동안 아이들은 다음 역사수업을 기대하며 잊을 만하면 한 번씩 언제 조선을 배울 거냐는 질문을 했다. 여기에 전주 한옥마을 체험활동까지 곁들여져 아이들의 기대는 날로 높아져 갔고, 그 기대 속에서 모두의 조선 수업이 시작되었다.

아이들의 기대에 부응하고 조선에 대한 흥미를 가질 수 있도록 첫 차시는 신분 꼬리잡기 놀이로 시작했다.

수업 도입에 활용한 신분 꼬리잡기는 TV 프로그램 〈무한도전〉의 아이디어를 변형한 놀이다. 먼저 무작위로 신분을 갖는다. 왕 1명, 양반 3명, 중인 5명, 상민 8명, 천민 8명(25명 기준)으로 아이들의 역할을 나눈다. 각 신분에 해당하는 사람의 숫자는 반 정원에 맞게 조정이 가능하다. 단, 신분이 낮을수록 사람을 많이 배정해야 한다. 아이들은 다목

신분 꼬리잡기

적실이나 강당, 운동장 등 넓은 공간에서 약 30분 동안 잡고 잡히기를 반복한다. 게임의 규칙은 자신의 신분보다 한 단계 높은 사람만 잡을 수 있다, 잡을 경우 가위바위보를 하여 신분을 빼앗을 수 있다, 왕의 경우 천민을 3명 잡아 자신을 지키는 노비로 쓸 수 있다, 놀이가 끝날 때 자신의 마지막 위치가 신분으로 정해진다, 신분이 정해진다 등이다. 신분이 정해진 후 그다음 쉬는 시간을 이용해 신분 체험을 했다. 왕은 쉬는 시간 10분 동안 왕 노릇을 하며 친구들에게 명령을 할 수 있다.

신분 꼬리잡기의 목적은 신분제도를 정확히 아는 것이 아니라 조선시대에는 고려시대와 다르게 다섯 가지의 신분이 존재했음을 알고 그 신분 사이의 서열을 알아보는 것이다. 놀이가 끝난 후 아이들은 자신이 잡아야 하는 한 단계 높은 신분이 무엇인지, 자신을 잡을 수 있는 한 단계 낮은 신분이 무엇인지 알 수 있었다.

다만, 신분 꼬리잡기에 사용할 꼬리를 제작하는 것에 제약이 있었다. 신분의 명칭을 써서 꼬리나 이름표를 만들자니 5학년 180명이 모두 사용하기가 불편했다. 처음엔 체육 시간에 활용하는 암밴드에 신분에 맞는 색종이를 덧대어 꼬리로 사용하자는 의견도 있었다. 하지만 색을 신분 대용으로 사용할 경우 아이들이 신분 대신 색을 외워 놀이를 하는 부작용이 있을 것이라 예상되었다. 그래서 생각해 낸 방법이 부채에 신분을 적어 들고 다니는 것이었다. 25개의 부채를 만들어 7개 반이 돌려 사용한 후에는 부채가 너무 망가져 폐기해야 했지만 신분을 숨기며 돌아다니는 장치가 있어 아이들이 흥미롭게 게임에 참여할 수 있었다.

신분 꼬리잡기를 마친 후 꼬리잡기에 등장했던 신분들에 대해 자세히 알아보았다. 각 신분이 하는 일과 사는 모습을 중점으로 다루었으며 고려시대와 비교해서 달라진 점을 찾도록 했다. 역사 드라마나 다큐멘터리 영상이 수업에 많은 도움이 되었다. 역사 드라마 속 신분의 모습을 편집해 보여 주었더니 더 쉽게 이해할 수 있었다. 특히 역관이나 의관 등 조선시대에 새롭게 생긴 신분을 이해하기 좋았다.

이 수업의 마지막은 조선 전기 여성들의 삶을 알아보는 것이다. 조선 전기엔 조선 후기와 달리 여성들이 능력을 펼칠 수 있었다는 점을 다양한 사례로 알려 주었다. 신사임당과 정희왕후, 그리고 유산 상속 시 아들과 딸의 지위가 비슷했던 점, 처가에서 결혼하고 살았던 풍습 등을 통해 조선 전기 여성들의 지위가 낮지 않았음을 확인했다. 대부분의 아이들은 드라마 속에서 보았던 조선 후기 여성들의 차별받는 모습이 익숙했기 때문에 놀라움을 감추지 못했다. 6학년이 되면 조선 후기 여성들의 삶에 대해 배울 것임을 안내하면서 오늘 배운 내용과 많은 부분이 다를 것임을 이야기해 주었다. 아이들은 여성의 사회적 지위가 왜 달라지는 것인지 궁금해했다. 일부 아이들은 조선 초기의 풍습이 그대로 남아 있었다면 더 좋았을 것 같다는 아쉬움을 표현하기도 했다.

선사시대, 고조선, 삼국시대, 통일신라와 발해, 고려를 거치면서 신분제에 대해 반복적으로 배운 아이들은 현대사회에서는 신분이 없어진 것이 다행이라고 말했다. 그러면서 자연스럽게 신분제도가 없어진 이유에 대해 대화를 나누기도 했다. 1년에 걸친 역사수업 속에서 아이들이 자연스럽게 과거와 현재를 연결하여 생각하는 순간이었다. 이런 호기심이 나아가 아이들의 자발적인 탐구로 이어질 수 있도록 격려해 주고 도와주는 것이 교사의 역할이라는 생각으로 간략하게 조선 후기 상황에 대해 설명해 주고 수업을 마쳤다.

③ 〈기록의 나라〉

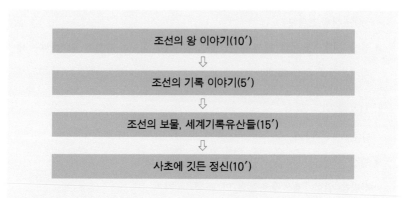

1. 조선의 왕 이야기

■ 〈기록의 나라〉, 조선.ppt & 〈기록의 나라〉_활동지.hwp

- 조선왕조 계보도에서 찾아볼 수 있는 특징은?

- 왜 끝이 다를까?

■ 영상 시청(역사채널e 〈왕의 이름〉)

2. 조선의 기록 이야기

- 기록의 사전적 의미 알기

 기록이란? 주로 후일에 남길 목적으로 어떤 사실을 적은 글

- 조선왕조는 유교적 정치 이념을 바탕으로 하는 문치주의 국가임

- 문치주의 국가는 '유교'와 '역사'를 매우 중요한 바탕으로 여김

 (특히 역사: 왕권의 정통성을 증명해 주는 것)

3. 조선의 보물, 세계기록유산들

- 유네스코 세계기록유산에 등재된 우리의 기록물 소개

- ① 조선왕조 의궤

■ 영상 시청(〈조선왕조 의궤〉)

: 의궤＝의식＋궤범(의식의 모범이 되는 책) → 외규장각(서적 보관)

→ 영상 시청(지식채널e 〈빼앗긴 책〉)

- ② 『조선왕조실록』

■ 영상 시청(〈조선의 백과사전 『조선왕조실록』〉) → 가치를 인정받아 세
  계기록문화유산 등재

4. 사초에 깃든 정신

- 사초, 사관 알기

■ 영상 시청(역사채널e 〈만년 후를 기다리는 책〉)

- 직필을 위한 『조선왕조실록』의 규정 두 가지

- 왕이 사초를 읽을 수 없던 까닭 생각해 보기

이 수업은 조선시대의 왕과 기록에 대해 생각해 볼 수 있도록 구성한 수업이다. 왕과 기록에 대해 별도의 차시를 만들어 구성한 이유는 첫째, 조선을 떠올렸을 때 빼놓을 수 없는 것이 왕이다. 왕의 통치 방식과 신념, 신하들과의 권력 다툼 등이 백성들의 삶에 크나큰 영향을 미친 것이 사실이기 때문이다. 일반적으로 조선을 배울 때에는 왕의 업적을 중심에 두는 경우가 많았다. 극단적으로 아이들이 외우는 "태정태세 문단세~"만 봐도 그렇다. 굳이 외울 필요가 있나 싶기도 하지만 전반적인 조선의 역사 흐름을 이해하기 위해서 필요할 때도 있다. 그 밖에 아이들이 알고 있는 조선 왕들의 이름이 실제 이름이 아닌 죽은

후에 지어진 묘호라는 점, 처음에는 원칙에 따라 이름을 붙였지만 후대로 갈수록 원칙이 없어졌다는 점 등의 내용도 상식 수준에서 알아보고자 했다.

둘째, 아이들이 유네스코 세계기록유산에 등재된 조선의 기록물과 기록 문화의 정신에 대해 이해하는 것이 중요하다고 생각했다. 기록이 있어야 역사가 있다는 것, 그 단순하면서도 중요한 이치를 아이들이 깨닫게 되기를 원했다. 그래서 왕과 기록물을 바탕으로 전반적인 수업을 구상했다.

아이들에게 수업을 시작하면서 조선왕조 계보도를 나눠 주었다. 그리고 "이것에서 찾을 수 있는 특징이 무엇인 것 같니?"라고 질문을 하니 아이들은 "끝이 조나 종으로 끝나요", "어떤 사람은 군으로 끝나는 사람도 있어요"라는 대답을 했다. 그래서 "그럼, 왕들은 왜 다 이름을 비슷하게 지었을까? 이것은 실제 불리던 이름일까?"라는 발문을 하고 나서 영상을 시청했다. 시청한 뒤에는 영상에 관련된 내용들과 그전의 질문들을 연관시켜 함께 정리하는 시간을 가졌다. 그리고 조선왕조 계보도 활동지를 역사 노트 뒤에 붙인 다음에 앞으로 조선 수업이 진행되면서 그 왕들에 대해 배운 내용을 스스로 정리해 나가도록 했다.

그 뒤에 유네스코 세계기록유산에 등재된 우리나라의 다양한 기록물을 알아보았다. 조선시대 기록물만 해도 조선왕조 의궤, 『조선왕조실록』, 『승정원일기』, 『훈민정음』 해례본, 『동의보감』 등 여러 가지가 있었다. 이것을 전부 다 깊게 소개하기에는 수업 시간도 부족하고 아이들에게도 양이 너무 많을 것 같았다. 교육과정 회의를 거듭한 끝에 조선왕조 의궤와 『조선왕조실록』을 선정했다.

먼저 조선왕조 의궤에 대해 알아보았다. 의궤는 왕실이나 국가가 치른 중요 행사에 관한 일체의 내용을 글과 그림으로 기록한 종합 보고서이다. 관련 다큐멘터리 영상을 보여 주니 흥미를 보였다. 그림도 기록이 될 수 있다는 것, 화원이 그것들을 완성했다는 것, 반차도가 행사의 리허설 역할을 했다는 것 등의 내용이 영상에 담겨 있었다.

아이들은 특히 지식채널e 〈빼앗긴 책〉을 본 후에는 복잡한 감정에 휩싸인 것 같았다. 외규장각에 보관되었던 의궤를 병인양요 때 약탈당했으나 반환 협상을 시작한 지 20년 만에야 가져올 수 있었다는 점, 여전히 소유권은 프랑스에 있다는 점은 아이들에게 여러 가지 생각을 하게 했다. 왜 우리나라는 그것을 되찾아오기 위해 꾸준하게 노력하지 않았는지를 궁금해했으며, 의궤처럼 빼앗긴 문화재들 중에서 아직 반환되지 않은 것들에는 무엇이 있는지 더 알아보고 싶다고 했다.

다음으로 『조선왕조실록』에 대해 알아보았다. 『조선왕조실록』은 조선의 백과사전이라 불릴 만큼 정치, 경제, 사회, 문화 등 모든 모습이 정리되어 있는 대역사서이다. 아이들에게 『조선왕조실록』이 얼마나 대단하고 세밀한 내용까지 담고 있는지 직접 보고 느낄 수 있도록 도와주고 싶었다. 그래서 『조선왕조실록』 홈페이지에 들어가서 왕별로 정리되어 있는 기록들을 같이 찾아보았다.

아이들은 "선생님, 별 시시한 내용도 다 적혀 있었어요. 이런 걸 왜 적었을까요?"라는 질문을 많이 했다. 그래서 그 질문을 다시 아이들에게 돌렸다. "우리가 봤을 때 별것 아닌 것 같은 왕의 말과 행동까지 왜

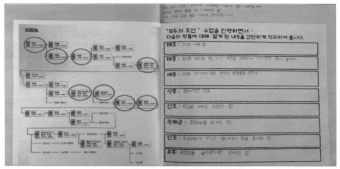

조선왕조 연표 및 정리

다 적은 것 같니?"라고 물었다.

"왕이 어떻게 생각하고 행동하는지를 감시하려고 한 것 같아요."

"그전 왕들이 했던 기록들을 다 남겨 두어서 후손들이 보고 배울 수 있게 하려고 한 것 같아요."

"왕이 말과 행동을 하기 전에 기록으로 남겨진다고 하면 한 번 더 고민하게 될 것 같아요."

아이들은 이렇듯 자유롭게 이야기를 했다.

마지막으로 사초와 사관에 대해 이야기를 나누어 보았다. 사초가 무엇인지, 사관이 누구인지, 그리고 절대 권력을 가진 왕도 사초를 읽을 수 없고 자신에게 불리한 내용이라 해도 수정할 수 없었다는 사실을 알려 주었다. 또한 그러한 사관의 직필 정신이 위대한 『조선왕조실록』을 만들어 낸 밑바탕이라는 것도 말해 주었다.

사실 이 수업은 이제까지 진행했던 우리의 수업 방식과 비교하자면 활동이 부족한 수업이다. 그리고 약간은 지루한 설명식으로 흐른 측면도 있다. 그러나 아이들과 함께 서로 생각을 나누는 과정과 적절하게 영상을 활용함으로써 지루함이 조금이나마 줄어든 것 같다. 수업 시간에 즐겁게 활동을 통해 배우는 것도 중요하지만 때로는 하나의 주제에 대해 서로 깊게 생각하고 이야기를 나누는 과정도 필요하다.

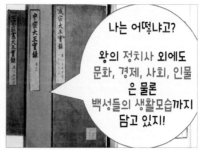

『조선왕조실록』 PPT 내용 일부

다만 왕의 이름과 기록을 동시에 진행하기에는 수업량이 많았던 점이 아쉬웠다. 따라서 다음에 이 수업을 한다면 위에 제시된 영상 중에서 꼭 필요하다고 생각하는 부분만 선택해서 활용하거나 여유롭게 2차시로 계획해서 진행하는 것이 좋을 듯하다.

(2) 조선을 세운 운명적 만남

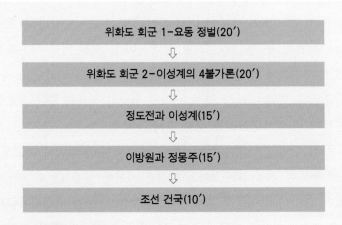

1. 위화도 회군 1-요동 정벌

■ 조선을 세운 운명적 만남 1차시.pptx

■ 위화도 회군.mpg

- 고려 말 동북아 정세 알아보기

• 원 멸망, 주원장 명 건국, 명나라의 쌍성총관부 철령위 반환 요구

- 「조선왕조실톡」 46화 '위화도 회군(상)' 보기

- 최영의 주장 살펴보기

• 요동 정벌의 당위성 주장, 이성계는 최영의 주장에 반대함

2. 위화도 회군 2-이성계의 4불가론

■ 조선을 세운 운명적 만남 활동지 1.hwp

- 이성계의 요동 정벌 반대 이유를 찾아보기
- 이성계의 4불가론 알아보기(지니스쿨)
- 「조선왕조실톡」 47화 '위화도 회군(하)' 보기
- 위화도 회군의 결과 살펴보기

3. 정도전과 이성계
■ 조선을 세운 운명적 만남 1차시.pptx
■ 정도전·이성계 운명적 만남.mpg
- 정도전과 이성계의 만남

4. 이방원과 정몽주
■ 조선을 세운 운명적 만남 활동지 2.hwp
- 이방원과 정몽주의 만남: 하여가와 단심가 알아보기
- 나는 이방원? 정몽주?(활동지 2): 내가 지지하는 사람의 시를 외워 봅시다

5. 조선 건국
■ 이성계, 정도전, 정몽주.mp4
- 「조선왕조실톡」 42화 '두유워나 빌더 조선?' 보기
- 조선 건국: 정도전과 이성계

　　조선의 건국은 위화도 회군에서 시작되었다. 이 수업은 이런 질문에서 시작한다. '이성계는 과연 요동 정벌을 성공할 수 있었을까?'

　　교육과정 성취기준에는 '조선의 건국 과정을 이성계, 정몽주, 정도전 등을 중심으로 이해한다'라고 되어 있다. 우리는 두 시간을 나누어 첫 번째 시간에는 위화도 회군에 관한 내용을 다루고, 두 번째 시간은 정

도전과 이성계, 이방원과 정몽주의 만남을 주제로 진행했다.

위화도 회군을 알아보기 위해 먼저 명나라가 철령 이북 땅을 요구하면서 시작된 요동 정벌의 이유를 살펴보고 요동 정벌을 찬성한 최영의 주장도 알아보았다. 복잡한 내용을 쉽게 전달하기 위해 네이버 웹툰 「조선왕조실톡」의 '위화도 회군' 상편을 활용했다.

수업의 후반부에서는 이성계가 요동 정벌을 반대한 이유를 알아보았다. 위화도로 출정해 군대가 주둔하게 되는 동영상(지니스쿨)을 수업에 사용하여 아이들에게 이성계의 요동 정벌 반대 이유를 찾아보도록 했다. 활동지를 작성한 후 아이들은 자유롭게 의견을 나누었다. 그리고 웹툰 「조선왕조실톡」의 '위화도 회군' 하편을 보았다. 그런 다음 아이들이 생각한 의견과 실제 이성계가 반대했던 이유를 비교했다.

두 번째 시간에는 정도전과 이성계의 운명적 만남을 다루었다. 조선의 건국은 정도전과 이성계가 만나지 않았다면 이루어질 수 없었다. 애니메이션을 통해 유교정치가 실현된 국가를 만들고자 했던 정도전의 꿈과 그 꿈을 이뤄 줄 이성계의 만남을 알아보았다.

이성계가 조선을 건국하기까지 고려에는 건국을 찬성하는 급진파와 반대하는 온건파의 갈등이 있었다. 그 갈등을 단적으로 보여 주는 것이 이방원과 정몽주의 하여가와 단심가이다. 국어과와 연결해 시의 운율과 고전미를 느껴 보고 시 안에 숨겨진 역사적 의미를 알아보았다. 그리고 자기가 지지하는 사람을 선택해 시를 외우도록 했다. 생각했던 것보다 하여가와 단심가에 대해 더 많은 관심을 보였다. 몇 줄 안 되는 시조 속에서 역사적 배경을 알 수 있으니 더욱 재미있어했다. 이렇게 관심을 가지고 암송해 본 시조는 조선 수업이 모두 끝날 때까지 아이들이 잊지 않고 기억했다.

조선은 비교적 현재와 가까운 과거이기 때문에 관련된 수업 자료를 쉽게 찾을 수 있었다. 그래서 아이들에게 다양한 매체를 통해 관련 자료를 찾아 미리 살펴보게 했다. 또한 이 수업을 시작할 즈음 SBS에서 방영된 〈육룡이 나르샤〉를 참고할 수 있도록 안내했다. 하지만 수업의 내용과 드라마의 진행이 일치하지 않고 드라마에는 가상의 인물도 나오기 때문에 이런 부분을 유념하도록 했다.

마지막으로 조선 건국에서 정도전이 실현하고자 했던 유교적 이상에 대해 간단히 알아보았다. 아이들은 정도전이 경복궁과 6조거리를 배치하면서 어떤 생각을 했는지 간단히 알아보고 영상으로 정리했다. 그리고 이후 경복궁 현장체험학습에서 직접 확인해 보는 기회를 가졌다. 조선이 이성계가 혼자 세운 나라가 아니라 생각을 같이한 조력자가 있었음을 확인하고 건국이념에 대해 알아보는 시간이 되었다. 더불어 대한민국의 건국이념은 무엇이고 누가 만들었는지 알아보았다면 더 풍성한 수업이 되었을 것이라는 생각이 든다. 다시 이 수업을 한다면 대한민국 건국이념에 대해 함께 알아보고 중요하게 생각하는 가치와 사상은 무엇인지, 조선과의 차이는 무엇인지 생각해 보는 시간을 가지고 싶다.

이성계의 4불가론 추측하기

이방원과 정몽주

(3) 뿌리 깊은 나무

① 부드러운 카리스마, 세종

세종 사전 조사 학습지 과제 공유(30′)
⇩
부드러운 카리스마, 세종(15′)
⇩
과학을 꽃피우고 한글을 만들다(20′)
⇩
마인드맵 그리기(15′)

1. 세종 사전 조사 학습지 과제 공유

■ 세종 조사.hwp, 대왕세종.ppt

- 같은 과제를 조사한 친구들끼리 모여 공부한 뒤(전문가 학습), 모둠으로 돌아가 공부한 내용 공유하기
- 오늘 공부할 왕이 누구인지 이야기하기
- 『농사직설』, 장영실, 훈민정음과 관련된 사람

2. 부드러운 카리스마, 세종

■ 세종정리학습지.hwp, 대왕세종.ppt

- 태종의 3남으로 태어남, 우애 깊음(「조선왕조실톡」 60화)
- 태종을 진심으로 존경하는 효자
- 모범적인 임금(「조선왕조실톡」 61화)
- 강력한 카리스마 태종 vs 부드러운 카리스마 세종: 왕의 스타일에 따라 정치 스타일도 달랐음, 6조 직계제와 의정부 서사제
- 국가의 중요한 일을 대신들과 논의하여 결정

3. 과학을 꽃피우고 한글을 만들다

■ 세종정리학습지.hwp, 대왕세종.ppt

- 학습지 두 번 활용(역사채널e 〈조선의 시간〉 영상 시청)

- 측우기의 작동 원리 및 측우기 공개 뉴스 시청

- 생각해 보기: 측우기는 어떤 기구이며 왜 측우기를 만들었을까?

- 세종이 사랑한 과학자 장영실: 앙부일구, 자격루, 혼천의, 갑인자

- 훈민정음: 백성을 가르치는 바른 소리

• 1443년 제작, 1446년 반포

- 과학적인 훈민정음(〈세계에서 가장 완벽한 문자, 훈민정음〉 영상 시청)

4. 마인드맵 그리기

■ 세종정리학습지.hwp, 대왕세종.ppt

- 역사채널e 〈대왕, 세종〉 편 보며 "지도자는 어떤 자질을 갖추어야 하는 가?"에 대해 이야기 나누기

- 공부한 내용을 마인드맵으로 정리하기

조선의 스물여섯 명 왕 중에 "대왕"이라는 호칭이 자연스럽게 붙는 한 사람, 한글 창제 및 과학기술의 발전부터 영토 확장에 이르기까지 업적이 너무 많아 공부할 분량 역시 방대한 이 사람. 바로 조선의 4대 왕 세종이다. 애초에 계획했던 2차시 분량으로 수업 내용을 구성하는 데 어느 때보다 많이 고민했다. 세종의 업적 중 어느 하나 중요하지 않은 것이 없었고, 그 또한 우리나라 사람이라면 누구나 아는 내용이라 자칫하면 식상하고 지루한 수업이 될지도 모른다는 생각이 들었다. 고민 끝에 부드러운 카리스마를 지닌 인간적인 왕, 인재를 등용하고 과학기술을 꽃피운 왕, 한글을 만든 왕 이렇게 세 가지로 압축해 세종에

대한 전반적인 이해를 돕고자 했다. 특히 우리가 잘 몰랐던 세종의 인간적인 면, 따뜻한 애민군주 세종의 모습을 부각시켜 우리 시대의 지도자는 어떤 모습을 지녀야 할지 대화를 나누어 보았다.

먼저 오늘 공부할 인물에 대한 흥미를 유발하기 위해 다섯 고개 퀴즈로 인물을 맞혀 볼 수 있도록 했다. 너무 유명 인사라서인지, 수업의 제목(뿌리 깊은 나무)부터 인물에 대해 암시하고 있어서인지 몰라도, 아이들이 쉽게 맞혔다. 만 원짜리 지폐에 등장할 정도로 우리나라 사람들이 존경하는 세종대왕에 대해 오늘은 어떤 순서로 공부할지 이야기를 나누고, 공부를 마치면 지폐에 나오는 많은 상징의 뜻을 알 수 있을 거라고 예고하며 수업을 시작했다.

우리는 뿌리 깊은 나무 수업을 하기 전에 세종을 네 가지 주제로 나누어 조사하도록 했다. 주제는 인간 세종, 세종의 정치와 외교, 발명품, 한글이다. 아이들은 같은 주제를 조사한 친구들끼리 모여 조사한 내용을 토론하며 더 깊게 공부한 뒤, 자기 모둠으로 돌아가 모둠 친구들에게 알려 주었다. 전문가 학습으로 진행해서 생각보다 시간이 많이 걸렸지만, 자신이 공부한 내용을 친구들에게 알려 주며 뿌듯해하는 모습이 좋았다. 아이들의 전문가 학습 활동이 끝나고 선생님이 한 번 더 역사적 사실과 의미를 정리해 주었다.

선생님 주도의 수업은 크게 세 부분으로 이루어지는데 첫 부분은 군주 세종에 대한 탐구(부드러운 카리스마 세종)이다. 세종대왕은 두 형을 제치고 셋째 왕자가 권력을 승계한 흔하지 않은 경우에 속한다. 세종의 아버지인 태종은 누구보다 권력 지향적인 인물로, 이전에 '조선을 세운 운명적 만남'에도 등장했기에 아이들에게도 익숙한 왕이다. 다섯째 아들인 태종은 골육상쟁을 통해 집권한 만큼 안정적인 장자승계의 욕구도 컸다. 이렇게 쉽지 않은 환경에서 왕위를 물려받은 세종의 이야기를 박시백의 『조선왕조실록』 「세종 편」을 활용해 보여 주었다. 인간

세종에 대한 흥미를 불러일으키기 위함이었다. 특히 세종의 집권 배경과 인간적인 면을 부각시킨 이유는 사소해 보이지만 이러한 것들이 세종의 업적과 직접적으로 연결되어 있기 때문이었다. 다음으로 아버지 태종과 아들 세종의 인간적인 면모와 정책을 비교하며 둘의 정치를 대표하는 '6조 직계제'와 '의정부 서사제'에 대하여 이야기를 나누었다. 물론 5학년 아이들에겐 어려울 수도 있지만, 역사책에서 기계적인 암기를 통해 외우는 것보다 배경에 대한 공부가 뒷받침되니 쉽게 이해했다.

수업의 두 번째 부분은 세종의 과학과 관련된 주요 업적(과학을 꽃피우다)이었다. 이 부분을 계획하며 가장 주안점을 둔 것은 세종은 중국을 넘어 조선만의 독자적인 기술을 만들고자 노력했다는 점이다. EBS 역사채널의 〈조선의 시간〉 편을 보며 우리만의 달력을 갖고자 했던 세종의 이야기를 알 수 있었다. 또한 세종대의 발명품이라고 하면 서양보다 수백 년 앞선 '측우기'를 빼놓을 수 없다. 그래서 아이들과 세계 기상의 날에 측우기를 대중에게 공개한다는 내용의 뉴스를 함께 보고 이야기를 나누었다. 흔히들 측우기는 장영실의 발명품이라고 생각하는데, 『조선왕조실록』을 보면 세자(문종)가 발명했다는 기록이 있다는 이야기를 하며 아이들의 오해를 바로잡는 시간을 가졌다. 마지막으로는 신분의 한계를 뛰어넘어 자신의 재능을 마음껏 발휘한 세종 대의 과학

세종대왕 조사 학습지

217

자 장영실과 그의 발명품에 대해 알아보았다. 또한 이렇게 시계, 달력, 날씨를 관측하는 기구들의 발명과 『농사직설』 편찬 등에 힘쓴 이유를 추측했다. 앞서 '조선의 생활 모습' 수업에서 이야기를 나눈 적도 있기에 아이들 사이에서 조선은 농업 국가였기 때문이라는 이야기가 술술 나왔다.

수업의 세 번째 부분은 세종 대의 가장 위대한 발명품이자 과학적인 원리의 글자 '한글'에 대한 것이었다. 물론 아이들이 잘 알고 있는 부분이지만 지식보다는 한글을 만든 뜻을 이해하는 것이 중요하다고 생각했다. 그래서 아이들에게 "한글이 발명되기 전에 사용한 글자는 무엇일까? 그러면 한자를 이용하면 어떤 불편함이 있었을까?"라고 질문을 던졌다. 훈민정음이 담고 있는 위대한 뜻에도 불구하고, 전국 각지의 양반들이 반포를 반대한 이유에 대해서도 이야기를 나누었다.

또한 과거에는 글자를 읽고 쓸 줄 아는 것이 하나의 특권이었음을 이야기하고, 오늘날 누구나 글자를 읽고 쓸 수 있게 된 것은 훈민정음 덕택임을 알 수 있었다. 역사채널 영상(《세계에서 가장 완벽한 문자, 훈민정음》)을 통해 배우기 쉽고 몇 가지의 자음, 모음만 알면 무궁무진한 활용이 가능한 훈민정음의 장점을 함께 되짚어 보았다. 끝으로 3줄 정도 감사한 마음을 담은 편지를 쓰고 함께 나누었다.

학창 시절, 역사수업이나 책에서 세종대왕에 대해 공부를 하며 가장 아쉬웠던 부분은 그의 업적에만 초점을 맞춘 것이었다. 하지만 세종대왕의 진짜 업적은 한글 창제도, 과학기술을 꽃피운 것도 아니다. 그의 위대한 발명품들 역시 백성들을 가엾게 여기는 마음과 여성과 노비, 장애인 등 소외된 이들에 대한 배려에서 나왔다. 정성을 다해 사람을 사랑하는 것, 세종대왕의 가장 값진 업적은 애민 정신 그 자체가 아닐까?

수업의 마무리 활동으로 세종에 대해 공부한 내용을 정리하는 마인드맵을 그렸다. 수업에 집중하여 잘 참여했기 때문인지 아이들은 주제

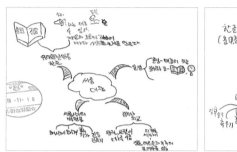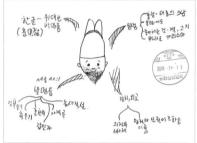

마무리 마인드맵

에 따라 가지를 나누어 어렵지 않게 쓱쓱 그려 냈다.

마지막 영상(역사채널e 〈대왕, 세종〉 편)을 보여 주기 전 아이들에게 '이 시대의 지도자가 갖추어야 할 덕목은 무엇일까?'라는 질문을 했다. 아이들은 정직한 사람, 착한 사람, 백성을 돌볼 줄 아는 사람 등 다양한 대답을 내놓았다. 아이들은 우리 사회에 세종대왕 같은 지도자가 다시 나오면 좋겠다는 이야기를 했다. 현재는 왕이 아니라 대통령이 나라의 지도자이니 세종대왕처럼 진정으로 국민을 위할 줄 아는 사람인지 생각해 보고 투표해야겠다는 말로 대화를 마무리 지었다.

익숙한 왕이지만 우리가 잘 몰랐던 왕, 세종. 아이들이 진정한 지도자에 대하여, 나아가 타인을 위한 삶에 대하여 생각하게 해 준 수업이었다.

(4) 궁궐 현장학습

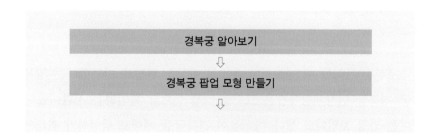

경복궁, 국립중앙박물관 현장체험학습
⇩
기행문 쓰기

1. 경복궁 알아보기

■ 경복궁 사전 학습.ppt

■ 경복궁의 숨은 보물을 찾아라.hwp(인디스쿨)

■ 〈1박 2일〉 경복궁 영상(유튜브)

- 정도전이 유교 사상을 기반으로 건설한 경복궁에 대해 알아보기

- 〈1박 2일〉 영상 보면서 경복궁의 숨을 보물찾기 활동지 정답 찾기

2. 경복궁 팝업 모형 만들기

■ 4절지, 색지, 경복궁 관련 사진, 사인펜 등

- 영상에서 알아낸 것, 경복궁 설명서 등을 읽어 보고 경복궁 각 건물에
  대한 설명서 쓰고 모형 만들기

3. 경복궁 현장체험학습

■ 경복궁 파헤치기.ppt

- 지도 보면서 경복궁 돌아다니며 퀴즈 풀기

- 국립중앙박물관에서 주요 유물 찾아보고 인증샷 찍기

4. [과제] 현장체험학습 기행문 쓰기

- 여정, 견문, 감상이 드러나게 기행문 쓰기

조선을 건국할 때 정도전이 유교의 이상을 반영해 만들었다는 경복
궁. 경복궁 현장체험학습은 그것을 직접 눈으로 확인하는 시간이었다.
아는 만큼 보인다고 했다. 아이들이 경복궁을 제대로 탐험하기 위해서

는 미리 알고 가야 할 것들이 많았다. 경복궁에 담긴 의미와 건축 시기 등의 기본적인 지식 이외에도 궁궐의 시설들이 가지고 있는 다양한 상 징들에 대해 알고 가면 궁궐 탐험이 더 재미있을 것이라고 생각했다.

다행히 유홍준 선생님이 출연한 〈1박 2일〉 '경복궁' 편이 있어서 재 미있게 경복궁에 대해 알아볼 수 있었다. 시간 가는 줄 모르고 영상을 본 후, 영상에서 알게 된 것과 경복궁 관련 책, 설명지 등을 읽고 아이 들은 경복궁 모형을 만들었다. 4절지에 미리 지도를 그린 뒤, 각 건물 의 사진을 세우고 설명지를 써 붙였다.

아는 만큼 보인다고 했던가. 아이들은 도착하자마자 경복궁을 샅샅 이 뒤지며 돌아다니기 시작했다. 경복궁 지도에 나와 있는 퀴즈를 풀 기 위해 모둠 친구들과 돌아다니며 〈1박 2일〉 영상에서 보았던 장소를 다시 확인했다. 친구들과 함께 사진도 찍으며 즐거운 시간을 보낸 후 세종로를 걸으며 세종대왕 동상과 이순신 장군 동상을 보았다. 집회와 시위의 장소로 뉴스에 나오는 곳을 직접 걸으니 신기하다는 아이들이 있었다.

그리고 국립중앙박물관으로 이동했다. 이곳에서는 사진으로만 보았 던 유명한 유물들을 직접 확인하는 시간을 가졌다. 국립중앙박물관 은 짧은 시간에 보기에 규모가 너무 큰 곳이어서 아이들에게 꼭 봐야 할 유물을 정해 주고 스스로 찾아가 직접 확인하도록 했다. 꼭 확인해

경복궁 모형 만드는 아이들

경복궁 모형

야 할 유물을 정해 주었다고는 하지만 아이들이 유물 앞에서 단순히 인증샷을 찍는 활동은 여전히 아쉬움으로 남는다. 시간적 여유가 있었다면 다양한 박물관 프로그램을 활용할 수도 있었는데 그러지 못한 점이 아쉽다. 그래도 사진 속에서만 보던 경복궁을 직접 가 본 것과 우리나라에서 가장 큰 박물관에 다녀왔다는 것에 아이들은 일단 만족스러워했다. 집이 멀기 때문에 일찍 돌아와야 했던 것이 아쉽게 느껴지는 현장체험학습이었다.

(5) 유교의 나라

① 삼강오륜

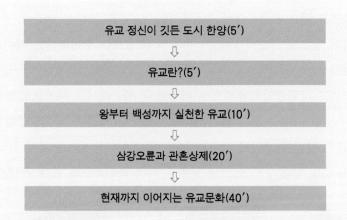

1. 유교 정신이 깃든 도시, 한양
■ 유교 도시 한양(정도전).wmv
- 정도전은 유교의 정신에 따라 도읍지 한양을 계획함
- 유교란 무엇일까?

2. 유교란?

- 유교란 중국에서 생겨난 사상으로, 나라를 다스리는 데 필요한 질서와 사람이 지켜야 할 도리를 가르침
- 인(사람의 본성), 충(국가를 다스리는 기본 질서), 효(집안을 다스리는 기본 질서)

3. 왕부터 백성까지 실천한 유교

- 왕이 실천한 유교: 왕실 문화, 종묘(죽은 왕과 왕비의 위패를 모심)
- 유학을 교육하기 위한 기관: 서당, 향교, 성균관
- 백성이 실천한 유교: 삼강오륜과 관혼상제

4. 삼강오륜과 관혼상제

■ 삼강오륜과 관혼상제.hwp
- 삼강오륜과 관혼상제 그림 맞춰 보고, 뜻 알아보기
- 삼강/군위신강, 부위부강, 부위자강
- 오륜/부자유친, 군신유의, 부부유별, 장유유서, 붕우유신
- 관혼상제/관례, 혼례, 상례, 제례

5. 현재까지 이어지는 유교문화

■ 부모님 인터뷰.hwp
■ 5분 역할극.hwp
- 현재까지 이어지는 유교문화 이야기 나누기
- 사전 과제(부모님 인터뷰) 안내하기
- 모둠 정리
- 5분 역할극 만들어 발표하기

두 차시로 이루어진 '유교의 나라' 수업의 목표는 유교 사상을 이해하고, 현재 우리가 살아가는 사회와도 밀접한 관련이 있음을 아는 것이다. 조선은 유교 사상을 바탕으로 세워진 국가이다. 그리고 유교 사상의 핵심은 삼강오륜과 관혼상제이다. 아이들에게 생소할 수 있는 유교라는 사상과 어려운 한자 성어들을 현재까지도 이어지는 유교문화와 접목하여 좀 더 친근하게 다가갈 수 있도록 했다.

삼강오륜은 유교의 중요한 사상이고, 조선 역사 500년 동안 사람들의 생활 깊숙이 들어와 현재까지도 큰 영향을 주고 있다. 삼강오륜과 관혼상제가 어려운 개념이지만 아이들이 직접 현대판 삼강오륜을 만들어 보면서 사람과 사람 사이에 마땅히 지켜야 할 도리를 생각해 보게 했다. 아이들이 현대판 삼강오륜을 만들 때에는 내가 중요하게 생각하는 가치는 무엇인지, 그리고 나의 삶에 어떻게 적용할 수 있는지 생각해 보도록 했다.

또한 관혼상제를 비롯해서 현재까지 이어지는 유교문화에는 어떤 것들이 있는지 부모님 인터뷰를 통해서 알아보도록 했다. 인터뷰의 대상은 부모님으로 한정 짓지 않고 조부모님이나 다른 집안 어른들도 가능하다고 안내했다. 인터뷰는 우리 가정과 사회에 남아 있는 유교의 문화와 중시하는 가치에는 어떤 것들이 있는지, 그러한 유교문화의 긍정

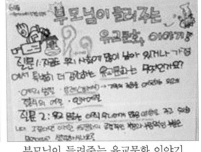

내가 만드는 삼강오륜   부모님이 들려주는 유교문화 이야기

5분 역할극 대본 　　　　　역할극 장면

적인 부분과 부정적인 부분은 무엇인지, 부정적인 부분은 어떻게 하면 개선할 수 있는지 등의 질문으로 구성했다. 이 인터뷰는 첫 번째 수업을 마친 후 사전 과제로 제시했다. 다행히도 부모님들께서 협조를 잘해 주셔서 대부분의 아이들이 인터뷰를 성실하게 잘할 수 있었다. 부모님들께 약간은 부담이었겠지만 한편으로는 부모님들이 이렇게 자녀의 과제에 도움을 주면서 수업에 함께 참여할 수 있는 기회가 되었다. 인터뷰 장면을 촬영하여 학급 SNS '클래스팅'에 인증샷을 올리라고 했는데, 다정하게 마주 앉아 있는 모습이 참 보기 좋았다.

　부모님을 인터뷰한 내용으로 다음 차시 수업을 진행했다. 모둠별로 인터뷰한 내용을 가지고 발표 자료를 만들도록 안내했다. 모둠에서 조사한 내용을 합쳐 보니 인터뷰 내용이 좀 더 풍성해졌다. 혹시라도 해 오지 못한 아이는 이를 통해 도움을 받을 수 있었다. 모둠별로 정리하며 유교문화의 부정적인 부분을 개선할 수 있는 방안에 대해 아이들 스스로 생각해 보고 토의하며 쓸 수 있도록 했다.

　이러한 내용을 바탕으로 '5분 역할극'을 만들어서 발표했다. 짧고 간단한 내용으로 유교문화에 대한 역할극을 만들었기 때문에 아이들도 덜 부담스러워하며 적극적으로 참여했다. 엘리베이터 안에서 벌어지는 일, 학교에서 있었던 일 등 일상생활에서 일어날 수 있는 장면을 역할극으로 꾸몄다. 친구들의 역할극을 보며 재미있어하고 공감했다. 아직까지 우리 생활에 남아 있는 유교문화를 온고지신의 마음으로 바라보는 계기가 된 수업이었다.

② 백 투 더 성균관

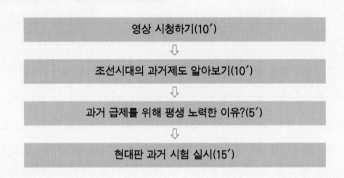

1. 영상 시청
■ 백 투 더 성균관.ppt
- 역사채널e 〈어떤 시험〉 시청하기
- 시청한 내용을 바탕으로 이야기 나누기

2. 조선시대의 과거제도 알아보기
- 문관, 무관, 기술관
- 조선시대의 문관 시험 알아보기
• 3년에 한 번 실시 / 최종 합격자 33명
- 과거 시험 과목
• 유교 경전(사서삼경), 역사서(사기, 통감 등), 문학
• 자신의 생각을 논리적으로 서술하기, 한문으로 써야 함
- 기회의 나라 조선: 과거 시험 나이, 신분 제한 없음

3. 과거 급제를 위해 평생 노력한 이유?

- 개인의 출세를 위한 것이 아님

- 성리학적 가치의 실현

• 충: 국가에 대한 헌신

• 효: 부모에 대한 봉양, 가문의 명예를 높이는 것

- 과거 시험 관련 용어: 압권, 대책

4. 현대판 과거 시험 실시

- 6학년 반 편성 방법에 대한 대책 제시하기

- 서로 공유하기

'백 투 더 성균관'은 조선시대 교육기관과 과거제도에 관련된 수업이다. 우리가 어렸을 때 국사 시간에 이 부분을 어떻게 배웠는지 떠올려보았다. 조선시대 교육기관의 특징과 역할을 요점 정리하여 달달 외웠던 것 외에는 기억에 남는 것이 없다. 수업을 계획하는 과정에서 조선시대 교육과 과거제도에 대해 너무 자세하게 알아볼 필요는 없다고 의견을 모았다. 대신 아이들이 이 수업을 통해 과거 시험의 본질적인 의미를 알아보도록 수업을 구상했다.

엄격한 신분제 사회에서 신분의 제한 없이 응시하여 관리가 되는 것은 신분 상승을 원하는 이들에게 소중한 기회였으나 서얼의 자손과 재혼한 여자의 자손이 차별받는 것은 불합리하다고 이야기하는 아이들이 있었다. 또한 아이들은 과거 시험을 보기 위해 4살 때부터 공부했다는 조선시대 양반가 아이들에게 동질감을 많이 느꼈다. 자기도 지금 좋은 대학에 가서 잘살기 위해 학원을 다섯 개나 다니고 있다며 한숨을 내쉬기도 했다.

수업의 마지막 활동은 교사의 책문에 대한 대책을 써 보는 것이었다. 애초에 계획한 책문은 '시험이란 무엇인가?'였다. 이 수업을 통해 아이들이 시험에 대해 다른 방향으로도 생각해 보길 바라며 내놓은 책문이었다. 하지만 아이들이 답하기도 난해하고 뻔한 답이 나올 것이라는 의견이 있었다. 차라리 '시의성'을 가진 책문이 과거제의 의도와 어울린다고 생각했다. 이에 따라 책문은 11월이 되면서 아이들에게 초미의 관심사인 '6학년 반 편성 방법'에 대한 것으로 바뀌었다. 역시 아이들은 집중해서 글을 썼다. '따돌리거나 괴롭히는 문제가 발생하지 않도록 친한 친구와 같은 반이 되었으면 좋겠다', '축구를 하기 위해 모이는 데 시간이 낭비되므로 축구를 잘하는 아이들이 모였으면 좋겠다' 등 자신들이 원하는 사항을 적어 놓는 경우도 있었다. 하지만 '공부를 잘하는 아이와 못하는 아이가 섞여서 서로 도와주는 반이 되면 좋겠다', '한 번도 같은 반이 되지 않았던 친구와 같은 반이 되어 친해지고 싶다' 등 주장과 근거가 설득력 있는 대책도 많았다. 몇몇 아이들은 자신이 쓴 대책이 실제 채택되면 좋겠다는 바람도 표현했다.

짧은 시간이었지만 조선시대 과거제도를 통해 진정한 시험이란 무엇인지 함께 고민해 보는 기회가 되었다. 수업을 준비하며 시청한 KBS

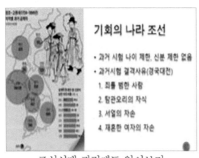
조선시대 과거제도 알아보기

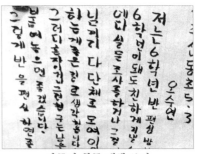
마무리 활동 대책 쓰기

프로그램 〈역사저널 그날〉에서 과거제 관련 방송의 마지막에 한 패널이 "시험이 사람을 평가하는 도구에 그쳐서는 안 됩니다. 좀 더 나은 세상 사회를 위해 자문을 구하는 것, 미래를 담는 꿈이어야 합니다"라고 한 마무리 말이 기억에 남는다. 미약하지만 이 수업을 통해 아이들이 평가의 목적과 의미에 대해 생각하면서 진정으로 즐기는 공부, 사회에 도움이 되는 공부를 할 수 있길 기원해 본다.

(6) 불멸의 조선

① 임진왜란의 배경 및 진행 상황

임진왜란 당시의 상황(5′)
⇩
임진왜란의 배경과 경과(5′)
⇩
이순신의 활약(15′)
⇩
의병의 활약(5′)
⇩
의병 지도 만들기(10′)

1. 임진왜란 당시의 상황
■ 임진왜란.ppt
- 조선: 양반들의 세력 다툼, 국방 소홀, 이이의 십만양병설
- 일본: 도요토미 히데요시의 등장, 내전으로 군사력이 강해짐, 조선 침략 준비

2. 임진왜란의 배경과 결과

- 일본의 정명가도 요청 → 조선 거절

- 이순신과 의병의 활약으로 7년 만에 일본 물리침

3. 이순신의 활약

■ 역사채널e 판옥선.mp4

■ 이순신 노량해전.mp4

- 대표적인 전투: 한산도대첩, 명량대첩, 노량해전 등

- 이순신이 해전에서 이길 수 있었던 이유?

- 이순신 장군 활약의 영향

• 해상권 장악 / 적의 보급로 차단

• 왜군의 사기 꺾음 / 곡창 지대인 전라도 지킴

4. 의병의 활약

- 양반, 유학자, 농민, 승려 등이 나라를 구하기 위해 자발적으로 조직

- 왜군을 물리치는 데 큰 역할: 예) 곽재우

5. 의병 지도 만들기

■ 한반도 백지도(사회과부도)

- ① 의병과 관군 활약 지도

- ② 우리나라 전도 활용하여 의병 지도 만들기

- 더 알고 싶은 의병에 대해 조사하고 지도에 정리하기

　　삼국시대, 남북국시대, 고려시대에 걸쳐 모든 전쟁 이야기들은 아이들의 가장 큰 관심거리였다. 모든 역사수업을 통틀어 아이들이 가장 흥미를 갖는 건 아마 전쟁 이야기일 것이다. 우리나라가 이기는 전쟁에

서는 함께 통쾌해하고, 지는 전쟁에서는 함께 원통해했다.

드디어 '모두의 조선' 수업에 전쟁 이야기가 등장했다. 조선 역사에서 가장 큰 사건이자 조선을 뒤흔든 위기는 임진왜란이다. 이 수업은 이야기 수업으로 전개되었다. 할머니에게 옛날이야기를 들었던 것처럼 선생님에게 임진왜란 이야기를 들었다. 이야기 수업은 아이들이 쉽게 이해하고 부담 없이 역사를 들을 수 있다는 것이 장점이지만, 자칫하다간 중요한 부분을 흘려보낼 수 있다. 따라서 이야기에서 배워야 할 큰 가닥을 정확히 했다. 임진왜란이 일어난 배경, 극복 과정, 이순신과 곽재우 등 인물 중심으로 임진왜란 수업을 계획했다.

수업의 도입부에서 임진왜란이 일어나기 전 조선과 일본의 상황, 일본이 조선을 침략하기 위한 명분이 무엇인지 이야기했다. 수업 시작과 동시에 아이들의 입에선 벌써부터 이순신 장군의 이름이 나왔고 심지어는 도요토미 히데요시, 학익진, 거북선 등등 아는 단어들이 쏟아졌다. 그만큼 아이들이 전쟁 이야기를 기대했다는 걸 알 수 있는 반응이었다. 흥분한 아이들을 진정시키고 나서야 수업을 진행할 수 있었다.

이후 본격적인 전쟁 이야기는 중요 인물 위주로 수업을 진행했다. 아이들이 가장 많이 알고 있는 이순신 장군부터 시작했다. 이순신 장군의 수많은 전투 중 한산도, 명량, 노량 해전 세 가지만 이야기했다. 영화 〈명량〉 때문인지 많은 아이들이 명량해전 이야기가 나올 때 눈이 반짝였다. 거북선의 활약, 판옥선의 활약을 들을 땐 마치 그 장면을 눈앞에서 보고 있는 것처럼 즐거워했다. 이순신 장군 이외에 임진왜란 3대 대첩이라는 주제로 한산도대첩, 진주대첩, 행주대첩을 소개했다.

조선이 임진왜란을 극복할 수 있었던 것은 이순신, 김시민과 같은 관군들의 활약도 있었지만 지방 곳곳에서 일어난 의병들의 활약을 빼놓을 수 없다. 그래서 임진왜란 수업의 마지막 활동은 의병들의 활약을 알아보는 것이었다. 먼저 아이들에게 교과서에 나와 있는 의병과 관군들의 활약을 표시한 지도를 보여 준 후 그중 더 알고 싶거나 중요하다고 생각하는 내용을 표시하도록 했다.

임진왜란 수업의 마지막은 '한 걸음 더 생각하기'이다. 나라를 뒤흔들었던 임진왜란을 겪은 후 조선이 어떻게 변했는지 전쟁의 폐해를 생각해 보도록 했다. 아이들은 "사람이 많이 죽었어요", "식량을 빼앗기고 집들이 불에 탔어요" 같은 이야기들을 쉽게 생각해 냈다. 하지만 전쟁으로 경복궁, 불국사가 불타거나 『조선왕조실록』을 빼앗긴 것과 같은 문화재의 손실에 대해서는 미처 생각하지 못했는데, 이러한 사실도 알려 주니 안타까워했다.

아이들이 직접 체험하고 활동하는 것만 좋은 역사수업이라고 생각하지는 않는다. 체험할 수 없는 수업도 있을 것이며 활동하는 것보다 이야기를 듣거나 자료를 찾아보는 수업이 더 유익할 수도 있다. 이번 수업은 아이들의 활동보다 교사의 말이 더 많았던 수업이지만 아이들이 흥미를 잃지 않았다는 점에서 충분히 의미 있었다. 다만 마지막 의병 지도 그리기가 활동을 위한 활동이었다는 생각이 들어 아쉽다. 물

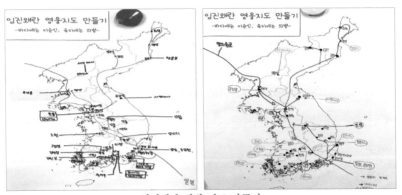

임진왜란 의병 지도 만들기

론 추가 조사를 한 아이들도 있었지만 몇몇은 교과서의 지도를 따라 그리는 것으로 활동을 마쳤다. 다음에 이 수업을 할 때에는 아이들이 의병 지도를 통해 수업의 내용을 더 심화하고 생각해 볼 수 있도록 활동을 계획, 보완할 필요가 있겠다.

② 임진왜란-누구를 위한 왕인가(선조)

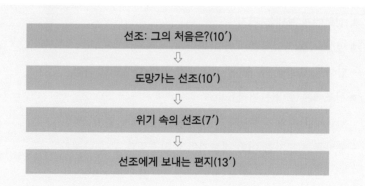

1. 선조: 그의 처음은?

■ 누구를 위한 왕인가(선조).ppt

- 13대 왕인 명종이 후사 없이 죽음 → 14대 왕이 됨

- 선조: 그의 처음은?

• 명민하면서도 학문에 조예가 깊었음

• 북방 방어에 힘을 기울임

• 우수한 무관들 뽑아 북방에 보냄

2. 도망가는 선조

- 1592년 일본의 침략이 일어나자 도망가는 선조

■ 「조선왕조실록」

• 파천 주장하다가 4월 30일에 궁을 떠남

• 광해군을 세자로 책봉

- 광해군이 분조를 이끌며 일본에게 항쟁

3. 위기 속의 선조
- 광해군, 이순신 장군, 의병 세력을 질투하고 견제함
• 백성들의 신뢰를 잃음
• 의병들이 추후 병자호란 때 활약하지 못하는 계기

4. 선조에게 보내는 편지
■ 영상 시청(역사채널e 〈어떤 반란〉)
- 임해군, 순화군 두 왕자: 군사 모집 위해 함경도로 파견
■ 선조에게 보내는 편지.hwp
- 임진왜란 때의 백성이라고 생각하고 선조에게 편지 쓰기
- 올바른 지도자란 어떤 지도자인지 친구들과 생각 나누기

조선시대 왕 가운데 고종과 함께 무능한 왕으로 알려진 선조! 그는 왜 무능한 왕으로 알려져 있을까? 그 이유는 바로 임진왜란 때 고통을 받고 있던 백성들을 외면하고 자신의 목숨을 유지하기 위해 피난을 갔기 때문이다. 그렇지만 죽는 것을 두려워하고 피하고 싶은 것은 사람으로서 당연한 것이 아닐까? 이번 수업은 그러한 인간으로서의 선조와 왕으로서의 선조에 대한 이야기를 동시에 나누어 보기로 했고, 더 나아가 한 나라를 이끌어 갈 지도자는 어떤 모습을 갖추어야 하는지 아이들과 생각해 보기로 했다.

먼저 선조가 처음에는 어떤 모습의 왕이었는지 알아보았다. 초반에는 명민하면서도 학문에 조예가 깊었고, 북방 방어에도 힘을 기울이며 조선을 안정되게 유지하기 위해 노력했지만, 왜군이 조선을 공격해 오자 백성들을 버리고 궁궐을 떠났다. 그러면서 자신의 아들인 광해군을

급히 세자로 정했고, 광해군은 도망간 아버지를 대신하여 분조를 이끌며 일본에 끊임없이 항쟁해 나갔다. 아이들은 한 편의 드라마 같은 이야기에 집중하며 들었고 이야기 중간중간 자유롭게 질문했다. "선생님, 선조는 혼자 살겠다고 도망을 간 건가요?", "왜 명나라로 도망을 간 거예요?", "그러면 남아 있는 백성들은 어떻게 되나요?" 등과 같이 궁금한 점에 대해서 질문을 했다.

이 수업에서는 선조와 임진왜란에 대해 전반적으로 이야기를 한 후에 웹툰 「조선왕조실톡」의 내용을 보며 정리했지만 반대로 진행해도 좋을 듯하다. 왜구들이 공격해 오는 모습, 선조가 도망가는 모습, 경복궁이 불타는 모습을 담은 웹툰의 일부 내용을 먼저 보여 주고 '왜 이런 사건이 일어났을까? 왕은 왜 도망갔을까? 어디로 간 것일까?'라는 발문으로 수업을 진행해도 흐름상 무리가 없고 아이들의 흥미를 유발하기에도 좋았을 것 같다.

전쟁이 일어났을 때 도망간 선조를 백성들이 신뢰할 수 없는 것은 어찌 보면 당연하다. 그러다 보니 선조도 그것에 대해 자격지심을 가질 수밖에 없다. 백성들이 임진왜란 때 활약한 이순신 장군, 의병, 광해군에 대해 갖는 마음과 선조에 대한 마음이 다를 수밖에 없다. 그런 상황에서 선조는 그들을 질투하며 자신이 가진 권력을 활용해 힘들게 했다. 아이들과 함께 그런 선조의 모습을 보면서 인간적인 질투와 시기심, 지도자로서의 무능력함에 대해 생각해 볼 수 있었다.

선조에 대한 이야기를 마무리하면서 역사채널e 〈어떤 반란〉 영상을 시청했다. 임해군, 순화군 왕자의 횡포를 더 이상 견디지 못한 백성들이 그들을 포로로 잡아가도록 도왔다는 내용을 통해 당시의 사회 분위기를 읽을 수 있었다. 영상의 마지막 부분에 "나를 어루만져 주면 임금이요. 나를 학대하면 원수이니. 누구를 섬긴들 임금이 아니랴"라는 글귀가 나온다. 그것을 본 뒤에 아이들과 '백성들에게 절실하게 필요했던 임금은 어떤 임금이었을까?'로 이야기를 나누었다.

마지막으로 지금까지 배우고 생각한 내용을 바탕으로 선조에게 편지를 쓰는 활동을 했다. 아이들은 인간적인 부분에서는 살고자 했던 선조의 선택이 이해되지만, 백성들의 마음과 형편을 돌보지 못한 선조가 왕으로서는 책임감이 없는 것 같다는 이야기를 많이 했다. 그리고 올바른 지도자는 전쟁이 일어나기 전에 미리 준비를 해야 하고 세종대왕처럼 백성들에게 관심과 애정을 가지고 있어야 한다고 했다. 또한 자신이 먼저 앞장서서 어려운 일을 해야 한다고 했다.

사실 교과서에서는 선조에 대해 깊게 다루지 않는다. 그래서 수업을 계획할 때 선조에 대해서 어디까지 가르쳐야 하는지 고민했다. 하지만 임진왜란은 선조를 빼고는 전반적으로 이해할 수 없다는 생각이 들었다. 임진왜란이 왜 일어났으며, 어떻게 전개가 되었고 끝이 났는지를 지식적으로 아는 것도 중요하지만 그것으로 인해 백성들의 삶이 어떻게 되었는지에 대해 알고 느끼는 것이 더 중요하다고 생각했다. 그러다 보니 그 당시 고위층들과 지도자에 대한 설명을 빼놓을 수 없었다.

몇 가지 사실만 가지고 아이들이 단순히 선조가 무능하다고 생각하고 비판하는 것은 옳지 않다고 생각한다. 당시 선조가 느낀 인간적인

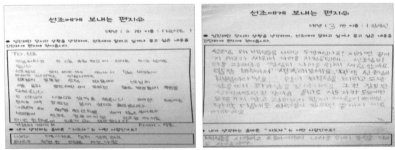

선조에게 보내는 편지

두려움과 질투, 시기심에 대해서도 같이 생각해 볼 필요도 있다고 본다. 동시에 다양한 사료를 통해 지도자로서의 선조에 대해 객관적으로 판단해 볼 수 있게 안내해야 한다고 생각했다. 결과적으로 아이들은 임진왜란 당시 선조의 행위에 대해 비판했지만 교사가 그런 판단을 제시해 주는 것이 아니라 아이들이 스스로 생각하고 판단할 수 있도록 많은 이야기를 나눈 수업이었다.

'모두의 조선' 수업에서 우리는 세종대왕과 선조를 통해 지도자 한 사람, 혹은 소수의 지배층에 따라서 수많은 사람들이 행복할 수도 있고 고통에 빠질 수도 있다는 것을 확인했다. 이 수업을 계기로 아이들이 자신의 투표권을 행사하는 날이 왔을 때 올바른 선택을 하는 어른으로 성장할 수 있기를 바란다.

③ 병자호란의 배경과 진행 상황

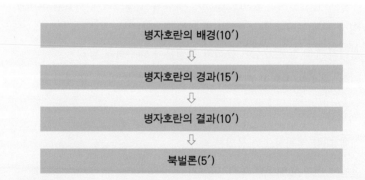

1. 병자호란의 배경
- 병자호란.ppt
- 〈역사저널 그날〉 편집 영상(병자호란의 시대적 배경)
- 조선, 명나라, 여진족 사이의 대외관계 이해
- 광해군의 중립외교

2. 병자호란의 경과

- 인조의 친명배금정책

- 후금의 1차 침입(정묘호란) → 인조의 강화 제의

- 청의 2차 침입(병자호란, 1636년 12월) → 인조 피난

■ 〈역사저널 그날〉 편집 영상('남한산성 그 안에서')

- 삼전도 굴욕

■ 드라마 편집 영상('삼전도 굴욕, 삼배구고두')

＊삼배구고두: 중국에서 신하가 황제를 만날 때 갖추는 예

  세 번 머리를 조아려 절하며 한 번 절할 때마다 이마를 바닥에 세 번씩

  대는 인사법

3. 병자호란의 결과

- 조선과 청의 군신관계 성립, 조선과 명나라의 단절

- 소현세자, 봉림대군을 비롯한 여러 사람들이 청나라에 인질로 보내짐

■ 영상 시청(역사채널e 〈고향으로 돌아온 여인들〉)

- 청나라에 대한 적개심이 높아져 북벌론이 대두하게 됨

- 피해: 경제적·사회적 피해 및 사회 혼란, 문화재 약탈 및 훼손 등

4. 북벌론

- 청에 대한 적개심으로 북벌론 대두

- 효종의 북벌계획(성과 무기, 군사력 정비 등)

- 마무리 생각해 보기: 만일 광해군의 중립외교가 성공적이었다면 어땠

  을까?

　　전쟁과 관련된 역사 속 국제 관계는 현재 우리에게 많은 것을 이야
기한다. 처절하고 뼈아픈 역사를 객관적으로 살펴본다는 것은 안타까

운 일이지만 그 과정을 통해 우리는 현실을 반추할 수 있는 안목을 지닐 수 있다. 아이들은 임진왜란과 그 당시 지도자를 통해 현재의 지도자는 어떤 사람이어야 하는지 생각해 보았다. 병자호란에서도 그러한 수업이 가능할까? 병자호란 역시 임진왜란과 마찬가지로 이야기 수업으로 진행하자는 의견이 나왔다. 물론 이야기 위주의 수업 이후에는 광해군에 대한 역사적 평가도 해야 할 것이다. 또한 병자호란을 아이들에게 이해시키려면 후금, 명, 조선 이 세 나라의 국제 관계의 이해를 바탕으로 한 광해군의 중립외교와 인조반정, 효종의 북벌론까지 다뤄야 한다.

이 얽혀 있는 사건들의 원인과 결과를 잘 분석해 풀어내는 것이 수업의 관건이 될 것이다. 이번 수업의 목표는 '병자호란의 발발 원인과 그 결과를 아는 것뿐 아니라 광해군과 인조가 왜 그러한 정책을 펼쳤을까? 그렇지 않았다면 어떻게 되었을까?'라는 역사적 상상력을 발휘해 보는 것이다.

먼저 광해군이 중립외교를 펼쳤던 국제 관계를 살펴보았다. 명, 후금 사이에서 조선이 처한 상황을 아이들과 함께 이야기 나누었다. 결국 광해군이 택한 정책이 두 나라 사이에 중립을 지키는 것이었다는 말을 들었을 때 아이들의 반응은 의외로 부정적이었다. "명과 후금 사

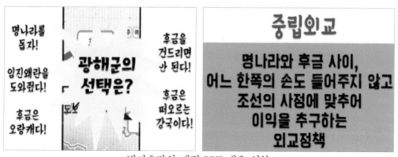

병자호란의 배경 PPT 내용 일부

이에서 눈치만 본 것이 결국 병자호란의 빌미를 제공한 것 같아요. 강홍립에게 그런 명을 내린 광해군의 선택이 최선이었을까요?" 아이들은 생각보다 중립을 지킨다는 것에 대해 반대했다. 이에 명나라, 후금 각각 편을 들었다면 어떤 일이 벌어졌을지 생각해 보게 했더니 마땅한 대책이 나오지 않았다. 아이들은 역사에 '만약'이란 건 없다며 아쉬움을 내비치면서도 광해군의 선택에 어느 정도 수긍한 듯했다.

다음으로 인조반정 후 병자호란을 겪기까지의 이야기를 들려주었다. 여기에서 남한산성에서 인조와 그 신하들의 참상과 삼전도 굴욕 관련 영상을 보여 주었다. 아이들은 인조가 했던 '삼배구고두'를 보고 꽤 큰 충격을 받았다. 영상에서 왕이 용포를 그대로 입고 있는 오류를 발견하며 재미있어했지만 한 나라의 임금이 무릎을 꿇고 이마를 땅에 대며 절을 했다는 것을 마냥 즐거워하지는 않았다. 굴욕적인 역사를 직접 보고 난 후, 아이들은 숙연해졌다.

병자호란의 피해에 대해 살펴보면서 '환향녀'를 다룬 EBS 역사채널 영상을 보았다. 병자호란의 피해가 욕처럼 사용된다는 사실에 아이들은 마음 아파했다. 결국 효종의 북벌론이 실패로 끝나는 걸 지켜보며 아이들은 '병자호란'이라는 국제전의 파장이 엄청났다는 것을 느낀 듯했다.

임진왜란에 이어 두 번째 이야기식 수업을 진행하면서 역시 역사수업에서 흥미롭게 듣는 것이 유익하다는 것을 다시 느꼈다. 직접적인 활동은 없었어도 전쟁이 일어난 원인, 과정, 결과를 이해한 아이들은 전쟁의 아픔을 느꼈고 그 안에서 역사를 왜 알아야 하는지를 다시 한번 생각할 수 있었다. 다만 다음 차시에 진행될 광해군을 평가해 보는 수업과 이번 수업을 어떻게 잘 연계시킬지에 대한 고민이 필요하다는 생각이 들었다.

④ 병자호란-광해군은 어떤 왕인가?

도입 동영상 보기(5′)
⇩
광해군 알아보기(5′)
⇩
PMI 활동 및 발표(25′)
⇩
마무리(5′)

1. 도입 동영상 보기

■ 병자호란, 광해군.ppt

- 〈이상한 밀지〉 동영상 보기(광해군의 중립외교)

2. 광해군 알아보기

- 광해군의 어린 시절 알아보기

- 임진왜란에서 중요한 역할

• 선조가 도망가면서 왕세자 후보 중 광해군 칭찬

• 왕세자가 되었으나 책봉하는 의식이 없었음, 피난

• 지방으로 내려가 의병 활동에 사기를 불어넣고, 백성 격려

• 반명 감정을 갖게 됨

- 피폐한 민생을 어루만지는 제도 실시

• 대동법 시행 / 『동의보감』 발행

- 광해군이 저지른 반윤리적인 행동들에 대해서 알아보기

3. PMI 활동 및 발표

- 읽기 자료 제시

- PMI 활동지 작성 및 발표

4. 마무리

광해군은 사람들이 조선 3대 폭군으로 생각하는 임금이다. 하지만 아버지 선조를 대신해 임진왜란 동안 백성들을 보살피고 의병을 모아 일본에 대항한 인물로도 알려져 있다. 또한 명나라와 후금 사이에서 실리를 추구하는 중립외교를 펼쳐 조선이 전쟁에 휘말리는 것을 막아냈다. 그런데 왕이 된 후에는 임해군과 영창대군을 죽음에 이르도록 하고 양어머니인 인목대비도 유폐시킨 폭군으로 평가되기도 한다. 이러한 상황을 아이들에게 제시하고 그것을 바탕으로 스스로 광해군에 대한 평가를 해 보도록 했다. 아이들은 광해군에 대한 여러 읽기 자료를 읽고 PMI 활동지를 활용해 정리했다.

중립외교와 관련해 광해군은 명나라와 후금 사이의 전쟁에서 명나라의 파병 요청을 받았지만 누구의 편도 들 수 없는 상황이었다. 그래서 명나라의 요청에 강홍립을 파병하면서 그에게 밀지를 내린다. EBS 역사채널e에서 만든 〈이상한 밀지〉는 이 상황을 잘 설명해 주는 동영

광해군 PMI 활동지

상이다. 광해군의 중립외교를 잘 보여 주는 이 자료를 통해 임진왜란을 겪은 광해군이 조선에서 또 다른 전쟁이 일어나지 않도록 하기 위해 얼마나 고심했는지를 알 수 있다. 또한 〈광해〉라는 영화는 광해군의 좋은 면을 부각시키는 좋은 자료였다. 임진왜란을 겪으며 피폐해진 민심을 어루만지는 어진 임금으로서의 광해군을 보여 주었다. 특히 대동법과 관련된 자료는 이러한 모습을 잘 나타내 준다. 반면 광해군의 부정적인 면을 알 수 있는 자료로는 영창대군의 죽음과 인목대비의 유폐를 보여 주는 동영상 자료를 준비했다. 이 자료는 광해군의 폭군적 기질을 잘 나타내는 자료였다.

PMI 활동 및 발표에서는 광해군에 관한 여러 읽기 자료를 아이들에게 제시했다. 두 쪽의 자료 중 한 쪽은 광해군의 중립외교에 관한 자세한 내용이 실려 있으며, 다른 한 쪽은 비운의 광해군으로 세자 책봉에서부터 인조반정까지의 과정에서 광해군의 폭군적 기질에 관한 내용이 실려 있다. 이 자료를 읽고 난 후 아이들은 PMI 활동지에 의견을 쓰고 발표했다.

이 수업의 핵심은 여러 가지 객관적 자료를 살펴본 후 광해군에 대한 평가를 내리는 것이다. 그러나 그 평가에는 옳고 그름이 존재하지는 않는다. 각자의 의견은 존중되어야 하고 자신의 의견만 옳다고 주장할 필요도 없다. 이를 위해서는 평소 아이들이 다른 사람들의 의견을 경청하고 자신의 의견을 소신껏 발표할 수 있는 연습이 필요하다.

(7) 조선의 그날-수업 마무리

수업 되돌아보기(15′)

⇩

계획 세우기(15′)

⇩

만화 그리기(40′)

⇩

작품 감상하기(10′)

1. 수업 되돌아보기

■ 조선의 그날.ppt

- 배운 내용 떠올리기

2. 계획 세우기

■ 조선의 그날, 계획서.hwp

- 주제 정하기: 배운 내용 중 한 가지 주제를 정하기 예) 사관의 하루, 훈
  민정음의 탄생, 인조의 굴욕

- 등장인물 정하기: 세종, 신하 1, 신하 2, 집현전 학자, 장영실 등

- 배경 설정하기

• 주제에 맞는 시간과 공간 정하기

• 시간적 배경: 몇 년, 어떤 왕, 몇 월 며칠 등

• 공간적 배경: 궁궐, 어떤 마을 등

- 내용 정하기

• 각각의 컷에 들어갈 내용을 정하고 대략 그리기

3. 만화 그리기

■ 조선의 그날, 만화 그리기.hwp

- 재미있는 만화가 되기 위한 강조점 알아보기

4. 작품 감상하기

- 모둠별로 돌아가며 작품 감상하기

마지막 역사수업인 모두의 조선 마무리 수업은 '조선의 그날'이다. 모두의 조선 수업에서는 인물관계가 보다 심화되고, 상황과 사건들이 복잡해지기도 했으며 아이들이 직접 움직여서 무언가를 창조하고 개발하는 수업이 아닌 앉아서 생각하고 써 보는 활동이 많았다. 그랬기에 마지막 차시는 아이들이 움직이고 협동하고 참여할 수 있는 수업으로 구성하고자 했다.

우리가 이번 수업을 구상하면서 아이들의 흥미를 유발하기 위해 웹툰 「조선왕조실톡」을 많이 인용했다. 아이들도 이 웹툰에 상당히 관심을 보이고 재미있어했기 때문에 만화를 만들어 보면 좋을 것 같았다. 그래서 마무리 수업으로 '조선의 그날'이라는 만화 그리기 활동을 하게 되었다.

만화를 그릴 때 무작정 그리면 어려울 것 같아서 모둠별로 계획서를 작성하도록 안내했다. 주제는 다양하게 잡을 수 있도록 사관의 하루, 인조의 굴욕 등의 예시를 제시했다. 등장인물과 배경 등 만화를 구체적으로 그려 볼 수 있게 계획서를 작성할 때 참고하도록 안내했다. 또한 재미있는 만화가 되기 위한 팁들을 제시해서 더 풍성한 내용이 들어갈 수 있게 했다.

이야기를 구상하는 것부터 그리기까지 과정을 아이들 스스로 했다.

수업 마무리, '조선의 그날' 만화 그리기

맘에 드는 주제를 골라 하나의 만화를 완성도 있게 그리다 보니 모두의 조선에서 배운 모든 내용을 함축적으로 다 담을 수는 없었다. 하지만 자신들이 기억하고 이해하고 있는 것들을 표현하기에 만화라는 소재는 적합했다. 또한 아이들만의 참신한 아이디어를 엿볼 수 있는 시간이었다.

모둠 활동의 아쉬운 점은 항상 무임승차하는 아이들이 발생한다는 것이다. 모둠원들의 성향이 잘 맞아서 시너지효과를 일으키는 모둠이 있는 반면, 하는 아이들, 노는 아이들 따로인 모둠도 있었다. 그럴 경우 교사가 개입하여 작은 일이라도 책임을 지고 할 수 있도록 과제를 부여해야 할 것이다. 모든 아이들이 의욕을 가지고 참여할 수 있는 활동으로 수업을 구성하는 것이 참 어려운 일인 것 같다.

7) 역사수업, 어떻게 평가해야 할까?

가. 느리고 여유롭게 보기

수업을 고민할 때마다 그 고민의 끝은 평가였다. 아이들과 알차고 재미있는 수업을 하고 싶어도 그것을 주저하게 만든 가장 큰 걸림돌 중 하나가 평가였던 시절이 있었다. 아주 먼 시절인 것 같지만 바로 몇 년 전의 이야기이다.

중간고사, 기말고사, 국가수준학업성취도평가 등은 교사에게 수업의 내용과 방법에서 많은 제한이 되었다. 시험에 나오는 것을 아이들에게 가르쳐야 했고, 그것을 잘 기억할 수 있는 방법으로 가르쳐야 했다. 하지만 이와 같은 수업과 평가는 '현재 아이가 내용을 어느 정도 이해하고 있는지를 수행평가 한 장의 종이로 파악할 수 있을까? 아이가 매달 보는 단원평가 점수가 성장을 말한다고 할 수 있을까? 우리는 평가 결과를 그다음 수업에 활용하고 있는가? 평가를 통해 교사와 학생 모두 성장하고 있는가?'라는 질문에 답을 주지 못했다.

그런 상황에서 전라북도에서는 2016년부터 성장 평가제를 실시했다. 이는 교사들에게 수업과 평가에 대한 자율성이 있음을 확고하게 인지시켜 주고 그것을 몸소 실천하라는 의미일 것이다. 드디어 교사들에게 평가의 자유가 생겼다. 그러나 현장의 교사들은 혼란스러워했다. 성장 평가란 무엇인지, 어떤 방법으로 평가를 해야 하는지, 어떻게 기록을 해야 하는지, 그리고 평가 내용을 어떻게 공유하며 활용해야 하는지 등과 같은 고민들이 생겨났다.

이런 고민들에 대한 답을 찾기 위해 우리는 『팔꿈치 사회』, 『공부 중독』 등의 책을 읽고 독서토론을 했다. 그 시간을 통해 경쟁 중심 사회의 문제점과 공부에 대한 맹신, 한 줄 세우기 평가의 문제점을 또다시 느꼈고, 어떠한 평가를 해 나가야 할지, 평가를 어떻게 바라봐야 할지 가치관을 재정립하는 시간을 가졌다.

그리고 매주 2~3회씩 수업 협의회를 진행할 때 각 주제 수업과 단원에 대한 평가 내용 및 방법에 대해 토론했다. 아이들의 성장을 단순히 하나의 방법으로 평가할 수만은 없다고 생각했고 과정 중심의 평가를 하기 위해 노력했다. 또한 아이들의 자기평가 또한 중요하다고 생각해서 스스로를 돌아볼 수 있는 기회를 제공하고자 했다.

전주신동초 5학년의 평가를 한 단어로 요약하자면 "느리고 여유롭게 보기"라고 생각한다. 빠른 아이들이 아닌 느린 아이들의 입장에서 생각하고 기다려 주고 성장을 도와줄 수 있는 평가를 진행하고자 했다.

평가의 핵심은 단순히 아이들의 이해 정도를 파악하는 것이 아니라 거기에서 한 걸음 더 나아갈 수 있도록 돕는 것이다. 일반적으로 평가라고 하면 구체적이고 객관적인 기준이 있어야 한다. 하지만 초등에서의 평가는 아이들을 서열화하거나 선발하는 것이 아니기 때문에 평가의 객관성만을 강조할 수는 없다. 오히려 각 개인의 성장을 도와줄 수 있는 지원과 격려로 방향을 잡는 것이 더 적합하다고 생각한다.

나. 수업 속 평가, 평가 속 수업

역사수업 성취기준과 평가 방법

	주제 수업	관련 성취기준	평가 방법
1	단군과 나	단군의 건국 이야기를 알고, 고조선이 우리 역사상 최초의 국가임을 이해한다.	단군 건국 이야기 분석하기 활동 (모둠별)
2	한반도 삼국지	선덕여왕, 김춘추, 김유신, 계백, 을지문덕, 대조영 등을 중심으로 삼국의 통일 과정과 발해의 건국을 이해한다.	인물 조사 후 관계도 만들기 (개인&모둠별)
3	웰컴 투 코리아	고려의 성립 과정을 견훤, 궁예, 왕건 등의 활동을 통해 파악한다.	활동지 작성 (개인)

4	모두의 조선	세종 대에 이루어진 대외 관계와 문화, 과학 분야의 여러 성과를 탐구한다.	조사학습 및 마인드맵 (개인 & 모둠)

수업과 평가는 따로 떼어서 볼 수 없다. 수업을 함과 동시에 교사는 아이들의 이해 및 발달 정도를 파악하게 되며 그 결과를 다시 수업으로 가져와서 활용하기 때문이다. 그러기에 교사는 수업 중에 아이들의 활동 모습을 꼼꼼하게 살펴보아야 하며 어려워하는 부분에 대해 도움을 주기 위해 노력해야 한다. 그리고 아이들마다 강하고 약한 부분이 다르기 때문에 다양한 평가 방법을 도입해야 한다.

어떤 아이는 글쓰기에 강하고, 다른 아이는 말하기에 강하며 또 다른 아이는 몸으로 표현하는 것에 능숙하다. 아이들마다 그러한 특색을 가지고 있는데 단순히 '쓰기' 하나만으로 평가를 한다면 그것은 불합리하며 제대로 된 평가라 할 수 없다. 그러므로 역할극, 토론, 글쓰기, 연설문 발표 등 다양한 방법으로 아이들이 자신이 알고 배운 것들을 표현할 수 있도록 기회를 주어야 한다.

아이들은 역사수업이 시작되면 배운 내용들을 노트에 차곡차곡 정리했다. 그리고 하나의 역사 주제 수업이 다 끝난 뒤에는 꼭 소감문을

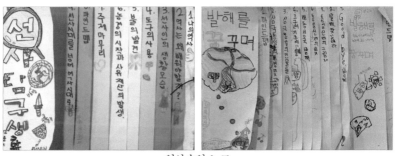

역사수업 노트

썼다. 그것은 배운 내용을 정리하는 기회도 되고 자신의 수업 태도를 스스로 돌아볼 수 있는 자기평가의 기회도 되었다. 그리고 어떤 부분이 재미있었고 어느 부분은 어려웠는지에 대해 교사에게 정보를 제공함으로써 다음 역사수업이 더 알차게 구성될 수 있도록 도와주는 역할도 해 주었다.

우리에게 평가는 단순히 평가를 위한 평가가 아닌, 수업 속 활동을 통해 자연스럽게 이루어지는 평가였고 또 하나의 수업이었다.

다. 고민은 진행 중

선배 선생님들께서 해 주신 말씀 중에서 교직 경력이 늘어날수록 마음에 와닿는 말이 있다. "시간이 지나면 지날수록 가르치는 것이 더 힘들다"는 것이다. 아이들을 대하는 것이 갈수록 힘들기 때문일 수도 있지만 그것보다는 교육에 대한 생각은 많아지는데 실천하는 것이 어려워서인 것 같다. 신규 때는 내가 하는 것이 모두 옳다는 생각이 들었지만 시간이 지나 다시 되돌아보면 부끄러워지는 선택을 한 경우도 많았기 때문이다.

지금 우리가 하고 있는 평가도 정답은 아니다. 다만 지금의 시점에서 조금 더 옳다고 생각하는 평가를 실천하기 위해 노력하고 있을 뿐이다. 그렇기 때문에 아직도 고민하고 해결해 나가야 하는 것들이 많다.

그 어떤 것보다도 가장 어려운 것은 "평가에 대한 발상의 전환"인 것 같다. 『교사가 교사에게』라는 책을 보면 다음과 같은 내용이 나온다.

학기 말을 맞아 생활기록부에 학생 발달 사항에 대해 그간 우리 교사들이 관찰하고 측정해 온 결과를 입력하면서 문득 어떤 생각이 스쳐 옵니다. '이 결과를 기록으로 남기는 게 맞는가?' 하는 것입니다. 모든 것은 변한다는 것이 만물의 기본 속성이죠. 헤라클레이토스의 말대로 우리는 같은 강물에 두 번 발을 담글 수는 없습니다. 모든 것은 지나가고 변화합니다. 그래서 우리는 사람을 함부로 평가해서는 안 됩니다. 평가하는 순간 이미 그 사람은 변해 있을 것이기 때문입니다.[1]

아이들은 우리가 평가하는 그 순간에 이미 변해 있을 수도 있다는 것이다. 그렇기 때문에 우리가 이 아이들을 쉽게 상, 중, 하로 평가해서는 안 되며 발전 가능성을 믿고 도와주어야 한다. 특정 시점의 결과만을 측정하는 것이 아니라 과정에 초점을 두고서 점진적 발달 상태를 관찰하고 측정해야 한다. 아이들은 계속 변화하며 성장해 가는 존재이기 때문이다. 그리고 교사는 그러한 아이들을 믿고 성장할 수 있도록 도와주며 때로는 기다려 줘야 하는 존재이기 때문에.

---

1. 이성우, 『교사가 교사에게』, 우리교육, 2015.

3.
재미와 의미 속에 성장한 우리들

1) 우리는 역사빠(역사와 사랑에 빠진 아이들)

처음 역사수업을 시작할 때 아이들이 지었던 긴장된 표정이 생각난다. 역사수업을 하기도 전에 아이들은 지쳐 있었다. 하지만 우리 역사수업의 방향과 의미를 설명해 주니 아이들의 눈빛이 달라졌다.

수업 중간중간에 소감 쓰기 등 글쓰기 활동을 많이 했는데, 갈수록 역사수업이 재미있다는 글을 쓰는 아이들이 많아졌다. 역사수업을 하자고 하면 좋아하는 아이들이 늘어나는 것만 보아도 우리들의 역사수업은 어느 정도 성공했다는 생각이 들었다.

아이들의 수업 소감

2) 역사교육은 시민교육, 더 큰 성장을 꿈꾸다

'역사를 부탁해' 수업은 길고 긴 역사의 흐름 속에서 현재 자신의 위치를 알아보는 수업이었다. 이 과정을 통해 아이들은 우리 삶 속에 여전히 과거의 흔적들이 남아 있음을 발견하며 역사 공부의 의미를 찾을 수 있었다. 또한 교사들이 등장하는 영상, 아이들이 직접 만든 수업 자료 등을 활용하여 딱딱한 역사 공부를 즐겁게 여길 수 있도록 했다. 수업에 관련된 현장체험학습은 아이들이 배운 내용을 직접 확인하는 기회가 되었다. 무엇보다 이 수업에서 의미 있었던 것은 교사와 아이들 모두에게 역사적 안목으로 세상을 보고, 과거와 현재가 대화할 수 있는 역사의식을 지니는 계기가 되었다는 점이다. 권문세족과 친일파, 서경천도운동과 수도 이전 문제, 노비의 봉기와 집회시위 등 여전히 우리 삶 속에 흐르고 있는 본질적인 문제와 그 해결 방안에 대해 교사는 수업을 위해 자료를 조사하며 다시 생각해 보았고 아이들은 수업 속에서 그 의미를 찾을 수 있었다.

지난 수업을 되돌아보는 시간에 한 선생님은 "역사수업에 대한 고정관념을 깬 수업이었다. 지겨운 역사수업이 아닌 즐거운 역사수업이 가능하다는 것을 알았고 나에게도 큰 전환점이 되었다"라고 말했다. 처음 시작할 때 역사를 잘 몰라 걱정이라고 말했던 선생님은 "지식이 많지 않다는 점 때문에 역사수업에 자신이 없었는데 확실한 방향을 가지고 수업을 만들면 시간의 흐름이나 사건의 순서대로 가르치지 않아도 의미 있는 배움이 일어난다는 것을 알게 되었다"라고 평가했다.

아이들도 "어려운 역사를 쉽게 배울 수 있어서 좋았다. 수업 중에 역사수업이 가장 좋다. 계속 역사수업만 하면 좋겠다. 역사책을 읽는 것이 재미있어졌다"라고 평가했다. 역사수업을 시작하며 두려움이 앞섰던 교사와 아이들 모두 즐겁게 성장할 수 있었다.

2장
주제로 만난 역사

1.
주제로 묶어 수업하다!

초등 교사들은 역사수업을 힘겨워한다. 6학년에 있던 역사가 5학년으로 내려왔다가 다시 5학년 2학기, 6학년 1학기로 재배치되었다. 이런 일이 있을 때마다 학교 현장에서는 대혼란이 일어났다.

또한 역사 관련 책을 좋아했던 아이들도 학교에서 역사를 배우기 시작하면 금세 흥미를 잃어버리곤 한다. 교과서가 너무 구조화되어 있어 아이들에게 친절하지 못하다. 역사는 흐름을 파악하는 게 중요한데, 흐름을 알기 쉽게 집필되지 않았기 때문이다. 그리고 짧은 시간에 너무 많은 양을 가르친다. 특히 역사 평가문항은 아이들이 역사를 싫어하게 만드는 주된 요인이다. 외워야 할 것이 너무 많다 보니 역사를 좋아하는 아이가 별로 없다. 역사를 외워야 할 사건들로 인식하게 되는 것이다. 슬픈 현실이다.

그래서 우리는 2012년 한 해 동안 역사수업을 새롭게 접근하기로 했다. 일단 재미있고 의미 있는 수업을 만드는 것을 최우선의 목표로 삼았다. 역사에 흥미가 없거나 사전 지식이 없는 아이들도 즐겁게 공부할 수 있는 수업을 만들고자 했다.

기존 역사수업은 시대 순으로 나라의 탄생과 소멸을 설명하고 중요한 내용을 암기하여 평가하는 방식이다. 사건이 일어난 순서, 위인들과 그에 관련된 사건을 기계적으로 암기하는 방식은 일정 시간이 지나면 기억에 남는 것이 별로 없다. 암기 위주의 학습에서 벗어나 역사적 사건에 대해 생각하는 힘을 기르는 것이 중요하다고 생각했다. 단편적인 지식보다는 전체적인 흐름을 이해하게 하고 싶었다. 역사가 단순히 옛날이야기가 아니라 현재 우리의 삶과도 밀접한 관련이 있음을 깨닫고 흥미를 가지길 바랐다. 우리는 학생들이 역사를 왜 배우는지를 인식하고, 역사를 통해 현재를 돌아볼 수 있도록 힘써 보기로 했다.

5학년 2학기 사회 교과서는 선사시대부터 조선 전기까지 시대 순으로 구성되어 있다. 우리는 교과 내용을 '주제'로 묶어 가르치기로 했다. 시대 순으로 건국 및 영토 확장-생활 모습-문화-멸망을 반복해서 배우는 것보다는 주제별로 묶어 접근하는 것이 더 흥미로운 접근일 것이라 생각했다. 주제는 긴 회의 끝에 다음과 같이 나눴다.

주제 도입 전 개관을 통하여 역사를 왜 공부하는지 생각하도록 하고 5개의 주제 수업이 끝나면 역사 신문 만들기 활동으로 한 학기 동안의 내용을 정리하기로 했다.

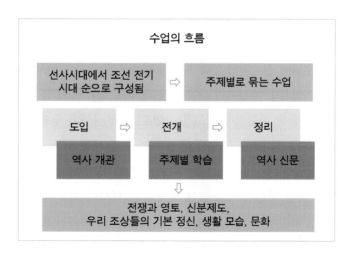

수업의 흐름

선사시대에서 조선 전기 시대 순으로 구성됨 ⇨ 주제별로 묶는 수업

도입 ⇨ 전개 ⇨ 정리

역사 개관 　주제별 학습 　역사 신문

⇩

전쟁과 영토, 신분제도, 우리 조상들의 기본 정신, 생활 모습, 문화

1) 역사를 왜 배울까?

차시	주제	내용	준비물
1	역사란 무엇인가?	·역사를 배우는 이유 ppt ·개콘 동영상(동혁이형) ·'역사수업에 임하는 나의 자세' hwp: 스케치북에 붙이기	'역사에 임하는 나의 자세' 학습지
2	역사란 ○○다	-모둠 문장 만들기 -칠판 나누기 구조	B4 종이 코팅한 것 보드마카, 지우개
3	연표 만들기	-연표 자료 나눠 주기 -스케치북에 연표 붙이기	스케치북, 가위, 풀 복사한 연표

가. 수업 흐름

본격적인 주제 학습을 시작하기 전 역사를 왜 배우는지에 대해 함께 이야기를 나눠 보았다. 1차시는 최○○이 호위무사 역으로 일본 영화에 출연한 것과 조○○이 기미가요에 박수를 친 상황을 둘러싼 논란, 중국·일본의 교과서 역사 왜곡 문제, 3·1절을 모르는 우리나라 학생들의 현실, 〈개그콘서트〉 '동혁이형'에서 다뤄진 국사 선택 교과 지정 비판에 관한 영상 등 우리 생활과 관련된 역사에 대해 구체적으로 이야기를 나눠 보았다. 이를 바탕으로 우리가 역사를 왜 배워야 하는지 생각하고 역사수업에 진지하게 임할 자신의 다짐을 학습지에 선서로 남겼다.

2차시는 '역사는 ○○이다'라는 모둠 문장 만들기 활동을 했다. 먼저 떠오르는 문장을 메모지에 적고 모둠별로 생각 나누기 구조를 통해 의견을 나눴다. 모둠 내에서 가장 마음에 드는 문장을 모둠 대표 문장으로 적고 학급 전체가 각 모둠의 대표 문장을 공유했다. 생각 나누기 활동을 통하여 자신과 친구들이 생각하는 역사에 대한 생각, 느낌을 나누었다. 3~4차시는 역사 연표를 만들어 보고 우리나라의 건국 및 멸망의 흐름을 간단히 익혀 보았다.

나. 수업 실행 사례

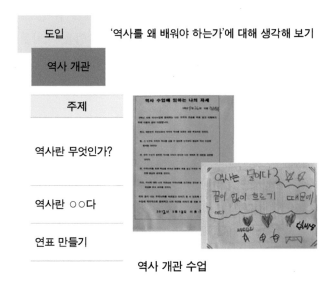

도입	'역사를 왜 배워야 하는가'에 대해 생각해 보기
역사 개관	
주제	
역사란 무엇인가?	
역사란 ○○다	
연표 만들기	

역사 개관 수업

최○○이나 조○○ 등 연예인이 관련된 상황이 나오자 학생들이 흥미를 보였다. 3·1절이 무슨 날인지는 알고 있지만 제헌절이나 개천절의 의미는 모르는 학생들도 꽤 있었다.

'역사란 ○○○이다.' 모둠 문장 만들기에서 '역사는 거울이다', '역사는 물이다'와 같은 다양한 의견들이 나왔는데, 아이들은 자신들이 만들어 낸 문장을 보면서 뿌듯해했다.

3~4차시 연표 만들기는 자르고 붙이는 데 시간이 오래 걸렸다. 그래도 연표를 만들어 스케치북에 붙여 놓으니 수업 내내 도움이 되었다. 한눈에 시간과 공간의 변화를 알 수 있으니 우리나라 역사를 이해하는 데 도움이 되었다.

수업 첫 시간부터 교과서를 펴고 진도를 나가는 것이 아니라 역사에 관한 이야기를 나눌 수 있어 좋았다. 역사를 왜 배우는지에 대해 생각해 보고 나서 본격적인 수업을 시작하는 것이 당연한 일인데, 실제 그렇게 수업이 진행되는 경우가 많지 않다. 역사적 사건에 매몰되지 않고 역사를 배우는 이유를 생각하며 수업을 시작해서 학생들의 반응도 좋았다. 학생들도 보다 마음은 편하게, 역사수업을 시작했다. 학생들은 공책이 아니라 스케치북으로 교과 내용 정리를 할 수 있음에 신선하다는 반응이었다.

2) 주제별 학습

첫 주제인 '전쟁과 영토'에서는 전반적인 나라의 흥망성쇠를 알아보았다. 4월에 진행할 예정인 '평등' 통합수업을 앞두고 신분제도에 대해 배웠고, 종교를 포함한 우리 조상들의 기본 정신이 무엇인지 공부했다. 유교와 건국 신화 등도 포함하기 위해 종교라는 표현보다 우리 조상들의 기본 정신이라는 주제명을 택했다. 의식주를 포함한 생활 모습을 알아보고 문화재 및 기타 문화 관련 내용으로 주제 학습을 마무리하였다.

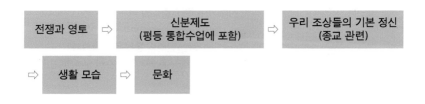

가. 전쟁과 영토

조선 전기까지 많은 나라가 건국되고 멸망하는 과정을 학습한다. 국가 간 외교 및 전쟁, 영토 확장 등에 관한 내용 등 나라의 흥망성쇠 과정을 다뤄 전반적인 역사 흐름을 익히도록 했다. 전쟁과 영토를 첫 주제로 설정한 이유는 다음 주제들을 학습할 때 반복적으로 시대의 흐름을 되짚어 볼 수 있는 기본 틀이 중요하다고 생각했기 때문이다.

전성기의 영토 확장이나 전쟁 등에 관한 내용에서는 지도 및 그림 자료를 많이 제공했고, 역사적 사건에 대해 입장이 나뉘는 부분은 토론 활동을 적극 활용하여 다양한 시각을 가질 수 있도록 했다.

나라의 건국과 멸망, 외교, 전쟁 및 영토 확장 등에
관한 내용을 다뤄 전반적인 역사 흐름을 익히도록 함.

차시	주제	내용
1	고조선과 고조선 뒤에 세워진 나라들(부여, 고구려, 옥저, 동예, 삼한)	단군왕검 이야기, 8조법
2	삼국의 성립과 발전	백제의 전성시대(근초고왕 4C) 고구려의 전성시대(광개토대왕 5C) 신라의 전성시대(진흥왕 6C) *국가별 전성기 지도 보고 공통점 찾아보기(창문 나누기 협동 학습 구조)
3	수나라와 당나라를 물리친 고구려	살수대첩(을지문덕): 수 안시성 싸움(양만춘): 당
4	신라의 삼국 통일 발해의 건국과 발전	통일신라(나당 연합군) *삼국모의재판-신라의 통일은 정당한가? 발해 사람들(대조영, 고구려 유민과 말갈족)
5	후삼국 시대 영토, 고려 건국	고려 건국(왕건)
6	고려의 대외관계 (거란, 여진의 침입)	고려의 외교관계 지도를 보고 서로의 관계 이해하기 거란의 침입(서희, 양규, 강감찬의 활약) 여진의 침입(윤관의 활약)
7	고려를 침략한 몽골	몽골의 침략과정 및 삼별초의 항쟁 원의 간섭과 공민왕의 개혁정치 몽골에 대항하여 싸운 인물에게 편지 쓰기(백성, 삼별초, 공민왕 등)
8	이성계의 조선 건국	고려 말기 상황과 조선 건국 과정(요동 정벌 대 위화도 회군, 최영 대 이성계) 급진개혁파와 온건개혁파 이방원 대 정몽주의 시조를 통해 조선 건국에 대한 서로 다른 생각 알아보기) 이성계의 조선 건국 찬반 토론(사탐 76) 내가 신하였다면 이방원, 정몽주 어떤 입장에 섰을까?
9	임진왜란	임진왜란의 원인 및 전개 과정(이순신 장군) 의병의 활약 임진왜란의 영향과 통신사 파견
10	병자호란	병자호란의 시대적 배경(광해군의 중립외교)을 평가해 보자. 병자호란의 진행 과정과 결과 북벌론(봉림대군, 효종) 대 북학론(소현세자) 자신의 입장 선택하여 표현하기

☞주요 활동: 삼국시대 전성기 지도 보고 공통점 찾아보기, 신라의 삼
국 통일 모의재판 등

(1) 삼국의 전성기 지도를 보고 공통점 찾아내기:
    창문 나누기 협동 학습 구조 사용

삼국이 가장 번성했던 시기는
한강 유역을 차지했던 시기로
교과서에 서술되어 있다. 이것을
교사 대 학생이 질의응답 식으
로 묻는 방식이 아니라 학생들
이 서로 머리를 맞대고 고민하
면서 찾아보도록 했다.

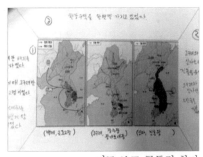
지도 보고 공통점 찾기

교과서에 제시된 삼국의 전성
기 지도를 나눠 주고 모둠별 협동 학습 창문 나누기 구조를 활용하여
학습하게 했다. 실제로 아이들은 각 전성기의 특징이 무엇이냐는 질문
에 '한강 유역을 차지했다'는 답변 외에도 '영토가 가장 넓어졌다', '다
른 나라에 진출했다' 등 교과서에 나오지 않은 이야기도 나왔다.

또한 백제나 신라 같은 경우에는 영토가 가장 넓었을 때라도 고구
려보다 영토가 작은데 어떻게 전성기라고 할 수 있느냐는 의문점도 던
졌다. 지도를 보면서 느꼈을 다양한 궁금점들을 친구들과 함께 풀어
가면서 더 풍부한 수업이 되었다.

(2) 모의재판 '신라의 삼국 통일은 정당한가?'

'신라의 삼국 통일은 정당한가?'에 대한 모의재판은 한 초등 커뮤니
티 사이트에서 참고한 학습지를 바탕으로 실행했다. 당연하다고 생각
했던 신라의 삼국 통일을 다른 시각으로 바라볼 수 있었던 의미 있는

수업이었다. 일반적인 찬반 토론 모형에만 익숙해져 있던 학생들은 좀 색달랐던지 흥미롭게 모의재판에 참여했다. 모의재판을 처음 실행했고 법원에 대한 내용을 학습하기 전이었기에 재판장, 피고, 변호사, 검사, 판정단 등의 용어를 모르는 학생들도 많았다. 용어에 대해 간단히 설명하고 일단 재판을 했다.

수업 진행에 아쉬움은 있었으나 새로운 시각 제시 및 학습 방법 도입만으로도 의미가 있었다. 이후 진행했던 '전쟁과 평화' 통합수업에서 실시한 '콜럼버스는 침략자인가 영웅인가?' 모의재판에서는 한층 더 성장한 모의재판 참여 모습을 보여 주었다.

신라의 삼국 통일에 관한 모의재판이 끝나고 우리 반 아이 중 한 명은 '나의 꿈이 변호사인데 실제로 재판을 해 볼 수 있어서 좋았다'고 말하기도 했고, 수업을 마친 후에도 계속해서 '통일신라가 잘했네', '못 했네' 이야기를 하는 것을 통해 아이들이 몰입해서 수업에 참여했음을 알 수 있었다.

(3) 토의·토론

이성계의 조선 건국에 관한 찬반 토론은 교과서의 만화 내용을 참고했다. 최영의 요동 정벌 주장과 이성계의 4대 불가론을 알아보고 어느 쪽에 더 공감이 되는지, 나라면 어떤 선택을 할지 의견을 나눠 보았다. 이방원과 정몽주의 갈등, 병자호란 이후 북벌론과 북학론 등 의견 대립에 관한 내용은 본인의 입장을 선택하고 이에 관한 뒷받침 의견을 마련해 보는 연습을 하였다.

역사적 사건에 대하여 하나의 흐름만이 옳다고 생각하기보다는 다양한 가능성을 열어 놓고 '이러했다면 역사는 어떻게 되었을까?', '나라면 어느 쪽 주장을 했을까?' 고민해 보는 것이 필요하다.

하지만 '전쟁과 영토' 수업이 오래 걸려 다음 주제들의 활동 시간을 줄여야 하는 상황이 되었다. 학기를 마치고 되돌아보니 조상들의 기본 정신, 생활 모습 및 문화의 내용은 중복되는 부분이 많았다. 이 부분들을 정선하고 전쟁과 영토 주제 학습은 지금처럼 충분한 시간을 투자하여 내실 있게 다뤄야 한다는 생각이 든다.

나. 신분제도

이 주제에는 4월 실시된 '평등' 수업과 통합해서 수업을 진행했다. 시대별 신분제도의 변화 및 특징에 대해 알아보고 성평등과 관련하여 여성의 삶에도 주목했다. 특히 고려와 조선시대의 여성 지위 및 생활 모습을 비교하여 다음 주제에서 다룰 유교의 영향도 간단히 언급했다.

주제별 수업은 각 주제에 맞게 우리 사회의 현재 모습을 비추어 볼 수 있다는 점이 특히 좋았다. 만약 신분제도를 시간 순으로 배웠다면 그냥 계층의 변화에 주목하여 구분하는 데 급급했을 텐데, 주제별로 접근하면서 시대마다 지배 계급과 피지배 계급이 있었고, 점차 그 격차를 좁히는 방향으로 시대가 발전해 왔음을 알게 되었다. 그리고 그것이 쉽게 이루어지지 않았다는 점은 이후 배우게 되는 근현대사 수업을 통하여 더 절실히 느낄 수 있다.

이 수업을 전개하는 과정에서 아이들도 우리 사회의 보이지 않는 부조리를 느낀 것 같았다. 그래서일까? 폐쇄적인 구조를 가진 과거의 신분제를 배우면서도 "우리 사회가 예전보단 신분의 이동이 많이 자유로워졌지만, 아직도 갈 길이 멀다"라는 이야기를 하기도 했다. '평등' 통합수업을 사회과의 신분제도와 연계했기 때문에 우리 사회의 계층적 모순이 아이들의 피부에 더욱 크게 와닿은 것 같다. 아이들에게 역사는 자유와 평등이 확대되는 방향으로 전개된다는 것과, 그러한 진보

	전개	평등 통합수업과와 함께 진행함. 시대별 신분제도 및 여성의 삶에 주목함.
	신분제도	

차시	주제	내용
1	신분제도에 대한 전반적 설명 청동기시대	신분제의 성립, 정복 전쟁이 전개됨 → 지배 세력(부족장 중심), 피지배 세력(전쟁 포로) 고인돌에서 알 수 있는 신분제도
2	삼국시대	3단계 신분 구조(귀족, 평민, 노비): 중인층이 없다 폐쇄적: 신분의 수직 이동이 불가능함 골품제: 신라의 경우 폐쇄성이 더함
3	고려시대	고려 전기의 신분제도(호족연합 정책에 의한 중앙귀족화, 결혼관계로 인한 족벌귀족화) 고려 중기의 신분제도(문벌 귀족의 대립 → 귀족 사회 붕괴 → 무신세력 등장: 무신정변) 고려 후기의 신분제도(사대부 세력 등장 등) 고려시대 신분제도의 전체적 특징 요약 고려시대 여성의 삶
4	조선시대 전기 ~임진왜란	신분 구조 신분제의 동요: 15세기, 16세기의 특징 조선시대(전기, 중기) 신분제도의 전체적 특징 요약 조선시대(전기) 여성의 삶(고려시대와 비교하기)

신분제도 수업 흐름

뒤에는 바람직한 방향으로 우리 사회를 이끌기 위해 노력했던 수많은 사람들의 희생이 있었다는 사실을 알려 주었다.

신분제 주제 학습의 마지막 시간에 '현재 우리나라는 신분사회일까? 아니면 평등한 사회일까?'라는 질문을 하였다. 아이들은 '평등' 수업에서 배워서인지 아니면 실제 삶에서 느낀 것인지, 빈부나 학벌 차에 따른 불평등이 아직도 존재한다는 말을 많이 했다. 사회마다 존재했던 계급을 당연한 것으로 받아들이지 않고 그에 대해 문제를 제기할 수 있는 시간이 마련된 것은 주제별 접근이었기에 가능했다.

또 마무리 시간에는 인도에 아직도 남아 있는 카스트 제도에 관한

동화책을 읽어 주었다. 빨래터에서 일하는 인
도의 불가촉천민의 이야기에 아이들이 많이
놀랐다. 아직도 신분제도의 흔적이 여러 나
라에서 발견되고 평등한 사회로 나아가기 위
한 과제가 많이 남아 있음을 생각해 볼 수
있었다.

주제 정리 스케치북

다. 우리 조상들의 기본 정신

'우리 조상들의 기본 정신'의 처음 제목은
'종교'였다. 종교라는 주제에서는 삼국 및 고
려시대의 불교, 조선시대의 유교가 많은 부분
을 차지했다. 그런데 종교라는 주제 아래 유교를 분류하는 것이 애매하
다는 의견이 나왔다. 유교를 종교로 분류하느냐에 대한 이견이 존재하
고 우리가 임의대로 종교로 분류하기보다는 다른 용어로 대체하고자
하였다. 고민 끝에 나온 용어가 '우리 조상들의 기본 정신'이었다. 생활
모습 및 문화, 국가의 정체성까지 영향을 준 요인들에 대해 알아보기
로 하고 이 주제에 건국신화 등도 함께 포함했다.

한 시대의 역사를 이야기하면서 당대 사람들의 보편적 믿음과 관
련된 종교를 빼놓을 순 없다. 종교는 그렇게 우리의 삶 속에 깊숙이
관여한다. 아이들이 우리의 삶에 만연해 있는 종교를 한 번쯤은 다
른 시각으로 보았으면 좋겠다는 의도에서 수업을 진행했다. 종교 부
분만 따로 다룬 수업을 하게 되면서, 당대의 사람들에게 공통성과 배
타성을 부여하는 종교의 통합적 기능이 확연히 드러난 듯하다. 교사
들은 이 부분을 수업하면서 아이들에게 '당연하게 여기던 것을 한 번
쯤 의심해 보라'는 말을 많이 했다. 종교가 '왜' 도입되었는지 아이들

신화를 포함시켜 종교에 관련된 내용을 학습함.

우리 조상들의
기본 정신

차시	주제	내용
1-2	신화 속에서 우리 조상의 생활 모습 찾아보기	1. 동기유발: 종교와 우리 생활의 관련성 2. 단군신화 -신화를 공부해야 하는 까닭 -단군신화의 숨은 뜻 설명 3. 삼국과 가야의 건국 이야기 정리 -공통점, 특징 정리 4. 모둠별 건국신화 역할극 발표
3-4	불교의 도입과 발전 과정	1. 불교의 도입 -삼국시대 불교의 특징 -〈이차돈의 순교는 정치 쇼였나〉 동영상(7분 분량) -〈아이 삼국유사〉 이차돈의 순교 이야기 2. 고려시대의 불교
4	유교가 조선 사회에 미친 영향은 무엇일까?	유교가 조선 사회에 미친 영향
	정리: 조상들의 기본 정신이 우리 생활에 어떻게 나타나고 있을까요?	

우리 조상들의 기본 정신 수업 흐름

이 의심하는 과정에서 비판적 사고력이 성장할 수 있다고 생각했기 때문이다.

시대별로 나누어 분절적으로 공부하기보다 우리나라 종교의 흐름을 자연스럽게 연결하는 과정에서 한 사상의 흥망 주기를 느낄 수 있었다. 그리고 종교의 기본적인 특징도 잘 드러났다. 다만 아이들이 주도적으로 활동할 수 있는 부분이 적어서 아쉬웠다. 또 조선시대의 유교에 관한 수업에서는 비판적인 시각으로 접근했는데, 고려에 비해 여성의 지위 등 퇴보한 부분이 많았기 때문이다. 유교에 대해 좀 더 냉철하게 바라보는 시각이 필요하나 자칫 나쁜 점만 강조하지 않을까 염려스러웠다. 어떤 좋은 점이 있는지도 심도 있게 고민할 필요가 있겠다.

내용 정선 면에서도 다소 아쉬움이 남는다. 고려나 조선의 시대상이 불교나 유교를 빼놓고 말할 수 없는 만큼 다른 주제 내용과 겹치는 부분들은 어떻게 다뤄야 할지 고민했다. 실제로 유·불교를 가르치며 생활 모습과 문화를 거의 다루어 다음 주제에서는 중복되는 부분을 건너뛰었다. 주제별로 가르친다면 수업 구상 단계에서 주제 및 내용을 구분할 때 좀 더 세심하게 신경을 써야 했다는 생각이 들었다.

주제 초반에 다루는 건국신화는 역할극을 적극 활용했다. 비범한 인물의 탄생을 다뤘지만 내용이 비슷비슷하고 아이들은 그다지 흥미가 없을 수도 있다. 이 내용들은 모둠별로 나눠 역할놀이로 꾸며 보는 활동을 하였다. 알에서 깨어난 박혁거세의

역할극 활동

모습을 재치 있게 표현하고 이를 감상하며 즐거워하는 모습에서 학생들이 주체가 된 수업의 중요성을 다시 한번 느낄 수 있었다.

마무리 활동에서는 우리 조상들의 기본 정신이 우리 삶에 어떻게 영향을 미치고 있는지 '모둠 칠판'을 써서 활동하였다. 모둠 칠판을 활용하니 아이들의 집중도가 높았다. 다만 마무리 단계에서 여유를 가지고 우리 삶과 종교의 관련성을 찾아보는 다양한 활동을 할 수 있도록 계획했다면 좋았을 거라는 아쉬움이 남는다.

전개	의식주, 생활 모습, 문화재, 과학기술, 여가 생활에 관한 내용.

생활 모습과 문화

차시	주제	활동
1	선사시대의 생활 모습	교과서 그림 자료를 보고 시대별 특징 찾아내기
2	고조선의 생활 모습	8조법, 고인돌을 통해 고조선의 생활 모습 추측하기
3	삼국시대의 생활 모습	그림 자료를 통해 그 당시 신분별 생활 모습 알아보기 신분제도와 관련지어 생활 모습 알아보기
4	통일신라, 발해의 생활 모습	유물, 유적을 통해 통일신라, 발해의 의식주 생활 모습에 대해 알아보기
5	고려, 조선의 생활 모습	불교, 유교(조상들의 기본 정신)와 관련하여 간단히 정리 문화 차시에서 다시 한번 다루게 함 그 시대 인물이 되어 생활 일기 쓰기
6	시대별 의식주 생활 모습 정리하기	- 스케치북에 의식주 구분하여 시대별로 정리하기

생활 모습 수업 흐름

차시	주제	활동
1-2	삼국과 가야의 문화	문화재 경매 게임: 학습지
3-4	통일신라의 불교문화	*사전 조사 또는 재량 시간 조사 학습 영상으로 문화재 관련 내용 정리
5-6	고려의 과학과 기술	고려청자, 금속활자, 문익점, 최무선에 대해 알아보기
7-9	조선의 문화와 과학의 발달	훈민정음 반포에 대하여 양반과 평민/부녀자로 나눠 상소문 쓰기) -(미술과 통합) 시대별 문화재 찰흙으로 만들기
10	조선시대 사람들의 생활(농업, 마을 제사)	컴퓨터 시간 활용: 조사 학습
11-12	조선시대 사람들의 여가 생활	제기차기, 공기놀이 대회 열기 고누놀이 해 보기

문화 수업 흐름

라. 생활 모습과 문화

생활 모습과 문화 두 주제가 중복되는 부분이 많아 내용 선정이 애매했다. 생활 모습에서는 의식주를 중심으로, 문화에서는 문화재 및 과학기술 발전, 여가 생활에 관한 내용을 중심으로 학습하기로 했다. 생활 모습은 교사가 생활 모습은 교사가 일방적으로 설명하기보다는 이야기책을 읽어 준다거나 그림 자료를 바탕으로 학생 스스로 찾아낼 수 있도록 계획했다.

문화에서는 미술과 통합한 문화재 모형 만들기나 전통 놀이 전통 놀이하기를 통해 학생들이 직접 경험하는 학습이 되도록 구성했다.

(1) 시대별 문화재 모형 만들기

모둠별로 각 시대를 나누고 시대별 대표적인 문화재를 만들어 보는 활동을 했다. 대표적인 문화재 한 개를 크게 만드는 모둠도 있었고, 여러 가지 문화재를 모둠원별로 나눠서 만드는 모둠도 있었다. "첨성대는 우리가 찰흙으로 만드는 것도 어려운데, 이걸 그렇게 크게 만든 조상들은 참 대단하다"라고 말하며 정말 열심히 만드는 아이들도 있었다. 시대별로 여러 가지 문화재를 만들면서 자연스럽게 배운 내용을 되짚어 볼 수 있었고 조상들이 만든 문화재가 얼마나 위대한지 느낄 수 있었다. 시대별 문화재를 모둠별로 정리하여 사물함 위에 전시했는데 아

문화재 만들기

이들이 예상외로 관심을 많이 보였다.

(2) 고창 고인돌박물관, 경주 현장체험학습

9개 학급이 학급회의를 통해 체험학습 장소를 선택했다. 경주까지 오가는 시간이 오래 걸리기에 경주를 선택한 학급의 경우, 고생을 각오해야 한다고 말했음에도 불구하고 과반수가 훌쩍 넘는 아이들이 가고 싶어 했다. 교과서에서 배운 문화재를 실제로 보고 싶어 하는 아이들의 의지를 느낄 수 있었다. 천마총에서는 무덤 속에 들어간다는 것을 무척 신기해했다. 첨성대를 보고 와서는 "저 구멍은 뭐예요? 어떻게 올라가요?"라고 질문을 쏟아 냈다. 책을 보고서는 아무런 흥미도 느끼지 못했던 아이들이 실제 문화재를 보니 흥미로워하는 것을 보고 체험의 중요성을 또 한 번 느꼈다. '백문이불여일견'이라는 말을 아이들의 모습을 통해 되새겼다.

고창을 선택한 학급은 3학년 때 고인돌박물관을 방문했었지만, 역사를 학습하고 나서 다시 가 보고 싶어 했다. 관광열차를 타고 고인돌 유적지를 보고 나서 박물관 내부를 관람했다.

문화는 그 시대의 모습을 담고, 닮는다. 문화와 관련한 수업을 하면서 시대와 유리된 문화재 수업을 한 것 같아 아쉬웠다. 시대에 대한 힌

고창 고인돌 현장학습   경주 현장학습

트를 주면서 그 시대 문화의 전반적인 느낌은 어떤지 '시대와 문화의 관계성'을 유추해 보는 수업을 했어야 했다. 교과서에서 규정해 주는 대로 백제는 우아하고, 신라는 화려하고, 고구려는 용맹하다고 말해 주기 전에 자료를 풍부하게 마련하여 아이들이 문화재의 비밀, 특징을 스스로 발견하고 공유하도록 했으면 더 심도 있는 수업이 되었을 것이다. 좀 더 다양하게 접근했다면 문화재를 좀 더 즐겁게 배울 수 있지 않았을까. 문화재 카드를 만들거나 관련 도서를 비치해 두어 자료를 만들어야 하는 부담감을 줄이는 것도 좋을 것 같다. 역사 일기와 조사 학습 등 다양한 활동이 이루어진 점은 좋았지만, 중요한 부분이 빠진 것처럼 느껴지니 개선이 필요하다.

돌아보니 우리 조상들의 기본 정신, 생활 모습, 문화의 주제를 분절적으로 나눴어야 했나 하는 아쉬움이 남는다. 조상들의 기본 정신, 생활 모습, 문화는 서로 깊게 연관되어 있다. 고려의 불교를 배우며 생활 모습과 문화를 나눠 배운다거나 혹은 이를 중복해서 두세 번 다루게 되는 점이 아쉬웠다. 주제별로 학습하며 한 주제에 대해 깊이 있게 고민해 보는 점은 좋았지만, 앞에서도 말했듯 어느 부분까지 다루고 다음 주제에서 나머지를 다뤄야 하는지 자잘한 고민들이 남았다.

3) 역사 신문 만들기

한 학기 활동을 마무리하며 모둠별로 나라를 나누고 네 가지 테마를 주제로 역사 신문을 만들었다. 1학기 국어 교과에서 기사문 쓰기를 하기 때문에 어려움 없이 만들 수 있으리라 생각했다. 다만 전형적인 내용이 많이 나올 것을 염려하여 네 가지의 주제는 미리 제시했다. 네 가지 주제는 다음과 같다. 마인드맵/문화재의 비밀 캐기/역사 인물 인터뷰/사건의 재구성.

마인드맵은 나라에 대해 떠오르는 내용을 함께 정리했다. 문화재 비밀 캐기를 통해 시대별 대표적 문화재에 대해 알아보고, 인상적인 역사 인물을 정해 인터뷰를 했다. 사건의 재구성은 기억에 남는 사건을 관점을 달리하여 기사 쓰기를 했다.

기존의 일반적인 내용이나 인터넷 자료를 그대로 베껴 쓰기보다는 학생들이 나름대로 재구성을 하여 기사를 작성하는 점이 좋았다. 완성된 9개 반 7모둠의 역사 신문은 5학년 복도와 계단에 게시했다. 화장실을 가며, 점심 식사를 하러 가며 우리가 만든 신문을 공유할 수 있었다. 많은 작품을 둘러보며 특히 인상적이었던 부분은 모의재판 영향

역사 신문 작품들

때문인지 신라의 삼국 통일에 대한 비판이 많았다는 점이다. 수업 내용 하나도 학생들에게 미치는 영향력이 얼마나 큰지 다시 한번 느낄 수 있었다.

4) 이렇게 평가했어요

1. 신동초등학교 5학년 학생들이 통일신라를 피고로 하는 모의재판을 하고 있습니다. 내가 검사나 변호사가 되었다고 생각하고 한 가지 입장을 선택하여 신라의 삼국 통일에 대한 자신의 주장을 근거를 들어 쓰시오.

나는 통일신라의 삼국 통일에 대해 (반대/찬성)합니다.

재판장: 피고인의 이름은 무엇입니까?
피고 통일신라: 저의 이름은 통일신라입니다.
재판장: 몇 년생입니까?
피고 통일신라: 676년생입니다.
재판장: 좋습니다. 검사, 논고하세요.　　재판장: 변호사, 변론하세요.

존경하는 재판장님, 본 검사는 통일신라가 삼국을 통일한 것에 반대합니다.

존경하는 재판장님, 배심원 여러분. 물론 검사 말에도 일리는 있습니다. 하지만 저는 신라의 삼국 통일에 찬성합니다.

_____

_____

_____

2. 중국 친구와 편지 교환을 하던 중 역사에 대해 이야기를 하게 되었다. 중국인 친구 써니 엔이 다음과 같이 말한다면 어떻게 그 친구를 설득할지 써 보시오.

써니 엔:
신라가 삼국을 통일할 때, 고구려 북쪽 땅은 우리의 영토가 되었으니 그 땅에서 일어난 발해는 당연히 우리 중국의 역사라고 생각해.

_____

_____

_____

3. 다음 자료를 보고 질문에 답하시오.

(1) 삼국이 불교를 받아들이고 장려한 이유는 무엇인가?

_____

(2) 신라에서 불교를 받아들이기 어려웠던 이유는 무엇인가?

_____

(3) 신라가 불교를 받아들이는 데 크게 공헌한 인물은 누구인가?(자료의 빈칸에 들어갈 이름)

_____

2부

6학년 수업 사례

1.

이야기로 만난 역사
6학년 1학기 수업 사례

역사는 아이들이 너무 어려워하고, 교사들 또한 가르치기 힘들어하는 교과이다. 반만년의 역사를 짧은 시간에 배워야 하니 아이들이 힘들어하고 혼란스러워하는 것은 당연한 일이기도 하다. 특히 여자아이들은 전쟁의 역사를 쉽게 받아들이지 못해 사회 교과를 싫어하는 경우가 많다.

역사는 우리 조상의 발자취이고 살아온 이야기이다. 이런 이야기들을 즐거운 마음으로 받아들이지 못하는 이유가 뭘까? 역시 외워야 한다는 강박관념이었다. 사회 교과서의 구석구석을 다 외워서 시험을 잘 보기 위해 노력하다 보니 사회 교과가 싫어지는 것이다. 아이들이 받는 스트레스는 컸다. 특히 현대사일수록 연도와 순서를 알아야 한다는 점에서 받는 스트레스가 컸다.

우리는 일단 쉽고 친근하게 접근하는 게 중요하다고 생각했다. 그렇게 할 수 있는 방법이 뭘까? 고민 끝에 생각해 낸 것은 바로 이야기! 아무리 산만한 아이도 책을 읽어 주면 눈을 반짝거리며 듣는다는 사실에 착안하여 6학년 1학기 역사는 이야기를 들려주는 방식으로 수업하기로 결정했다.

조선 후기부터 현대사 시대 순으로 구성됨	⇨	1, 2단원: 이야기 중심 3단원: 대통령 프로젝트

1단계	⇨	2단계	⇨	3단계
고전 동화 창작		이야기책 위주로 수업하기		대통령 프로젝트

1학기 수업의 흐름

1) 1단원 조선 사회의 새로운 움직임

'영·정조 시기의 사회 발전'은 교과서의 내용에 영·정조의 업적을 담은 동영상을 추가했고, 수원 화성의 우수성을 직접 눈으로 보기 위한 체험학습을 계획했다. 달라지는 경제생활과 신분 질서, 서민 문화의 발달, 서양 문물과 서학의 전래, 실학의 등장과 사회 개혁 노력이라는 4개의 소주제는 고전 동화에 내용을 녹여내어 창작했다. 양반이지만 가난한 김씨, 평민이지만 돈을 많이 번 박씨를 통해 그 당시 사회 모습을 알 수 있도록 구성했다. 주요 활동으로는 공명첩 만들기, 시장 놀이, 우리 조상들의 생활 모습 찾아보기 등이 있다.

차시	주제	자료
1-2	영·정조 시기의 사회 발전	*동기유발: 전쟁 뒤의 어지러운 상황에서 내가 왕이라면 어떤 정책을 폈을까 생각해 보기 1. 영·정조의 정치와 사회 모습 PPT 보며 학습지 채워 넣기 2. 〈서프라이즈〉를 보며 수원 화성의 과학적 원리와 화성을 세운 정조의 목적 정리하기
3-15	달라지는 경제생활, 신분 질서, 서민 문화의 발달, 서양 문물과 서학의 전래, 실학의 등장과 사회 개혁 노력	1. 조선 후기의 가상 동화를 소재로 하여 옛이야기 들려주기 2. 조선 후기 여성의 삶-김만덕 전기 3. 창작 동화에서 조선 사회의 모순 찾기-실학, 서학, 사회 개혁의 도입

「양반전」(창작 고전 동화)

인삼으로 유~ 명한 개성에 사는 어느 양반 이야기를 들려 드리겠습니다. 이 양반은 어질고 글 읽기를 좋아하였지만, 과거 시험에 번번이 떨어져서 출세하지 못했어요. 게다가 집이 가난하여 해마다 고을 관아에서 곡식을 빌려 먹은 것이 쌓여서 천 석에 이르렀어요. 어느 날 암행어사가 여러 고을을 순찰하다가 이 양반이 사는 마을에 들러 곡식 장부를 보고 화가 났습니다.

"어떤 놈이 이처럼 병사들이 먹을 식량을 축냈단 말이냐?"

암행어사는 그 양반을 잡아 가두게 했습니다. 이 고을의 원님은 그 사람이 가난해서 갚을 힘이 없는 것을 딱하게 여겨 차마 감옥에 가두지는 못하고, 어찌할 바를 몰랐어요.

관아에서 고을의 곡식을 갚으라고 독촉하자, 양반은 어떻게 해야 할지 난감했어요. 그 모습을 본 양반의 부인이 화를 내며 말했습니다.

"당신은 평생 글 읽기만 좋아하더니 고을의 곡식을 갚는 데는 아무런 도움이 안되는군요. 내가 혼수로 가져온 세간도 이제 다 갖다 팔고 없다우. 쯧쯧, 양반, 양반이란 십 원어치도 안 되는걸."

마누라의 타박을 들으며 서러워진 양반은 일찍이 아버지가 돌아가시고 혼자서 자신을 키운 어머니를 떠올렸습니다. 삼종지도에 따라 남편이 죽고 나서, 자신을 하늘같이 여기던 어머니의 살아생전 모습을 생각하니 눈시울이 축축해졌습니다.

답답해진 양반은 밖에서 서성이다가 장터로 나갔습니다. 장터에는 판소리와 탈놀이 등 여러 가지 공연이 펼쳐지고 있었습니다. 이야기꾼들은 사람들 앞에서 요즘 유행하는 한글 소설을 맛깔스럽게 풀어내었습니다.

양반을 비하하는 탈놀이를 구경하고 있자니, 자신의 신세가 더욱 처량하게 느껴졌습니다.

한편 양반의 옆집엔 장사를 해서 돈을 많이 번 부자 박씨가 살았어요.

가난했던 박씨가 어떻게 돈을 모을 수 있었을까요?

박씨는 처음엔 쌀밥 대신에 감자나 고구마 등을 먹으며 연명해야 했어요. 처음에는 부모님이 물려준 밭이 없어 남에게 땅을 빌려서 농사를 지었어요. 그는 모내기법으로 열심히 논농사를 지은 결과 재산을 어느 정도 모을 수 있었습니다. 그 돈으로 땅을 더 사들여 인삼을 재배하여 시장에 내다 팔았어요. 처음엔 어깨에 물건을 지고 장터를 돌아다니며 물건을 사고파는 보부상이었답니다. 그런데 인삼 장사가 아주 잘되어 상단을 거느리고 외국에 인삼을 수출하는 송상이 되었습니다.

무역으로 재벌이 된 부자는 돈이 너무 많아지자 골치가 아팠어요. 그는 무거운 엽전을 값비싼 그림이나 도자기로 바꾸기 시작하였습니다. 그림은 공간을 별로 차지하지도 않고, 화가의 명성에 따라 나중에 더 비싸질 수도 있었기 때문이에요. 부자는 자신의 부를 점점 불려 나갔습니다.

여하튼 간에, 부자 박씨는 양반이 곡식 빚을 못 갚는다는 소식을 듣고 가족들과 의논을 하였습니다.

"양반은 아무리 가난해도 늘 귀하게 대접받고 나는 아무리 부자라도 언제나 천한 대접을 받는다. 옳은 소리도 못하고, 양반만 보면 굽신굽신 두려워해야 하고, 절을 하고 코를 땅에 대고 인사해야 하고… 그동안 사는 게 참 수치스러웠단다. 이제 옆집 양반이 가난해서 곡식을 갚지 못한다니 오히려 잘되었다. 내가 그의 양반 신분을 사서 가져야겠다."

부자는 곧 양반을 찾아가 자기가 양반이 되는 대신 곡식을 갚아 주겠다고 청했어요. 양반은 크게 기뻐하며 승낙했습니다. 그래서 부자는 즉시 곡식을 관가에 실어 가서 양반의 빚을 갚았습니다.

고을의 원님은 지지리도 가난한 양반이 곡식을 모두 갚은 것을 놀랍게 생각했습니다. 원님은 양반을 찾아가서 어떻게 곡식을 갚았는지 사정을 물어보았어요. 그런데 놀랍게도 양반이 벙거지를 쓰고 짧은 잠방이를 입고 땅바닥에 엎드려 있지 않겠어요? 원님이 깜짝 놀라 물어보았어요.

"선비님, 어찌 스스로 자신을 낮추십니까?"

양반은 땅에 엎드린 채로 말했어요.

"황송합니다. 이미 제 양반을 팔아서 곡식 빚을 갚았지요. 옆집에 사는 부자 박씨가 양반이 되었습니다. 소인이 이제 양반도 아닌데 다시 어떻게 양반 행세를 하겠습니까?"

원님이 말했습니다.

"이제부터 반말을 해야겠군. 그런 사정이 있었군. 그러나 너희끼리 양반을 사고파는 거래를 했다 해도 증인이 없으면 나중에 재판까지 오고가는 문제가 생길 수 있다. 나와 마을 주민들이 증인이 되어 계약서를 쓰는 것이 좋겠구나. 이 마을의 책임자로서 나도 서명하겠다."

그 후, 원님은 관아로 돌아갔습니다. 이튿날 원님은 그 고을 안의 양반, 농민, 수공업자, 상인 들을 모두 관아에 모이게 하였습니다. 부자와 양반은 원님 앞에 나란히 서 있었습니다. 그리고 증서를 만들었어요.

○○○○년 ○월 ○일

위 사람들은 양반 지위를 사고파는 거래를 하였다. 양반은 여러 가지로 불리는데, 글을 읽으면 선비라 하고, 정치를 하면 대부라고 한다. 덕이 있으면 군자라고 부른다. 문반은 동쪽에 무반은 서쪽에 서 있는데 합쳐서 양반이라고 한다. 양반은 다음과 같은 사항을 지켜야 한다.

1. 야비한 행동을 하지 않는다.
2. 늘 새벽에 일어나 배고픔과 추위를 참고 공부해야 한다.
3. 세수와 양치를 열심히 하며 걸음을 느릿느릿 걸어야 한다. 절대 뛰어서는 안 된다.
4. 돈을 만지면 안 된다.
5. 더워도 버선을 벗으면 안 된다.
6. 물건 값을 깎아서는 안 된다.
7. 밥이나 국을 후루룩 소리 내어 먹으면 안 된다.
증인: 개성군 사또 김○○

이곳저곳에서 도장을 찍는 소리가 났습니다. 부자는 멍하게 듣다가 말했어요.
"양반이라는 게 이것뿐입니까? 나는 양반이 신선 같다고 들었는데 정말 이렇다면 금지하는 것만 많고… 할 수 있는 건 없고, 너무 재미가 없는 걸요? 저도 뭔가 이익을 챙길 수 있게 내용을 바꾸어 주세요."
그래서 다시 계약서를 작성하기를 하늘이 백성을 사농공상, 넷으로 나누었는데 그중 가장 높은 것이 양반이다. 양반의 이익은 막대하니 다음과 같다.

1. 농사도 안 짓고 장사도 안 하며 공부만 조금 한다. 장원급제를 하거나, 급제하지 못해도 고을의 진사로 산다.
2. 이웃집 소를 빼앗아 먼저 논을 갈 수 있다.
3. 일꾼을 빼앗아 먼저 내 논의 김을 맬 수 있다.
4. 이웃집 상놈의 상투를 잡아 휘두를 수 있다.
5. 이웃집 상놈의 수염을 다 뽑을 수 있다.

6. 남의 코에 물을 들이부어도 된다.

부자는 갑자기 중지시키더니 혀를 내두르며 말했습니다.

"그만두쇼. 이게 어찌 도둑이지 양반입니까?"

그러더니 머리를 갸우뚱하고 가버렸어요. 부자는 평생 양반이 되겠다는 말을 다시 입 밖으로 꺼내지 않았어요. 그러나 아무리 생각해도 부자는 신분이 나뉘어 있는 조선 사회가 너무 원망스러웠습니다. 마음에 조선에 대한 증오심을 키우고 있었던 부자는, 서양에서 전래된 '서학'이라는 새로운 종교에 빠졌어요. 부자가 서학을 믿은 이유는 무엇일까요?

이 당시 서학은 천주교라고도 불렸는데, 그들은 하느님 밑의 백성은 모두 평등하다고 하였습니다. 신분제도가 원망스러웠던 부자는 모든 백성이 평등하다고 주장하는 천주교에 빠져들 수밖에 없었던 것이죠.

그러면 양반은 어떻게 되었을까요? 양반은 이제까지 자신이 해 왔던 공부가 세상을 바꾸는 데 별 도움이 되지 않는다는 것을 깨달았습니다. 그동안 했던 공부는 과거 급제와 자기 신분을 유지하려는 방편이었을 뿐, 정작 조선 사회에는 별 도움이 되지 않았습니다.

양반은 그래서 과거 공부를 과감히 포기하고, 실용성을 추구하는 실학을 공부하기로 하였답니다. 출세보다 진정 나라를 위한 길이 어떤 것인지 깨달았던 거예요. 양반은 좀 더 깊은 공부를 위해 조선보다 과학과 문화가 발달한 청나라로 유학을 갔어요. 유학 비용은 부자가 대주었습니다. 부자는 양반과 같은 사람이 늘어나 조선 사회가 변하길 누구보다도 바랐으니까요. 양반은 3년 뒤 돌아와서 우리나라의 발전에 도움이 될 만한 문물을 많이 들여와 조선의 발전에 힘썼답니다.

「양반전」 수업 자료

주요 활동

(1) 공명첩 만들기

신분제도의 붕괴에 대한 이해
를 돕기 위해 그 당시 성행했던
공명첩을 만들었다. 그리고 돈을
주고 신분을 사는 공명첩 놀이
를 했다. 가위바위보 놀이를 하
고 나서 공명첩에 미션을 마친

공명첩 만들기 활동

아이들 이름을 붓펜으로 적어 주었다. 아이들은 공명첩을 받고 양반이
되었다고 좋아했다. 공명첩을 산 후 양반이 되어 다른 친구들을 도와
주고, 양반으로서의 품위를 갖추기 위해 시를 쓰고 그림을 그려 보는
활동을 했다.

(2) 우리 조상들의 생활 모습 찾아보기

조상들의 생활 모습을 알 수
있는 판소리, 탈놀이, 한글 소설,
풍속화와 민화, 생활용품 그림
자료를 나누어 주고 생활 모습
을 찾아보게 한다. 찾은 내용을
정리한 후 모둠별로 이동하여 다
른 모둠의 활동 결과를 살펴본

조상들의 생활 모습 찾아보기 수업

다. 민화와 풍속화, 생활용품을 통해 서민 문화를 찾아내는 것은 곧잘
했으나, 판소리와 탈놀이, 한글 소설은 언어 표현이 현재와 많이 다르
기 때문에 어려워했다. 협동 학습의 교실 산책 구조를 사용하여 서로
의 결과물을 돌아보았는데, 다소 소란하기는 했으나 일반적인 발표 학

습보다는 효과가 더 좋았다.

(3) 수원 화성과 민속촌 현장학습

보통의 현장학습은 수업과 분리되어 있기에, 당일치기 여행의 느낌이 강한 편이다. 그러나 수원 화성은 아이들이 사회 시간에 학습했고 또 본인들의 호기심과 희망에 따라 선택한 현장학습이었기에 의미가 있었다.

영·정조 시기 및 수원 화성에 대해 학습했다. 특히 정조의 수원 화성 건설과 관련된 이야기를 담은 영상 〈서프라이즈〉를 시청한 후라 아이들의 수원 화성에 대한 관심이 고조되었다. 그 뒤 현장학습을 어디로 갈지 학급회의를 할 때 수원 화성이 압도적으로 지지를 받았다. 가기 전날 수원 화성 지도를 보면서 견학 일정을 정리했다. 한국민속촌은 모둠별로 자유 견학하기로 결정했다.

문화해설사와 함께 화성 행궁을 돌며 견학하고서 행궁에서 점심식사를 하고 팔달산에 가서 화성열차를 탔다. 열차를 타고 화성을 한 바퀴 돌아 연무대에 도착한 후 민속촌으로 이동했다. 아이들이 문화해설사의 해설이 몹시 지루했다고들 말했다(해설사에 따라 반응이 다양한 편임). 그냥 자유 일정이 좋았으리라는 생각이 들었다. 해설에 비해 화성열차를 탄 것은 무척 재미있었다는 반응이었다. 아이들은 교사가 일

한국민속촌에서

수원 화성 열차

괄적으로 아이들을 데리고 다니는 것보다, 본인들 취향에 맞게 자유여행을 하는 것을 훨씬 더 좋아하는 것 같다. 수업 시간에 배운 것을 직접 와서 보니 실감이 났다는 반응이 많았다.

○○○의 글

〈서프라이즈〉를 보고 난 뒤라서 그런지, 수원 화성을 이루는 돌덩어리 하나하나가 남다르게 다가왔다. 건축물 자체의 위대함보다 그 안에 담긴 왕과 백성들의 마음이, 더욱 우리들의 심금을 울렸다.

(4) 1단원을 마치며

▶선생님들의 의견
- 조선 후기의 내용을 「양반전」을 각색하여 아이들에게 이야기 형식을 다가갈 수 있게 한 점이 좋았다. 사회과에서 비교적 중요하게 다뤄야 할 부분에서 심도 있게 구성하여 전달할 수 있었다는 점에서 의의를 찾을 수 있다.
- 교육과정의 중요한 제재를 이야기에 녹여내어 자연스레 접근하였다. 이야기 중간중간 놀이 활동을 삽입하자 아이들의 반응이 한결 적극적이었다. 이야기를 듣는 활동이 많아지다 보니 아이들의 3분의 1 정도는 집중하지 못했다. 사진 자료로 생활 모습 유추하기 등 학생 주도적 활동을 이야기 사이사이 계획해야 할 필요가 있다고 생각한다.
- 이야기를 통해 학습하는 것이 아이들에게 쉽게 다가간 것 같다. 하지만 활동이 부족하여 집중도가 떨어지긴 했다. 그래서 공명첩 놀이를 중간에 넣었는데 가위바위보라는 간단한 놀이에도 아이들은 매우 신나했다. 이야기 중간중간에 활동을 넣었더라면 좋았을 것 같다.
- 활동이 너무 부족했다. 아이들 중심이 될 수 있도록 변화가 필요하다. 여러 가지 놀이를 접목시켜 더 좋은 수업을 계획했어야 하는데… 아이들의 반응 역시 '이야기는 재미있었는데 수업은 지루해요'였다. 역시 아이들은 스스로가 주인공일 때 가장 큰 집중력을 발휘한다.

2) 2단원 조선 사회의 새로운 움직임

'전쟁과 평화' 프로젝트를 통해 세계의 상황을 알아본 후 2단원 수업을 실행했다.

본 수업에서는 시중에 나와 있는 으랏차차 역사책 12권을 PPT 자료로 만들어 스토리가 있는 수업을 실행했다. 사회 시간이 시작될 때마다 칠판에 주제의 순서대로 초성을 적어 놓으면 아이들이 쉬는 시간임에도 몰려나와 서로 맞혀 보면서 복습하는 효과가 있었다.

차시	주제(으랏차차 역사책)	활동
1	단원 도입-인물 탐구	*사전 과제 제시-외세의 침략기부터 일제 강점기까지 활동한 주요 인물 살펴보기 활동 예시) 인물들 사진 마련해 놓고 대립 관계 이어 보기 혹은 이름 맞히기
2	흥선대원군의 개혁	스토리텔링-이야기 듣고 스케치북에 내용 정리해 보기 핵심어: 세도정치, 이양선, 철종, 이하응, 흥선대원군, 당백전 개혁정치(인재 등용, 서원 정리, 조세제도 개혁, 사치 금지, 경복궁 중건) *핵심어 활용한 정리 게임 찾아보기
3 4	나라의 문을 열다	스토리텔링-이야기 듣고 스케치북에 내용 정리해 보기 내용-병인양요와 신미양요, 강화도 조약의 의의와 체결 과정 개화에 대한 찬반 토론하기
5	개화를 둘러싼 다툼	내용-임오군란과 갑신정변의 과정 알아보기
6	조선을 뒤흔든 농민군의 함성	내용-동학농민운동과 갑오개혁에 대해 알아보기
7	조선시대 사람들의 여가 생활	내용-대한제국 수립 과정 알아보기 만세 빙고 게임하기
8	〈듣말쓰 7단원 촌극 통합수업〉 배운 내용을 역할극으로 꾸며 보기	주제 예시: 흥선대원군 대 명성황후 / 흥선대원군 대 박규수 신식 군인 대 구식군인 / 개화에 찬반 / 김옥균 대 민영익 동학농민군 대 지방 관리(외세)

9	서양 문물이 세상을 바꾸다	근대 서양 문물 영화-⟨가비⟩(아관파천, 커피)
10	일본에게 나라를 빼앗기다	국어교과와 통합수업-을사늑약, 국권 강탈 기사문 쓰기
11	온 겨레가 독립 만세를 외치다	유관순 인물 조사하기 독립만세 운동을 하다가 순국한 유관순 열사에게 감사 편지 쓰기 독립운동을 한 위인 중 한 분 정해서 인물 생애 알고 업적 정리하여 발표하기
12	나라 잃은 백성으로 산다는 것은	스토리텔링-일제 강점기 한 사람이 일제의 수탈에 농민에서 노동자가 되는 과정, 노동자로서 파업을 하여 서대문 형무소에 가는 과정을 통해 일제의 수탈 학습
13	젊은 학생이 나서다	(1) 광주학생독립운동의 의의 간단하게 설명하기 (2) 당시 광주학생독립운동에 대해 쓴 기사 보기(사진 자료) (3) 광주학생독립운동 기념관 사이트 들어가기 -사이버 분향소, 헌화하기 / 추모자 글쓰기 하기
14	깊어지는 민족의 고난	일제 강점기 사람이 되어 일기 쓰기

'흥선대원군의 개혁' 이야기 그림책 예시-으랏차차 역사책에서 발췌

가. 수업 시나리오 예시

#1 역사 속 인물 탐구

#2 역사 인물 간의 대립.

"누구와 누구일까요?"

"붉은 옷을 입은 사람은?"

"왜 두 사람은 대립하게 됐을까요?"

: 권력을 쥐고 있던 흥선대원군과 맞서며 남편인 고종이 임금의 권위를 되찾도록 도움. 결국 대원군은 자신이 뽑은 며느리에게 쫓겨나는 신세가 되었다.

• 흥선대원군에 대한 간단한 설명: 조선 26대 왕인 고종의 아버지. 안동 김씨의 눈을 속이기 위해 술주정뱅이 행세를 하다가 치밀한 계획 아래 아들을 왕으로 만들었다.

#3

"이 주인공은 누구일까요?"(클릭)

"그럼 흥선대원군이 보낸 편지를 읽어볼까요?"

: 시나리오 1쪽의 편지 읽어 주기.

#4 간단한 등장인물 소개

#5

"흥선군 이하응은 임금의 가까운 친척이었어. 하지만 임금이 안동 김씨의 힘에 눌려 기를 못 펴고 있었으니 왕족이라 해도 별 볼일 없는 처지였지."

(*세도정치: 임금의 외가나 처가 쪽 친척들이 어리거나 힘없는 왕을 대신해 권력을 독차지하고 나라를 다스린 것. 온갖 부정부패를 일삼으며 나라를 어지럽혔다.)

"안동 김씨는 벼슬자리를 주는 대가로 뇌물을 받으며 권세를 지키려고 왕족들을 감시하고 억눌렀어. 똑똑하다 싶은 왕족이 보이면 억울한 누명을 씌워 멀리 내쫓거나 죽이기까지 했지."

#6, #7 대사 읽어 주기

"'오른쪽 밑에 두고 보겠어!'라고 하는 것은 누구일까요? 그렇죠. 흥선군이었습니다."

#8

"하지만 흥선군은 마음속으로 큰 꿈을 키웠지요."

'철종에게는 왕자가 없으니 내 아들을 다음 임금으로 만들고 말겠다! 언젠가 내
손으로 안동 김씨 무리를 몰아내리라!'

"흥선군은 자신의 야심을 들킬까 봐 겉으로는 망나니처럼 행동하고 다녔단다. 항
상 술에 취해 있고, 안동 김씨의 집에 잔치가 벌어지면 술과 음식을 얻어먹었지.
안동 김씨들은 이런 흥선군을 잔칫집 개라 부르며 업신여겼어. 흥선군이 자신들
을 위협할 인물이라고는 꿈에도 생각 못하고 말이야."

#9

"흥선군은 대왕대비 조 씨에게 접근하여 마침내 아들을 임금으로 만드는 데 성공
했단다!"

#10

"흥선군은 이제 임금의 아버지, 즉 대원군이 되었지. 왕위에 오른 고종이 고작 열
두 살밖에 되지 않았기 때문에 어린 임금을 대신해 직접 나라를 다스렸단다. 흥
선대원군은 자신이 사는 집을 운현궁이라 이름 짓고, 혼자만 쓰는 대문을 따로
만들어 아무 때나 궁궐에 드나들었어. 술주정뱅이 흥선군의 모습은 온데간데없었
지. 흥선대원군의 모습에 다들 입을 다물지 못했단다."

#11

"마침내 권력을 손에 넣은 흥선대원군은 어지러운 나라를 세우는 일에 곧장 달려
들었어. 먼저 세도정치의 잘못된 점을 고치고자 안동 김씨 우두머리는 물론 김씨
대감들이 차례로 쫓겨났단다."

#12

"또 지방의 부패한 관리들을 내쫓고 능력 있는 관리를 고루 뽑았지. 이때 자리에
서 쫓겨난 벼슬아치가 수백 명에 이르고 쌀 1,000섬 이상을 빼돌린 벼슬아치는
사형을 당하기도 했어. 분위기가 살벌해지자 못된 짓을 하는 지방 관리들이 크게
줄어들었지. 백성의 살림살이가 한결 나아졌어."

#13

"이와 함께 평민에게만 내게 하던 세금을 양반에게도 걷자 양반들이 가만있을 리 없었지."

'그러면 양반과 백성의 구분이 없어져 백성들이 양반을 깔볼 것이오.'

하지만 대원군은 눈도 꿈쩍 않고 계획한 대로 밀어붙였어.

#14

"나라의 질서가 조금씩 잡혀 갔지만 각 지역에 퍼져 있는 지방 양반들이 여전히 골칫거리였어. 지방 곳곳에 있는 '서원'을 중심으로 뭉쳤지. 서원이라는 용어가 낯설지? 각자 사탐 38쪽을 펴고 함께 읽어 보자. (시간을 준 뒤) 서원은 어떤 곳이지? 그래. 서원은 원래 선비들이 모여 훌륭한 유학자들의 제사를 모시고 유학을 공부하는 곳이었지~! 그런데 어떤 문제가 있었지? 어느새 학문은 뒷전으로 밀리고 양반들이 패를 지어 세력을 휘두르는 곳이 되었지. (당쟁의 온상) 서원은 땅이 있으면서 세금도 내지 않고 제사를 지낸다는 핑계로 백성들에게 돈을 뜯어 가기도 했어. 흥선대원군은 나라의 재정을 어렵게 하는 '서원' 일부만 남겨 놓고 600여 개를 모두 없애라고 명령했던 거야. 하지만 이 역시도 양반들의 반발이 만만치 않았단다."

#15

"대원군의 명이 떨어지자마자 온 나라의 양반들이 벌 떼처럼 들고 일어났던 거야."

'조선은 유교를 근본으로 삼은 나라요! 유교의 나라에서 서원을 없앤다니! 나라를 망하게 하는 것이오!'

하지만 흥선대원군은 이번에도 뜻을 굽히지 않았고 서원은 헐려나가 40개 정도만 남게 되었어. 온 나라의 양반들이 한양으로 몰려와서 궁궐 앞에 버티고 앉아 큰 소동을 벌였어. 흥선대원군은 군사를 시켜 그들을 쫓아내며 크게 호통을 쳤지."

'백성에게 해가 된다면 서원이 아니라 더한 것도 용서치 않을 것이다!'

"어때? 흥선대원군의 개혁 정책을 백성들이 크게 환영했겠지? 그런데 결과적으로는 백성들의 원망을 사게 된 정책도 있었단다. 무엇일까? 사탐 38쪽을 열심히 읽었던 친구는 이미 눈치챘을 거야. 맞아. 경복궁 중건에 관한 정책이었지?"

#16

"대원군은 왕실의 권위를 높이기 위해 임진왜란 때 잿더미가 된 경복궁을 고치겠다고 했어. 대원군 덕분에 큰 시름을 던 백성들이 돕겠다고 나섰어. 경복궁 중건을 위해 많은 돈이 필요했는데 야반들에게 지원금을 걸고, 당백전을 발행하였단다. 하지만 이 당백전이 많이 발행되면서 물가가 크게 올라서 백성들의 생활이 어려워졌지. 게다가 오랜 시간 힘겨운 공사에 대한 백성들의 불만이 늘어 갔단다.

홍선대원군의 시대는 그리 오래가지 못했어. 어떤 불만과 위기들이 닥쳤을까? 대원군 때문에 억눌려 지내야 하는 양반들의 아우성이 컸지. 또 나이가 찬 고종에게 권력을 내놓으라는 압력, 또 무서운 아버지에게 눌려 있던 고종 역시 직접 나라를 다스리겠다고 나섰단다.

게다가 처음에는 대원군을 반겼던 백성들조차 고된 궁궐 공사가 계속되자 점점 등을 돌리기 시작했지.

나라 안에서는 이런 불만이 터져 나올 때 나라 밖 역시… 순탄한 상황이 아니었단다. 왜 그랬을까?"

#17

"맞아. 이 그림에 보이는 배가 무엇일까? 그래, 이양선이라고 하는 서양의 배들이 조선을 점점 위협해 오기 시작했어. 서양의 여러 나라는 자신의 나라 밖으로 세력을 확대하여 발전에 필요한 자원 등을 얻고자 했어. 청나라가 영국, 프랑스와의 전쟁에서 패하고 일본은 미국에 의해 개항했다는 소식이 전해지면서 조선 사람들은 불안해했지. 홍선대원군은 이러한 서양 세력에 대해 어떻게 생각했을까?

거침없이 나아가던 홍선대원군은 큰 위기를 맞게 되었단다."

나. 2단원의 주요 활동 예시

(1) 개화 전과 후의 달라진 점 살펴보기

아이들에게 사진 여러 장을 나누어 주고, 모둠별로 상의해서 기준을 세운 후 분류하게 했다. 대부분 의식주로 나누어 분류했는데, 성냥이

2단원 새로운 문물의 수용과 자주독립

* <듣말쓰 7단원 손극 통합수업>

배운 내용을 역할극으로 꾸며 보기

주제 예시

흥선대원군 VS 명성황후
흥선대원군 VS 박규수
신식 군인 VS 구식군인
김옥균 VS 민영익
동학 농민군 VS 지방관리(외세)

개화기 전과 후 분류하기

무엇인지 모르는 경우가 많았다. 성냥을 어떻게 사용했는지 알려주면 흥미로워했다.

(2) 역할극으로 꾸며 보기(국어과와 통합)

국어과 역할극과 통합해서 수업을 계획했는데, 주제는 아이들이 자유롭게 정했다. 역할극을 어려워하는 모둠은 해설이 있는 역할극을 선택했다. 남학생들은 군인 역할을 많이 했고, 명성황후 시해 사건을 많이 하는 편이었다.

주제 예시 - 흥선대원군 대 명성황후 / 흥선대원군 대 박규수 / 신식 군인 대 구식 군인 / 개화파와 척화파 / 김옥균 대 민영익 / 동학농민군 대 지방 관리(외세)

(3) 을사늑약, 국권 강탈 기사문 쓰기

국어교과와 통합해서 을사늑약과 국권 강탈에 대한 기사문 쓰기를 했다. 나중에 서술형 평가에서도 이 문제를 출제했다. 대부분 비통해하고 분노했다. 나라가 힘이 없어서 당할 수밖에 없는 상황을 아쉬워했다. 2단원에 들어가기 전에 했던 '전쟁과 평화' 수업을 통해 제국주의가 무엇인지 어렴풋이 인식하고 있었기에 이 당시 우리나라의 상황도 잘 이해할 수 있었다.

슬픈 과거가 반복되지 않으려면 나라의 힘을 길러야 한다는 의견이 많았다.

기사문 쓰기

(4) 아이들의 수업 후기

▶좋은 점
- 이야기로 역사를 배우니 더 재미있다.
- 이야기책으로 공부를 한다는 건 좋은 생각이다.
- 책으로 지루하게 공부하는 것보다 활동을 하면서 하니까 재미있었다.
- 재미있는 방법으로 진도를 나가니 기억이 잘된다.
- 사회는 어렵다고 생각했는데 이야기로 수업을 하면서 더 좋아졌다.
- 역사가 하나의 이야기처럼 느껴져서 좋았다.
- 책을 읽으면 지루할 수 있는데 PPT로 공부하니 잘 이해할 수 있고, 지루하지 않았다.
- 모둠끼리 힘을 합쳐 좋았다.
- 사회를 어렵지 않게 배워서 좋았다.
- 이야기책으로 보통 교과서보다 더 쉽고 자세하게 이해할 수 있었다.
- 재미있게 배우니 머리에 더 잘 들어왔다.
- 이번 학기 공부가 더 잘 이해되었고, 이야기책으로 하니까 딱딱한 사회 책보다 더 쉽게 이해할 수 있었다.

▶개선할 점
- 게임을 하면서 하면 좋을 것 같다.
- 주제별: 시간 순서 정리가 어렵다.
- PPT, 책 등으로 하니 더 재밌고 쉽게 이해가 됐지만, 교과서 위주로 하지 않아서 시험 볼 때 교과서를 보면 공부한 흔적이 없어 기억이 잘 안 난다.
- 현장학습을 더 많이 갔으면 좋겠다.
- 우리가 직접 체험하고 만든 것으로 공부하고 싶다.
- 활동을 더 많이 하고 싶다.

3) 대통령 프로젝트

현대사 부분은 현재 대한민국에 아주 많은 영향을 미치고 있기에 중요하게 다루어야 함에도 불구하고 학기 말과 맞물려 소홀히 다뤄지는 경우가 많고, 역사 왜곡도 많은 부분이다. 따라서 역사적 사실을 객관적으로 바라보고 올바르게 평가하려는 노력을 중심에 놓고 수업을 구상했다.

교과서의 현대사 부분은 인과관계의 설명 없이 사건의 단순 내용만으로 구성되어 학생들이 제대로 이해하기 어렵다. 현대사 수업은 우리나라에 큰 영향을 미쳤던 대통령을 중심으로 수업을 만들었다.

가. 프로젝트를 시작하며

제1대 대통령 이승만을 필두로 16대 대통령 노무현까지 근대사에 관련된 내용을 인물 중심으로 하여 수업을 만들었다.

교사 또한 자료를 조사하면서 몰랐던 내용을 새롭게 알게 되어서 자연스레 현대사를 바로 보게 되었다. 결국 교사들의 역사의식을 일깨워주는 수업이기도 했다.

나. 프로젝트 실행 사례

대통령 프로젝트는 조사할 내용이 많았기에 교사 주도적인 성격을 띠었지만, 아이들도 4인 1조로 7개 조를 만들었다. 각 조에 대통령별로 중점적으로 조사할 내용을 적은 뽑기 종이를 만들어 '이끎이'가 나와서 뽑기로 했다.

아이들이 주어진 대통령에 대해 조사한 후 PPT 자료나 보고서를 작

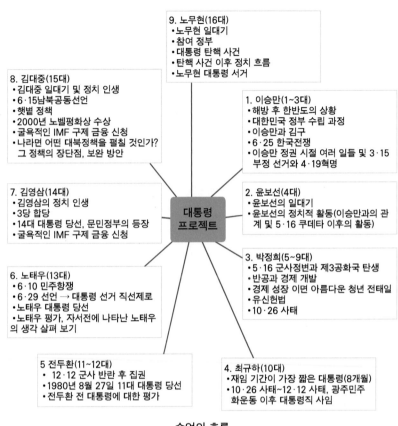

9. 노무현(16대)
•노무현 일대기
•참여 정부
•대통령 탄핵 사건
•탄핵 사건 이후 정치 흐름
•노무현 대통령 서거

8. 김대중(15대)
•김대중 일대기 및 정치 인생
•6·15남북공동선언
•햇볕 정책
•2000년 노벨평화상 수상
•굴욕적인 IMF 구제 금융 신청
•나라면 어떤 대북정책을 펼칠 것인가?
 그 정책의 장단점, 보완 방안

1. 이승만(1~3대)
•해방 후 한반도의 상황
•대한민국 정부 수립 과정
•이승만과 김구
•6·25 한국전쟁
•이승만 정권 시절 여러 일들 및 3·15
 부정 선거와 4·19혁명

7. 김영삼(14대)
•김영삼의 정치 인생
•3당 합당
•14대 대통령 당선, 문민정부의 등장
•굴욕적인 IMF 구제 금융 신청

대통령
프로젝트

2. 윤보선(4대)
•윤보선의 일대기
•윤보선의 정치적 활동(이승만과의 관
 계 및 5·16 쿠데타 이후의 활동)

6. 노태우(13대)
•6·10 민주항쟁
•6·29 선언 → 대통령 선거 직선제로
•노태우 대통령 당선
•노태우 평가, 자서전에 나타난 노태우
의 생각 살펴 보기

3. 박정희(5~9대)
•5·16 군사정변과 제3공화국 탄생
•반공과 경제 개발
•경제 성장 이면 아름다운 청년 전태일
•유신헌법
•10·26 사태

5 전두환(11~12대)
• 12·12 군사 반란 후 집권
•1980년 8월 27일 11대 대통령 당선
•전두환 전 대통령에 대한 평가

4. 최규하(10대)
•재임 기간이 가장 짧은 대통령(8개월)
•10·26 사태~12·12 사태, 광주민주
 화운동 이후 대통령직 사임

수업의 흐름

성하고, 교사의 설명을 듣고 나서 그 인물을 맡은 모둠이 나와서 발표
를 하는 형식으로 계획했다. 대통령 프로젝트의 마지막 인물인 노무현
대통령까지 학습과 발표가 끝나고 대통령 후보 포스터를 만드는 등의
마무리 활동을 했다.

(1) 수업의 흐름

1	이승만	• 해방 후 한반도의 상황 • 대한민국 정부 수립 과정, 대한민국 정부 수립 즉흥극 • 이승만과 김구(이승만 두 얼굴의 사나이, 김구의 죽음 동영상 시청) • 대한민국 정부 수립에 관한 대립을 알아보고 자신의 의견 나눠 보기 • 6·25 한국전쟁 • 이승만 정권 시절에 일어난 여러 일들 및 3·15 부정선거와 4·19혁명 • 나도 역사가(1960년 4월 19일 내가 만약 경무대 앞에서 시위를 하고 있었다면 어떤 기록을 남겼을까?)
2	윤보선	• 윤보선 일대기 • 윤보선의 정치적 활동(이승만과의 관계 및 5·16쿠데타 이후의 활동)
3	박정희	• 5·16쿠데타를 일으키기까지의 과정 및 이후 행적(프레이저 보고서 1부) • 5·16쿠데타와 제3공화국 탄생 • 반공과 경제 개발 • 1965년 한·일 협정 • 독도밀약 • 산업화 • 새마을 운동 • 경제 성장의 이면: 아름다운 청년 전태일 • 인혁당 사건 • 유신 헌법 • 10·26사태
4	최규하	• 재임 기간이 가장 짧은 대통령(8개월) • 10·26사태~12·12사태, 광주민주화운동 이후 대통령직 사임
5	전두환	• 12·12 군사반란 후 집권 • 1980년 8월 27일 11대 대통령 당선 • 전두환 전 대통령에 대한 평가 • 영화 〈화려한 휴가〉, 〈26년〉, 〈남영동 1985〉 이야기 나누기 • 강풀의 웹툰 〈26년〉 감상하기
6	노태우	• 노태우의 정치 인생 • 6·10 민주항쟁 • 6·29선언 → 대통령 선거 직선제로 • 노태우 대통령 당선 • 88올림픽, KTX나 인천국제공항 건설 시작 • 3당 합당 • 노태우 평가, 자서전에 나타난 노태우의 생각 살펴보기 • 노태우 경호 비용 기사 함께 보기
7	김영삼	• 김영삼의 정치 인생 • 3당 합당 • 14대 대통령 당선, 문민정부의 등장 • 지방자치제, 금융실명제, 부동산실명제 실시 • 굴욕적인 IMF 구제 금융 신청
8	김대중	• 김대중 일대기 및 정치 인생 • 6·15남북공동선언 • 햇볕정책 • 2000년 노벨 평화상 수상 • 나라면 어떤 대북 정책을 펼칠 것인가? 그 정책의 장단점, 보완 방안 • 5·18 국립공원
9	노무현	• 노무현 일대기 • 참여정부 • 대통령 탄핵 사건 • 탄핵 사건 이후 정치 흐름 • 노무현 대통령 서거

(2) 〈화려한 휴가〉 감상 후 소감 쓰기

〈화려한 휴가〉를 통해 5·18에 대해 쉽게 다가간 후 5·18국립묘지와 자유공원으로 체험학습을 갔다. 영화를 보지 않았더라면 아이들이 어렵게 느끼지 않았을까 생각된다.

아이들은 이 영화를 보면서 왜 우리 군인이 국민에게 총을 겨누는지를 무척 궁금해했다. 이러한 궁금증은 이후 현대사를 가르치면서 해결할 수 있었다. 대통령 프

화려한 휴가

로젝트 속에서 5·18 광주민주화운동을 배우고 나서 한 활동보다 〈화려한 휴가〉를 보고 나서 한 활동 내용에 아이들 생각이 더 잘 나타나 있었다. 아이들에게는 교과나 PPT로 배우는 것보다 책, 영화를 통해 더 쉽게 다가갈 수 있음을 다시 한번 느낀다.

(3) 현장체험학습과 연계한 대통령 프로젝트:
　5·18 국립공원 현장체험학습

5·18 국립묘지	5·18 자유공원	김대중 컨벤션센터

국립묘지에서 상영해 주는 아이들 수준에 맞는 5·18 민주화운동 영화를 본 후 해설사(오월지기)의 설명을 들으며 국립묘지 구석구석을 돌아보았다. 묘비와 사진을 보며 그날의 아픔을 함께 했다.	5·18 기념재단에서 주먹밥 체험을 해서 도시락 대신 주먹밥을 먹었다. 약간 배가 고파서 힘들었지만 그날의 아픔을 조금이나마 함께할 수 있었다. 자유공원에는 체험관과 대형 사진들이 있어 5·18에 대해 자세히 공부할 수 있는 좋은 기회를 제공했다.	기대했던 것과는 달리 아주 작은 규모의 김대중 기념관이 있었다. 하지만 김대중 대통령이 사용했던 물건들, 감옥에서 쓴 편지 등 의미 있는 물건들이 많아 김대중 대통령에 대해 추억을 되새길 수 있었다.

(4) 5·18 민주화 항쟁 바로 알기

5·18 광주 민주화 항쟁에 대해 수업 후 활동지를 나누어 주어 정리했다. 판결문과 기자가 되어 인터뷰했던 내용을 통해 5·18 민주화운동 당시의 상황과 내용을 정리해 보았다.

☞ 내가 재판관이었더라면 5·18에 책임이 있는 두 전직 대통령에게 어떤 판결을 내릴 것인지 자신만의 판결문을 적어 보는 활동.

☞ 당시 왜 언론에서는 광주 시민을 간첩의 조종을 받는 폭도로 보도하였는지 이유 적어 보기.

☞ 광주 항쟁에서 투쟁하는 광주 시민을 인터뷰하고 나서 기사 작성하기.

(5) 모둠별 발표 자료

교사 주도형 프로젝트여서 아이들이 따로 다양한 활동을 하지 못한 점이 아쉬웠다. 그렇지만 역대 대통령을 조사하여 파워포인트 또는 발표 자료를 만들어 모둠별 발표를 진행하며 아이들 활동을 보완해 나갔다.

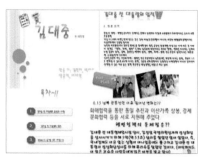

발표 자료

다. 프로젝트를 마치며

프로젝트가 끝난 후 2012년 대선과 맞물려 다음과 같은 활동을 실시했다.

1. 대통령 선거 투표 독려 포스터 만들기.
2. 내가 좋아하는 대통령 출마자 포스터 만들기.
3. 내가 대통령 출마자라면? -대통령 선거 포스터 만들기.
4. 패러디 포스터 만들기.

국어과 광고의 의도 파악하기와 연계하여 수업을 실행했다.

포스터 만들기 외에 토론 활동도 진행했다. '박정희는 좋은 대통령이다'라는 주제로 박정희 대통령의 평가에 대해 찬성과 반대 입장으로 나뉘어 토론을 통해 평가했다.

정리 활동을 하면서 한 사람의 소중한 한 표가 국민의 권리임과 동시에 막중한 의무임을 알 수 있었으며, 어른이 되어서 그 의무를 저버리지 않고 성실히 수행할 것을 다짐하는 계기가 되었다.

포스터 만들기와 토론

라. 활동 후기

▶아이들

• 이승만, 박정희 대통령의 또 다른 모습에 대해 알게 된 점이 인상적이었다. 노무현 대통령의 죽음을 알게 되어 슬펐고 스트레스가 크셨을 거라 생각된다. 윤보선, 최규하와 같이 짧은 기간 재임하신 잘 알려지지 않은 대통령에 대해 알게 되어 좋다. 김대중 대통령의 햇볕정책에 대해 알게 되었고 북한에 대한 태도 및 바람직한 통일 방안에 대해 고민하는 계기가 되었다.

• 대한제국에서 대한민국으로의 변천사를 정확하게 알 수 있게 되었다.

• 우리나라의 대통령이 누구였는지 알아서 좋았고 선거를 왜 해야 하는지를 알게 되었다.

• 대통령에 대해, 정치에 대해 전혀 관심도 없었는데 이번 프로젝트를 통해 관심을 갖게 되었다.

• 대통령이란 다 마음 따뜻하고 좋은 사람인 줄 알았는데 대통령을 하기 위해 사람을 죽이고 모함하는 역사가 부끄럽고 무섭기도 했다.

• 우리 스스로 역대 대통령에 대해 조사하고 PPT 자료를 만들어서 발표할 수 있었던 점이 좋았다.

• 역대 대통령들이 한 일을 자세히 알아서 좋았고 온갖 비리를 저지른 대통령들에 대해서는 실망을 했다. 어떤 일에 대해 비판적으로 생각해 볼 수 있는 기회가 되어 좋았다.

• 전체적으로 재미있었지만 PPT 자료나 발표 자료를 만드는 데 하는 사람만 하고 모두가 참여하지는 못했던 것 같아 아쉬웠다.

• 최근 대통령(이명박, 박근혜)에 대해 알지 못해 아쉽다.

• 고려시대, 조선시대 역사도 왕 중심과 사건을 연관 지어 하면 더 재미있을 것 같다.

• 전두환, 박정희 같은 대통령 수업할 때 모의재판 활동을 넣었으면 좋았을 것 같다.

▶교사들

• 현대사를 주입식으로 설명하기에는 어려운 내용이 많았으므로 사전 과제를 제시하였다. 모둠별 조사 후 간단한 보고서나 PPT를 만들어서 교사 설명 전 모둠별로 돌아가며 발표하였다. 한 해 동안의 경험이 쌓여서인지 기존의 '복사-붙여 넣기'의 무성의한 PPT 제작에서 벗어나 핵심 내용과 사진을 담은 학생들의 PPT 결과물이 인상적이었다. PPT 발표의 마지막은 모둠별로 간단한 퀴즈를 마련하여 교사의 설명 전 충분히 학습 동기를 가지도록 하였다.

• 현대사 내용은 교사 자신도 몰랐던 내용이 많았기에 수업하면서 함께 배워 가는 과정이었다. 최근 개봉한 영화 이야기도 함께 나누고 어젯밤 봤던 웹툰 이야기를 나누며 학생과 교사가 함께 배우고 소통하고 있다는 생각이 들었다.

• 교과서에서는 역대 대통령에 대한 객관적이고 올바른 평가가 되지 않은 상태로 애매모호하게 적혀 있는 경우가 많아 아이들에게 정확한 역사의식을 심어 줄 수 없는 것 같다. 꼭 재구성이 필요한 단원이라고 느꼈다. 우리 역사는 제대로 평가하지 않으면서 역사를 왜곡한다며 중국과 일본을 비판하고 있는 것 또한 모순이라 느꼈다.

• 대통령 프로젝트 마무리 활동으로 포스터 그리기를 했다. 국어과의 광고와 관련을 지어서 광고의 표현 방법을 염두에 두고 제작하라 하였다. "1. 내가 대통령이라

면…, 2. 우리나라 대통령 중 존경하는 대통령, 3. 인상 깊은 대통령 패러디 광고." 원래는 앞의 두 가지를 제시했는데, 아이들이 세 번째 활동을 제시해서 추가하게 되었다. 특히 아이들은 이번 대통령 선거에서 본 포스터의 작은 부분까지 기억해서 본떠 만든 점이 재미있고 기특했다.

- 평소 사회 교과에 가장 자신이 없는 나는 현대사는 더 형편이 없었다. 이번 기회를 통해서 현대사에 대해 많이 공부할 수 있었으며 역사를 바라보는 시각을 가질 수 있었다. 대통령 프로젝트를 하면서 한 아이가 나에게 "왜 우리나라에는 나쁜 대통령만 있어요?"라고 질문해 당황스러웠다. 우리나라의 현대사는 민주화를 이루기 위해 많은 우여곡절을 겪은 시기이다. 이에 대해 공부하면서 아이들이 우리나라에 대해 부정적인 시각이 아니라 우리의 노력으로 바꿀 수 있다는 것을 가르쳐 주고 싶었다. 4·11 총선과 대통령 프로젝트를 해 본 우리 아이들이 어른이 되었을 때 정치에 무관심하지 않고 올바르게 참여한다면 이 프로젝트는 성공한 것이 아닐까, 흐뭇한 느낌을 갖게 되었다.

- 파워포인트 자료를 교사가 주도적으로 작성하여 설명 위주였다는 것이 좀 아쉽다. 이제껏 프로젝트 학습을 하면서 아이들은 스스로 학습 활동을 선택하여 하는 것을 좋아하는 걸 알기도 했지만 프로젝트 성격상, 시기상 교사 위주로 진행할 수밖에 없었다. 좀 더 여유가 된다면 다양한 활동과 더불어 스스로 판단할 수 있는 기회를 부여하면 더 좋았을 것 같다.

4) 이렇게 평가했어요

1. 다음은 18세기 정조가 다스리던 당시 조선의 신문 기사입니다. 이 기사를 읽고, 수원화성 건축이 34개월 만에 완공될 수 있었던 이유를 짐작하여 기사의 뒷부분을 써 봅시다.

정조의 야심작, 수원 화성 완공

우리 조선의 새 임금님이 즉위하신 지 어언 20년 만인 1796년 9월 10일 오늘, 드디어 수원 화성이 완공되었다. 이는 공사에 착수한 지 34개월 만에 완성된 것으로, 세계의 다른 건축물에 비교할 때 전례가 없는 기록이다. 원래 우리 조선에서는 백성들이 한 푼도 받지 못하고 궁궐 공사

를 비롯한 부역에 동원되는 것이 당연시 여겨졌다. 강제로 농사를 비롯한 생업을 중단해야 했으며, 때로는 공사에 필요한 재료마저 우리 스스로 조달해야 했다. 국가의 이익을 위한 대업이라는 명분하에, 우리 백성들이 희생당했던 꼴이다.

하지만, 우리의 새로운 임금님은 달랐다.

_____

_____

_____

2. 다음 보기는 조선 후기 발행되었던 한 문서의 사진입니다. 각 물음에 알맞은 답을 작성하세요.

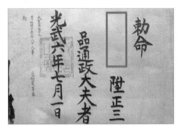

(1) 이 문서의 이름은 무엇이며, 나라에서는 이것을 왜 발행했을까요?

_____

_____

_____

(2) 이 문서를 많이 발행하여 나누어 주었을 때, 어떤 문제점이 발생했을까요?

_____

_____

3. 다음은 조선 후기 서민들의 다양한 생활 모습을 담은 풍속화입니다. 그림에서 알 수 있는 우리 조상들의 당시 생활 모습을 세 가지 이상 찾아 쓰세요.

_____

_____

_____

4. 다음 그림은 서양에서 온 선교사와 동학의 창시자 최제우의 주장을 나타낸 것입니다. 그림을 통해 알 수 있는 천주교와 동학의 차이점과, 천주교와 동학이 백성들에게 사랑받을 수 있었던 이유를 적으세요.

<table>
</table>

차이점: _____

_____

사랑받은 이유: _____

_____

5. 조선 후기 농민들은 조세제도, 신분제도 등의 사회 개혁을 요구하며 봉기했습니다. 우리 조상들이 주어진 현실에 굴복하지 않고 보다 나은 사회를 만들기 위해 노력했다는 점에서 그 의의를 찾을 수 있는데요. 더욱 살기 좋은 사회를 건설하기 위해 우리가 할 수 있는 활동(지금이나 나중에 어른이 되어서)으로 어떤 것들이 있을까요?

보기와 같이 사회 참여의 여러 가지 방법을 두 가지 이상 쓰세요.

> 반크, 환경운동연합과 같은 시민단체에 가입하여 꾸준히 활동한다.

_____

6. 아래 내용을 읽고 물음에 답하세요.

백성들의 세금을 줄이도록 하라

조선시대에 16세 이상 된 남자들은 군사가 되는 대신 베(옷감)를 나라에 바쳐야 했다. 처음에는 한 해에 두 필을 내야 했다. 그러나 고된 농사일을 하면서 베를 짜 나라에 바치는 것은 쉽지 않은 일이었다. 게다가 관리들의 횡포로 백성들이 내야 할 베는 점점 많아졌다. 그러자 백성들 중에는 고향을 등지고 도망치는 사람들이 생겨났고, 베를 바치지 못해 옥에 갇히는 사람들이 많아졌다. 백성들의 원망이 커지자 영조는 백성들이 내야 할 베를 한 필로 줄이도록 하였다.

(1) 위의 내용에서 알 수 있는 영조의 가치관을 써 보세요.

_____

_____

(2) 내가 중요하게 생각하는 가치를 고민하여 표의 빈칸을 채워 보고, 가장 중요하게 생각하는 가치와 그 이유, 그를 위해 내가 실천하고 있는 것, 또는 실천해야 할 점을 써 보세요.

> * 가치란 배려, 우리 반의 행복과 같이 자신이 중요시하고 어떤 행동이나 말을 선택하고 실천하는 데 바탕이 되는 생각을 말합니다.

제가 중요하게 생각하는 가치는 _____

왜냐하면 _____

그래서 저는 _____

_____

_____

2.

교과서 밖에서 만난 역사
'전쟁과 평화'

1) 수업을 시작하며

인간의 갈등 중 가장 극단적인 형태는 전쟁이다. 인류의 역사를 설명하면서 전쟁과 평화라는 두 단어를 제쳐 둘 수 있을까? 아마도 불가능할 것이다.

평화는 간단하게 '전쟁이 없는 상태'로 정의할 수 있을 것이다. 그러나 세계의 역사를 냉정하게 돌아볼 때, 평화의 역사는 얼마나 될까? 우리가 살고 있는 이 시대는 과연 평화의 시대일까? 우리는 평화를 온전히 누리고 있다고 단언할 수 있을까? 분명한 것은 진짜 평화를 이룩하기 위해서, 우리는 불편한 진실을 외면해서는 안 된다는 점이다. 다소 아프지만 지금도 끝나지 않은 전쟁과 그 비극을 알아야 한다.

6학년 1학기 사회는 이양선의 등장으로 시작하는 우리의 근현대사를 다룬다. 이양선의 등장에서 일제의 침략까지 끊임없이 고난을 겪는 우리의 근대사를 배우지만, 교과서 위주의 학습만으로는 세계의 열강들이 우리나라에 왜 접근하고 어떤 의도로 조약을 맺었는지에 대해 전체적인 시각으로 바라보기 어렵다. 분절적으로 배우면 아이들의 마음에 우리의 역사가 와닿을 수 없다. 오직 전체적인 맥락에서 크게 봐야만 우리의 역사가 제대로 보인다. 그런 의미에서 제국주의와 1·2차 세계대전, 세계열강의 야욕으로 큰 아픔을 겪은 약소국의 슬픔 등에 대해 학습하는 것이 아이들이 우리 근현대사를 배우기에 앞서 꼭 필요하다고 생각했다. 역시 통합수업은 교사를 열공하게 한다. 어려운 내용이 많았기에 교사들도 부담을 느꼈고 학생들이 잘 이해할 수 있을까 걱정도 컸으나, 우리 자신도 다시 배운다는 생각으로 '전쟁과 평화' 수업을 계획했다.

전쟁과 평화 수업은 우리가 진행한 수업 중 가장 준비 기간이 길었다. 세계사와 요즈음의 세계정세를 공부해야 했기에 그만큼 교사의 학습 부담이 컸기 때문이기도 하다. 먼저 각자 전쟁사에 관해 개략적으로 공부하고 나서, 학습 주제와 관련한 마인드맵을 만들기 위해 브레인스토밍을 하였다. 그 결과 콜럼버스의 신대륙 발견부터 가장 최근의 이라크 전쟁까지 공부할 만한 주제들이 술술 나왔다. 브레인스토밍을 할 때마다 역시 집단 지성의 힘을 느끼게 된다. 소싯적보다 유연하진 않지만 아홉 명의 머릿속에서 다채로운 생각이 쏟아져 나오기 때문이다.

'전쟁과 평화' 수업은 주제의 무거움과 어려움으로 인해 교사 주도로 진행되는 게 바람직하다는 결론을 내렸다. 다만 아무리 쉽게 가르친다 하더라도 교사가 일방적으로 수업한다면 아이들이 지칠 수 있기 때문에, 중간중간에 의미 있는 활동을 제공하기 위해 많은 회의를 거쳐 계획을 수정했다. 우리는 아이들이 전쟁의 참혹한 실상을 목격하는 데서 그치지 않고, 더 나아가 평화의 필요성을 실감할 수 있는 활동을 만들기 위해 끊임없이 고민했다. 또한 움직이고 싶은 에너지가 넘치고 주의 집중할 수 있는 시간이 짧은 초등생의 특성상, 숨 돌릴 수 있는 시간이 필요했기 때문이기도 하다. 아이들 마음속에도 내적 평화가 찾아오길 바라면서….

2) 수업 개요

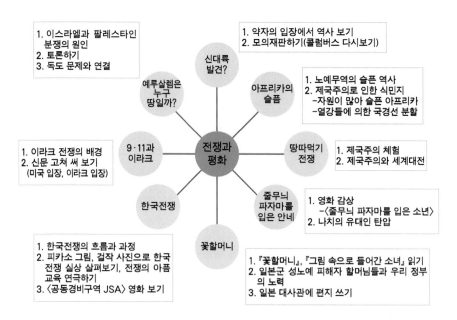

1. 이스라엘과 팔레스타인 분쟁의 원인
2. 토론하기
3. 독도 문제와 연결

1. 약자의 입장에서 역사 보기
2. 모의재판하기(콜럼버스 다시보기)

1. 노예무역의 슬픈 역사
2. 제국주의로 인한 식민지
   −자원이 많아 슬픈 아프리카
   −열강들에 의한 국경선 분할

1. 이라크 전쟁의 배경
2. 신문 고쳐 써 보기
   (미국 입장, 이라크 입장)

1. 제국주의 체험
2. 제국주의와 세계대전

1. 영화 감상
   −〈줄무늬 파자마를 입은 소년〉
2. 나치의 유대인 탄압

1. 한국전쟁의 흐름과 과정
2. 피카소 그림, 걸작 사진으로 한국전쟁 실상 살펴보기, 전쟁의 아픔 교육 연극하기
3. 〈공동경비구역 JSA〉 영화 보기

1. 『꽃할머니』, 『그림 속으로 들어간 소녀』 읽기
2. 일본군 성노예 피해자 할머니들과 우리 정부의 노력
3. 일본 대사관에 편지 쓰기

신대륙 발견?
예루살렘은 누구 땅일까?
아프리카의 슬픔
9·11과 이라크
전쟁과 평화
땅따먹기 전쟁
한국전쟁
줄무늬 파자마를 입은 안네
꽃할머니

전쟁과 평화 수업의 흐름

가. 신대륙 발견?

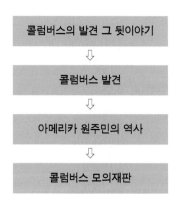

콜럼버스의 발견 그 뒷이야기

⇩

콜럼버스 발견

⇩

아메리카 원주민의 역사

⇩

콜럼버스 모의재판

① 콜럼버스의 발견 그 뒷이야기

「마토아카의 이야기」 슬라이드별 대본 내용

1. 우리는 고대로부터 이 땅에서 자연과 함께 살아왔어. 그런데 어느 날 그들이 왔지.

2. 보이니? 이게 바로 우리의 마야 문명이야. 하지만 그들은 우리를 미개하다고 했지.

3. 그들은 우리 땅에 십자가를 세우고 '이 땅은 하느님이 우리에게 내려 주신 허락이며 사명이다'라고 했어(명백한 운명). 이제 이 땅의 주인은 그들이라고 했지. 우리에게도 그들의 신을 섬기라고 했어. 저항하면 죽음과 고문을 받아야 했어. 우리 땅과 문화를 지키려고 싸웠지만, 신식 무기로 무장한 그들을 이길 순 없었지.

4. 그들은 우리를 무자비하게 학살했어. 이 그림은 라카스 신부가 스페인 군대가 인디언을 학살하는 장면을 그린 거야. 남녀노소를 가리지 않고 죽였지. 불에 태우기도 하고, 손목을 잘라 사냥개의 먹이로 주기도 했지. 우리는 인간도 짐승도 못 되었던 거야.

5. 콜럼버스라는 사람은 우리 땅의 왕이 자기라고 했어. 우리 땅에서 우리를 내쫓고 일을 시켰어. 들어 보니 우리가 일해서 번 돈의 10분의 1을 콜럼버스가 갖도록 되어 있대. 그 권리를 누가 주었는지 아니? 이 땅에 산 적도 없는 에스파냐 왕이래(발견자 우선주의, 명백한 운명). 콜럼버스는 강제로 일을 시키는 것도 모자라 사람까지 유럽으로 팔아넘겼어. 노예로 말이야.

6. 그들은 유럽으로 작물, 금, 가죽, 사람 등을 수탈해 갔어. 그 대신 그들이 우리에게 가져온 게 무엇인 줄 아니? 세균이야. 우리에겐 천연두 같은 질병을 가져왔지. 우리는 낯선 대륙에서 온 새로운 세균에 대한 면역력이 없었어. 그래서 대부분의 원주민들이 죽었지. 이것을 '콜럼버스의 교환'이라고 부른대.

7. 이후에 더 많은 이주민들이 왔지. 그중에는 영국인도 있고 프랑스인도 있었어. 영국, 프랑스, 스페인, 네덜란드 등 열강이 우리 땅을 놓고 전쟁을 벌였지. 우리는 우리 땅에서 그들을 피해 살 수밖에 없었어. 열강들 틈에서 우리도 스스로를 지키기 위해 싸웠지.

8. 크레이지 홀스 영상: 다음 카페

그렇게 용맹하게 싸운 영웅 중 한 명이 크레이지 홀스란다. 미국이 1776년에 영국에서 독립을 하고 프랑스, 스페인으로부터 땅을 사들였어. 그래서 지금의 미국이 만들어진 거야. 유럽에서 미국으로 이주민이 늘어나자 그들은 우리를 강제 이주시켰어. '인디언 추방령'이지.

9. 1838년 겨울, 우리가 강을 넘어 강제 이주하던 길을 '눈물의 행로Trail of Tears'라고 부른단다. 이 과정에서 남아 있는 주민의 4명 가운데 1명이 죽었다고 알려져 있어. 우리는 국가라는 개념이 없이 여러 부족이 어울려 살다 보니 땅에 대한 소유의 개념도 없었어. 미국인들이 갖은 수로 우리를 괴롭히며 협약서에 사인을 하게 했지. 그들은 우리 땅을 스스로 자기들에게 넘겨 주었다는 증거로 그 계약서를 말하지. 그 계약서에 마지못해 사인을 하면서 미국인들에게 전한 시애틀 추장의 연설이 전해 내려온단다. 우리가 자연을 어떻게 대하며 살아왔는지 알 수 있지(시애틀 추장: 동화책)

10. 이후로도 우리의 고난은 계속되었단다. 강제 이주한 지역에서 금광이 발견됐거든. 백인들은 우리를 조용히 살게 두지 않았지. 우리는 싸웠지만, 결국 또 다른 곳으로 강제 이주할 수밖에 없었어. 그들이 우리와 맺은 계약은 종잇조각에 불과했던 거야. 콜럼버스가 처음 우리 땅에 왔을 때, 우리 인구는 1억 명에 달했지만, 이제는 25만 명 정도만 남아 있지. 그리고 몇몇 '인디언 보호구역'이라는 곳에서 겨우 우리 문화를 보존하며 살고 있단다.

-「마토아카의 마지막 인사」

② 콜럼버스 모의재판 실시

위인 콜럼버스	침략자 콜럼버스
• 용기 있는 모험가 • 바다에 대한 당대인의 공포와 미신을 타파 • 근대 과학의 증명: 과학 지식을 가진 근대인, 서양 문명의 근대화에 중요한 역할을 함 • 미국 건국에 중요한 역할	• 침략자: 이사벨라 여왕에게 수익의 1/10, 총독 지위를 요구 • 금 채굴이 안 되자 노예무역을 시작함 • 아메리카 대륙의 원주민이 노예가 되거나 학살됨

나. 아프리카의 슬픔

동기유발: 아프리카 지도의 특징 찾기
⇩
노예무역
⇩
제국주의로 인한 식민지(자원, 국경선, 소년병)

① 동기유발

-아프리카 지도의 특징 찾기(모둠별로 찾아 써 보기, 아프리카 지도 나눠 주기)

② 노예무역

-'16세 쿤타의 슬픈 이야기'

•이야기 슬라이드 중간에 동영상 1개 삽입: 〈아미스타드〉-스티븐 스필버그가 만든 영화, 노예무역선의 참혹한 상황, 5분 정도.

-이야기가 끝나면 노예무역의 경로 슬라이드 살펴보기

-영국의 노예무역을 폐지한 윌리엄 윌버포스 이야기

•그의 일대기를 다룬 영화 〈어메이징 그레이스〉 예고편 3분 정도 삽입

-마무리

•슬픈 아프리카: 아직도 슬픔의 땅, 죽음의 땅, 전쟁의 땅 아프리카

•생각해 봅시다: 200년 전의 노예무역! 사과하고 배상해야 할까요?

③ 제국주의로 인한 식민지(자원, 국경선, 소년병)

-자원이 많아 슬픈 아프리카

•아프리카 자원 분포 지도 보기: 그런데 왜 가난할까?

- 지식채널e 〈Blood phone〉 보기 / 영화 예고편 〈Blood diamond〉 감상
- 자원이 부른 참상과 킴벌리 협약에 대해 이야기하기
-제국주의: 국경선 분할
- 열강들의 획일적 국경 설정으로 내전 등의 피해를 겪고 있는 아프리카
- 내전: 르완다(《호텔 르완다》 예고편 링크) 콩고(서로를 향한 총부리 ppt)
- 활동: 국경선 따라 그려 보기(지도 개인별 배부)
- 생각해 볼 문제: 아프리카의 내전은 아프리카 사람들이 이기적인 탓?
-초등학생이 총 잡는 나라: 소년병
- 동화 「서로를 향한 총부리」의 소년병이 가족을 살려 준 까닭 생각해 보기
- 소년병의 실태 알아보기 ⇒ 사진 감상
- 지식채널e 〈집으로 돌아가는 길〉 보기

다. 땅따먹기 전쟁-제국주의 & 세계대전

제국주의 체험 러닝맨 게임
⇩
제국주의와 세계대전 알아보기(PPT)
⇩
지식채널e: 〈보내지 못한 편지〉
⇩
세계대전 당시 가미카제 특공대원이 되어 부모님께 편지 쓰기

① 제국주의 체험 런닝맨 게임

준비물: 이면지 여러 장, 연필, 나라 이름표(뽑기용, 부착용), 테이프.

1. 나라를 나눈다.

2. 제국주의 나라를 뽑은 사람은 각자 배정된 식민지 나라를 잡는다. 식민지를 뽑은 사람은 한 발로만 뛰어 도망갈 수 있다.

제국주의	식민지
영국	인도, 파키스탄, 네팔, 부탄, 미얀마, 스리랑카, 말레이시아, 케이프타운, 오스트레일리아
프랑스	캄보디아, 베트남, 모로코, 마다가스카르, 튀니지, 알제리, 가봉, 라오스, 코트디부아르
독일	토고, 카메룬, 탄자니아, 비스마르크 제도, 나미비아, 캐롤라인 제도, 중국 칭다오

3. 잡힌 사람은 잡은 나라 이름 "○○ 만세"를 50번 쓴다.

4. 모두 잡힌 후 식민지 사람의 느낌을 이야기한다.

② 제국주의와 식민지 살펴보기: PPT, 교사 자료 참고

③ 전쟁에 참여하게 된 사람들의 모습 살펴보기

: PPT 사진 자료 & 지식채널e 〈보내지 못한 편지〉

④ 세계대전에 참여하게 된 사람이 되어 부모님께 편지 쓰기

예) 세계대전 당시 가미카제 특공대원, 강제 징병된 군인, 독일군, 연합군, 민간인 등

*교사 자료

*어린이 백과-이해하기 쉬움, 한번 읽어 보세요.

제국주의: http://bit.ly/1uQk5tx

제1차 세계대전: http://bit.ly/1n4fBYl

전체주의: http://bit.ly/1pXlXfT

제2차 세계대전: http://bit.ly/VBz1wv

* 지식채널e 〈보내지 못한 편지〉: http://bit.ly/YsuAGf

라. 줄무늬 파자마를 입은 안네

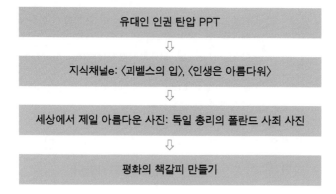

① 2차 세계대전 당시 유대인 인권 탄압:
유대인과 홀로코스트에 관한 PPT

② 지식채널e 〈괴벨스의 입〉

③ 영화 〈줄무늬 파자마를 입은 소년〉, 〈인생은 아름다워〉 보기
-나치가 왜 유대인을 탄압했는지 그 까닭과 수용소에서의 생활
　이해

④ 독일 총리의 사죄 사진을 보고 이야기 나누기
-특히 독일 지도부의 사죄 사진을 보여 줌으로써 일본과 비교하기
-아이들의 역사 인식의 지평 넓히기

⑤ 평화의 책갈피 만들기

-평화를 다짐하며 책갈피 만들기

마. 꽃할머니

〈꽃할머니〉 동영상 보기
⇩
위안부(성노예)란 무엇인지 알아보기
⇩
일본군 성노예 피해자 할머님들의 노력과 우리 정부의 노력 알아보기
⇩
할머님께 편지 쓰기

① 동기유발 영상 보기

-〈꽃할머니〉 영상: http://bit.ly/1kQEAD6

-〈그림 속으로 들어간 소녀〉: http://bit.ly/1vbbSO6]

-위안부(성노예)란 무엇일까요? 이야기 나누기

② 위안부(성노예)란 무엇인지 알아볼까요?

-Military Sexual Slavery of Japan(PPT로 알아보기)

③ 일본군 성노예 피해자 할머님들의 노력과 우리 정부의 노력 알아
   보기

-할머님들의 노력, 정부의 노력 알아보기

-〈수요일엔 빨간 장미를〉(지식채널e 동영상) 보기

④ 편지 쓰기

- 우리도 함께하는 〈수요일엔 빨간 장미를〉(장소 마련하여 그분들의
  아픔 체험하기)
- 위안부 할머님들이 만드시는 압화 꽃 편지지(4장에 5,000원)를 주
  문하여 할머님들도 돕고, 그 편지지로 할머님들과 일본 대사관에
  편지 쓰는 활동하기

바. 한국전쟁

지식채널e 〈어머니께 보내는 편지〉
⇩
한국전쟁 전체적 흐름 정리
⇩
한국전쟁 당시 사진, 피카소 그림을 통해 본 한국전쟁
⇩
영화 〈공동경비구역 JSA〉 보고 평화의 필요성 생각하기
⇩
군사분계선 체험 – 교육 연극하기
⇩
통일의 필요성 생각하기– 그동안의 노력 알기, 토의 토론 해 보기

① 동기유발
- 지식채널e 〈어머니께 보내는 편지〉

② 개관
- 한국전쟁의 전체적 흐름 정리(PPT)

③ 사진과 그림을 통해 본 한국전쟁

-각 사진에 대한 간략한 안내.

-피카소 그림 설명(도립미술관 피카소, 샤갈전 관람 가는 것과 연계)

-당시 사람들의 마음 생각해 보기

④ 영화 〈공동경비구역 JSA〉 보기

-영화 감상 후 소감 말하기, 혹은 써 보기

⑤ 군사분계선 체험: 교실에서 체험해 보는 분단의 아픔

-엄마와 딸이 편지를 서로 주고받지 못하는 과정에서 이산가족의
 아픔과 절박함을 느껴 봄. 교사는 활동 중간에 엄마와 딸에게 어
 떤 감정이 드는지 물어봄

-남북한의 장벽을 낮추어야 한다는 결론으로 마무리

⑥ 평화통일의 필요성 생각하기

가) 평화통일을 위한 그동안의 노력 알기

-서울에서 평양까지 플래시 노래방

-교사의 PPT 자료

나) '남북한 어떻게 해야 친해질까?' 토의 토론하기

-변형된 디즈니 창의성 전략 방법 이용

-각 역할 단계를 동시에 함께하면서 진행한다.

-역할 단계: 반짝이, 냉철이, 현실이, 기록이

〈토의 토론〉 반짝이 → 냉철이 → 현실이

1. 반짝이 단계: 마음껏 상상하여 아이디어를 제안한다.

2. 냉철이 단계: 냉철하게 문제점, 어려운 점, 불가능한 점을 찾아
   낸다.
3. 현실이 단계: 반짝이와 냉철이 단계의 이야기를 토대로 현실적인
   대안을 만들어 낸다.
4. 기록이는 돌아가면서 맡아서 모둠에서 제안되는 것을 기록한다.
5. 모둠 칠판을 앞에 부착한다.
6. 각 모둠에서 나온 제안들을 선생님과 함께 공유한다.

다) 정리하기
-평화통일을 위한 정부/민간 차원의 노력 PPT

사. 9·11과 이라크 전쟁

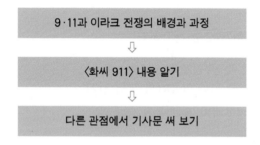

① 9·11과 이라크 전쟁에 대한 배경과 전개 과정에 대한 PPT
-9·11 테러 당시 상황을 촬영한 사진과 동영상이 담긴 PPT를 보며
   왜 일어나게 되었는지, 어떻게 전개가 되었는지 알아보기
-9·11 테러 동영상: http://bit.ly/1tdQc4f

② 마이클 무어의 감독 〈화씨 911〉에 관한 PPT(또는 영화)
-시간에 따라 유동적으로 간략하게 PPT로 보거나 시간이 가능하면
   영화 보기

-부시 전 대통령과 사우디의 유착 관계, 9·11과 이라크 전쟁을 통해 엄청난 부를 획득한 부시 전 대통령에 관한 마이클 무어 감독의 비판 영화

③ 기사문 다시 써 보기
-관점을 달리하여 기사문 써 보기

아. 예루살렘은 누구 땅일까?

이스라엘 팔레스타인의 분쟁에 관련한 이야기
⇩
전쟁 배경, 흐름에 관련된 전반적인 내용, 각자 입장에 관련 주장 내용
⇩
입장을 선택 후 토론(이스라엘 대 팔레스타인)
⇩
지식채널e(〈한잘라〉 1부, 2부) 시청
⇩
강대국들의 힘과 논리에 의해 삶의 터전을 잃어버린 여러 나라 중 우리나라에 대한 부각
⇩
현재도 논란이 되고 있는 중국의 동북공정, 일본의 독도 영유권 주장과 연관 짓기

① 이스라엘 팔레스타인의 분쟁에 관련한 이야기
-이스라엘과 팔레스타인의 영토 분쟁의 역사 알기
-현재 상황 공유하기

② 전쟁 배경, 흐름에 관련된 전반적인 내용, 각자 입장에 관련 주장 내용

-이스라엘과 팔레스타인의 입장 차이 알기

③ 입장을 선택 후 토론(이스라엘 대 팔레스타인)
-자신의 입장을 선택하여 토의 토론 준비하기
-토의 토론 실시

④ 지식채널e 시청
-〈한잘라〉 1부 http://bit.ly/1wdeVcI
-〈한잘라〉 2부 http://bit.ly/1v1iUHX

⑤ 강대국들의 힘과 논리에 의해 삶의 터전을 잃어버린 여러 나라
　중 우리나라에 대한 부각

⑥ 현재도 논란이 되고 있는 중국의 동북공정, 일본의 독도 영유권
　주장과 연관 짓기

3) 수업 실행 사례

'전쟁과 평화'는 교사들이 미리 공부
하고 계획한 전형적인 교사 주도형 수
업이지만, 아이들이 공부하고 싶어 하
는 주제를 반영하는 마인드맵 만들기
시간도 마련했다.

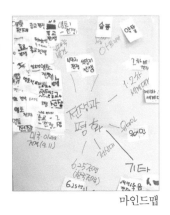
마인드맵

가. 신대륙 발견?

수업의 시작은 콜럼버스의 침략 이후 불행한 세월을 겪어야 했던 아
메리카 원주민의 아픈 역사를 배우는 것이었다. 달걀의 비유가 많이
인용되듯이, 콜럼버스의 신대륙 발견은 역사 속에서 당대인의 평면적
사고의 전환을 가져온 획기적인 사건으로 평가된다. 그렇지만 신대륙
발견은 서구 열강의 제국주의의 시발점이 된 사건이기도 하며, 그 이면
에 수많은 아메리카 원주민들의 희생이 있었다.

우리는 아이들이 하나의 사건을 다양한 시각에서 바라보길 바랐다.
마찬가지로 위인으로만 평가되는 콜럼버스라는 인물을 비판적인 시각
에서 재조명해 보는 것도 의미 있는 활동이 될 듯했다. 따라서 우리는

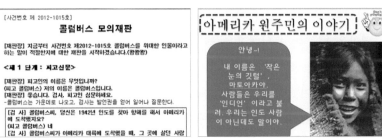

모의재판 대본   수업 PPT

325

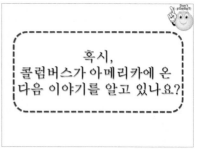

수업 PPT

'콜럼버스는 위대한 영웅인가? 침략자인가?'라는 주제로 모의재판을 진행하기로 했다.

모의재판에서는 아이들이 각각 콜럼버스 측(콜럼버스, 이사벨라 여왕, 과학자, 신부, 변호사)과 인디언 측(원주민, 양심 고백 백인, 노예 상인, 검사)으로 나누어 토론한 뒤, 최종적으로 배심원들이 콜럼버스의 형량을 결정했다. 다만 아메리카 원주민의 가슴 아픈 이야기를 듣고 난 후 바로 하는 수업이라서, 아이들이 검사 측에 동화될 가능성이 높다고 판단했기 때문에 변호사 측과 검사 측에 읽기 자료를 나누어 주었다. 또, 혹시나 배심원이 재판 과정에 소극적으로 참여할 것을 염려하여 배심원을 맡은 아이들이 내린 사법적 판단에 대한 글을 쓰도록 했다.

교사들의 예측대로 콜럼버스는 '유죄' 선고를 받았을까? 놀랍게도 결과는 다양했다. 콜럼버스가 '무죄' 선고를 받은 반도 있었다. 아이들의 날카로운(!) 선고의 근거를 한번 살펴보도록 하자.

역할을 나누어 모의재판을 해 보고 좋았던 점은, 자신들의 역할이 주어지는 만큼, 아이들이 자신의 역할에 따른 책임감을 갖고 열의 있게 활동에 참여했다는 것이다. 우리는 아이들에게 어렵지는 않을까 걱정했는데, 다행히도 대부분의 반에서 매우 반응이 좋았다.

"역할을 나누어 모의재판을 하는 게 가장 인상 깊었어요."

"위인으로만 알았던 콜럼버스를 심판한다는 게 재미있었어요."

"일반적인 토론보다 재미있었어요."

• 콜럼버스에게 유죄 선고를 내린 아이들의 근거

1. 콜럼버스는 부를 위해서 많은 원주민 학살을 저질렀다.
2. '콜럼버스의 교환'으로 알 수 있듯이, 그는 원주민에게 질병과 관련한 바이러스를 옮겼다.
3. 그는 원주민들을 데려와 노예로 부림으로써 원주민의 인권을 무시했다.

• 콜럼버스에게 무죄 선고를 내린 아이들의 근거

1. 콜럼버스는 지구가 둥글다는 것을 직접 항해로 입증하여 당시의 과학에 큰 공헌을 했다.
2. 그는 누구도 시도하지 못한 항해를 감행한 용기 있는 모험가였다.
3. 미국의 건국과 서양 문명의 발전의 직접적인 계기가 되었다.

모의재판 자리 배치도

모의재판 모습

나. 아프리카의 슬픔

자원이 많아서 슬픈 땅, 아프리카. 아프리카는 현재까지도 전쟁, 가난, 굶주림, 인권 침해 등 우리가 상상할 수조차 없는 비극의 역사를 겪고 있는 땅이다. 아프리카 비극의 역사는 서구 열강의 제국주의와 식민지 정책 때문에 시작되었다. 제국주의를 학습하기 이전에, 아직도 제국주의의 영향 아래서 자유롭지 못한, 비참한 슬픔을 겪고 있는 세계의 현실을 목격하는 수업이 필요하다고 생각했다. 그리고 아이들이

쾌적한 환경 속에서 공부하며
편안한 생활을 누리고 있는 일
상에 감사하길 바랐다. 그러면서
동시에 최소한의 인권조차 보장
되지 않는 그 땅을 외면하지 않
길 바라는 마음에서 이 수업을
계획했다.

아프리카 국경선의 비밀을 찾아라

　동기유발로 아이들에게 아프리카의 지도를 보여 주며 그 특징을 찾
게 했다. 아이들은 비교적 단순하고 반듯한 아프리카 국경선의 특징을
잘 찾아냈다. '각 나라의 국경선이 왜 이렇게 반듯한 걸까?'라는 질문
에 아이들은 "그냥 생각 없이 편한 대로 나눈 것 같아요"라는 대답을
했다. 우리는 아프리카의 지도에 숨겨져 있는 슬픔에 대하여 학습할
것이라고 예고한 뒤 수업을 전개해 나갔다.

　첫 번째로는 16세 쿤타의 이야기를 통해 아프리카의 노예무역에 대
한 수업을 했다. 중간에 노예무역을 소재로 다룬 영화 〈아미스타드〉의
한 장면을 잠깐 보여 주었는데, 아이들은 그 끔찍한 현실에 분노했다.
눈물이 맺힌 아이도 있었고, 눈을 감아 버리는 아이도 있었다. 수업이
끝난 뒤, 아이들에게 "200여 년이 지난 지금, 노예무역으로 이득을 본
선진국들은 과거의 일인데도 사과해야 할까?"라는 질문을 던졌다.

슬픈 쿤타의 이야기

328

손발이 묶인 채로 끌려가 신체검사를 받은 후 배에 실려졌어. 겨우 사람이 몸을 돌릴 수 있을 만큼 공간에서 몇 달을 지내야 했어

노예 무역의 경로

노예무역의 잔인함

• 노예무역에 대한 아이들의 반응
– 과거에 저지른 잘못이라고 해서 오늘날 용서받을 수 있는 것은 아니다.
– 과거의 잘못이라고는 하나 다른 나라의 희생을 바탕으로 돈을 번 것은 이기적인 행동이므로 마땅히 사과해야 한다.
– 분명한 인권 침해를 저질렀다는 점에서 사과해야 마땅하다.

　아프리카 수업의 두 번째 소주제는 지금도 아프리카 곳곳에서 일어나고 있는 자원 전쟁에 관한 것이었다. 아프리카에는 콜탄, 다이아몬드를 비롯한 값비싼 지하자원이 많이 매장되어 있고, 이 때문에 자원 매장 지역의 지배를 두고 내전이 벌어지고 있다. PPT와 지식채널e 등의 영상 자료를 통해 수업을 전개했고, 이 과정에서 아이들과 비슷한 나이 또래의 아이들이 학교 대신 전쟁터에 나가야 하는 현실에 대해 언급했다.

　아이들과 함께 수업의 첫 부분에서 언급했던 아프리카 지도를 직접 따라 그려 보도록 했다. 아이들은 아프리카의 지도를 따라 그려 보며, 그 이면에 숨겨진 의도를 잘 추리해 냈다. "그래요. 여러분이 생각한 대로 아프리카를 식민 지배하는 과정에서 아무렇게나 땅을 나누었어요. 이 결과로 어떤 일이 벌어졌을까요?"라는 질문을 던졌다. 너무 두서없는 질문을 던진 까닭일까? 아이들은 대답이 없었다. PPT의 다음 장을 보여 주니, 아이들은 나름대로 그 결과를 잘 예측해 냈다.

　지금까지도 수많은 아프리카 내전의 원인이 되는 아프리카의 국경

아프리카 자원 지도

• 자원 전쟁에 대한 아이들의 반응
- 무조건 많이 가진 게 좋은 거라고 생각했는데, 아닐 수도 있구나.
- 수업 중간에 〈블러드 다이아몬드〉 예고편을 봤는데, 실제로 보고 싶다.
- 아름답다고만 생각했던 다이아몬드로 인해 전쟁이 벌어지고 있다니 놀랍다.

선. 수업의 마지막 단계에서는 아이들과 함께 『서로를 향한 총부리』라는 책을 읽으며 초등학생이 연필 대신 총을 잡아야 하는 아프리카의 현실에 대해 알게 되었다. 진한 공감의 힘이 있기 때문에 사람이 동물과 다른 것일까. 수업이 끝나고, 아이들뿐만 아니라 교사들에게도 어떤 마음의 빚이 생긴 것 같은 기분이 들었다.

다. 땅따먹기 전쟁

우리는 머릿속에 쏙 들어오는 제목을 짓기 위해 고심했다. 아이들도 익숙한 땅따먹기 놀이가 제국주의의 뜻을 가장 잘 드러낸다고 생각하여 '땅따먹기 전쟁'이라고 이름 붙였다. 제국주의 수업을 계획할 때 우리들의 가장 큰 고민은 바로 "어떻게 하면 아이들이 제국주의와 식민지를 쉽게 이해할 수 있을까?"였다. 기존의 계획대로라면 '전쟁과 평화' 통합수업은 체험활동이 너무 부족하다는 한계가 있었다. 아이들이 좋아하는 놀이와 접목시켜야 한다는 생각으로 TV 프로그램에도 나오는 '런닝맨' 체험을 하기로 했다. 놀이 자체보다 더 중요한 건 규칙이었다.

규칙을 고민한 끝에 영국, 프랑스, 독일의 3개국으로 서구 열강을 대표하기로 하고, 3개국의 지배를 받았던 식민지 국가는 같은 색과 기호로 표시하기로 했다.

아이들은 3개국과 식민지국으로 나뉘어 등에 해당국의 표시가 인쇄된 종이를 붙이고 쫓고 쫓기는 놀이를 하게 된다. 당연히 쫓는 쪽은 열강국, 쫓기는 쪽은 식민지국이다. 열강국은 자신의 식민지를 붙잡아 등 뒤의 종

제국주의 런닝맨 체험

이를 떼어 내야 하는데, 이때 현실이 놀이에 반영되어 아이들이 불평등함을 느낄 수 있도록, 식민지국의 아이들은 한 발로만 뛰어야 한다는 규칙을 추가했다(공정한 룰을 가진 '경쟁'이 아니라는 의미다). 마지막으로, 식민지국의 아이들은 열강에게 잡히면 해당 국가를 찬양하는 문장을 50번 써야 한다(예를 들면, 알제리 표시를 단 아이가 잡혔을 경우, "프랑스 만세"를 50번 쓰기).

런닝맨 게임으로 아이들은 제국주의를 재미있게 학습한 것 같았다. 물론 식민지국의 아이들은 벌칙을 수행하면서 입이 삐죽 나와 있기도 했다. 아이들에게 런닝맨 체험으로 느낀 제국주의는 어땠는지 질문을 던졌다.

• 제국주의 런닝맨 체험에 대한 아이들의 반응
- 한 발로 뛰어야 하니까 잡힐 수밖에 없는 게임이라서 불공평했다.
- 잡혀서 '독일 만세'라고 50번 써야 할 때는 힘들고 짜증 났다. 식민지 사람들의 기분을 알 수 있을 것 같았다.
- 다음엔 식민지국 대신 독일이나 프랑스의 역할을 맡고 싶다.
- 전쟁과 평화 활동 중 가장 재미있었다.

런닝맨 체험이 끝나고 제국주의와 세계대전 수업을 PPT와 영상 자료로 진행했다. 아이들에게 세계대전의 구체적 경과를 설명한다는 것은 어려울 수 있다는 판단에 따라, 지나친 설명은 지양하고 제국주의

와 세계대전의 인과관계를 설명
하는 데 초점을 맞추었다. 또한
다음 수업이 나치의 유대인 탄
압에 관한 것이었기 때문에 2차
세계대전과 독일에 대해서도 간
략하게 설명해 주었다. 원자폭
탄 투하로 끝난 2차 세계대전의

학도병이 되어 편지 쓰기

비참한 결과와 각국의 이익 앞에 무참히 희생당한 전사자들을 보면서
아이들은 많은 생각에 잠기는 듯했다. 마지막으로 전쟁 당시의 학도병
이 되어 부모님께 편지를 쓰는 활동을 하면서 제국주의 수업을 마무리
했다.

라. 줄무늬 파자마를 입은 안네

전쟁과 평화를 다루면서, 근현대 역사상 가장 대규모의 인종 탄압
이라고 할 수 있는 홀로코스트에 관하여 언급하지 않을 수 없었다. '줄
무늬 파자마를 입은 안네'라는 독특한 제목은 영화 〈줄무늬 파자마를
입은 소년〉에서 따온 것이다. 독서 릴레이의 일환으로 읽은 『안네의 일
기』를 아이들에게 연상시키려는 의도도 있었다. 유대인 탄압과 관련한
수업을 하기 전에, 우리 반은 『안네의 일기』를 읽은 직후라서 수업 내
용을 더 쉽게 이해할 수 있었다.

수업의 일관성을 위해, 영어 선생님의 도움을 받아 영어 전담 시간
에는 〈인생은 아름다워〉, 〈줄무늬 파자마를 입은 소년〉 등의 영화를 감
상했다.

'전쟁과 평화' 통합수업은 분량이 상당히 많고, 또한 수업이 꽤 길어
졌으므로 아이들이 영화를 보면서 휴식할 수 있는 시간도 필요하다는

판단에서였다. 영화를 감상하면서 자신의 생각을 정리할 수 있도록 항상 영화 감상문 학습지를 작성하도록 했다. 특히 〈줄무늬 파자마를 입은 소년〉의 경우, 주인공 브루노의 시각으로 내용이 전개되기 때문에, 초등학생들도 쉽게 내용 파악이 가능하다는 장점이 있었다.

아이들은 굳이 나치와 연관 짓기보다는 순수하게 영화에 나온 두 아이를 불쌍히 여기는 마음이 앞섰던 듯하다. 이 영화를 본 아이들의 반응을 소개한다.

영화 감상 후기

- •영화 〈줄무늬 파자마를 입은 소년〉에 대한 아이들의 반응
- – 브루노가 슈무엘의 아버지를 찾아 주려고 갈아입고 수용소로 들어갔을 때 기특했다.
- – 유대인이라는 이유로 희생당한 사람들이 불쌍하다.
- – 브루노나 슈무엘과 같은 아무것도 모르는 어린아이들도 희생당했다는 게 비참하다.

나치와 유대인 탄압을 다룬 수업을 하면서 가장 염려했던 부분이자 초점을 두었던 부분은 아무래도 '왜'와 '어떻게'라는 질문에 관련한 것이었다. 아이들이 가장 의문을 가질 만한 근본적인 질문이 무엇일지 고민하면서 그 궁금증을 해소하기 위해 노력했다. '나치는 왜 유대인을 탄압한 것일까?'와 '어떻게 그렇게 많은 사람들이 옳지 못한 일(유대인 탄압)에 동참했을까?'라는 의문. 그것은 우리 교사들도 선뜻 쉽게 대답하지 못할 질문들이었다. 또한 답을 찾더라도 아이들 수준에서 쉽게 설명할 수 있을지 걱정되었다. 결국 우리는 나치 정권의 선동가인 괴벨스에게서 조금이나마 그 답을 찾을 수 있었다.

이것이 정답이라고 명확하게 이야기할 순 없지만, 지식채널e의 〈괴벨스의 입〉 편에는 이런 말이 나온다. "독일 국민의 마음을 하나로 모으기 위해서는 공동으로 미워할 대상을 찾는 것이 중요하다." 증오의 대상은 유대인이었다. 영상을 감상한 뒤 유대인을 학살한 목적에 대해 언급하고, 아이들에게 짧게 스쳐 지나간 이 문장을 반복하여 이야기해 주자 아이들은 하나같이 '그런 이기적인 목적으로 많은 사람을 학살했다는 것이 어이없고 놀랍다'라는 반응을 보였다. 두 번째로 아이들에게 언론과 연설 등으로 광범위한 대중을 선동한 사례에 대해서도 이야기하고, '다수의 독일 국민이 어떻게 유대인을 죽이는 데 동의했을지' 질문했다. 아이들은 '다른 사람들도 다 하니까', '나치가 선동하니까'라는 간단한 대답들을 했다. 사실 많은 학자들의 의견이 엇갈리지만, 나는 아이들의 말이 맞다고 생각했다. 아이들과 나는 함께 "모든 사람들이 그렇게 하기 때문에, 어떤 것이 옳고 그른지 스스로 생각하고 판단하지 않았기 때문"이라는 결론을 내렸다.

과거 독일 총리 빌리 브란트의 사죄 사진을 보여 주며 과거에 저지른 과오에 대해 사과하는 독일과 우리나라를 식민지로 삼고 약탈을 감행한 과거에 대해 반성할 줄 모르는 일본의 모습을 아이들과 함께 비교하며 수업을 끝맺었다. 특히 과거사에 대한 잘못을 인정하지 않는 일본을 비판하기 위한 의도로 『뉴욕타임스』에 독일 총리의 사진을 실어 광고로 내보낸 김장훈 씨의 사례를 함께 언급했다. 그저 분노하는 것에서만 그치지 않고, 광고를 싣거나 일본 정부에 사과를 정식으로

수업 PPT

독일 총리가 사죄하는 사진

요구하는 등 해결책에 대하여도
아이들과 논의했다.

다른 수업보다 활동이 적기
때문에 유대인 탄압과 큰 연관
성은 없지만, 수업 중간에 평화
의 메시지를 그림으로 담는 평화
의 책갈피 만들기 활동을 했다.

평화의 책갈피

아이들은 소중한 사람에게 선물할 책갈피를 열심히 만드는 데 집중했
다. 반별로 평화의 책갈피 전시가 끝나고, 코팅하여 직접 선물할 수 있
도록 했다.

마. 꽃할머니

'꽃할머니'라는 제목은 위안부 할머니를 다룬 권순덕 작가의 동화에
서 따왔다. 전쟁이 도대체 무엇이기에 한 사람의 인생을 이다지도 망
가뜨린 것일까? 위안부 할머니와 관련한 문제는 우리 민족의 아픈 역
사를 다룬 부분이기 때문에 굉장히 조심스럽게 접근할 수밖에 없었다.
특히 초등학생 아이들에게 일본군이 저지른 만행을 어디까지 구체적
으로 이야기를 해 주어야 할까? 마찬가지로 '위안부'라는 표현과 '성노
예'라는 표현 중 어떤 표현을 사용해야 할지도 난감했다. 우리는 고민
끝에 '위안부 할머니'라는 명칭을 그대로 사용하기로 했다(성노예라는
직접적인 명칭을 언급할 자신이 없었기 때문이기도 하다).

아이들과 함께 『꽃할머니』 책을 읽으며 수업을 시작했다. 평화 그림
책의 일환으로 만들어진 이 책은, 13살 어린 소녀가 무작정 전쟁터에
끌려가 성노예로 이용당한 기억 때문에 말과 웃음을 잃는 등 평생 아
픔을 겪은 이야기를 다룬 내용이다. 내용 자체가 무겁기 때문에, 아이

『꽃할머니』

희움 사이트

들은 웃음기 없이 진지하게 동화책에 집중했다. 일본군이 밭에서 일하고 있는 소녀들을 억지로 끌고 갈 때엔, 수업 당시 방영되고 있었던 드라마 〈각시탈〉의 한 장면(트럭에 조선 처녀들을 데리고 잡아가는 장면)을 떠올리는 아이들이 많았다.

수업을 하면서 느낀 점은, 수업이 단지 '분노'하는 데 그쳐서만은 안 된다는 것이다. 어떻게 하면 긴장 상태를 완화할 수 있는지 해결책에 관한 대화와 토론이 꼭 필요하다. 특히 현재 진행형이라고 할 수 있는 문제들에 관해서는 더욱 그러한 절차가 필요하다고 느꼈다. 지금도 정신대 할머니들께서 그들을 지지하는 분들과 일본 대사관 앞에서 정식 사과와 정신적 피해 보상을 요구하는 수요집회를 하고 계시기 때문에, 실질적으로 우리가 도움을 드릴 수 있는 일이 무엇이 있을지 고민하지 않을 수 없었다.

할머님께 편지 쓰기

고민 끝에 선생님과 학생 모두가 돈을 모아 정신대 할머니와 연대하는 시민 모임인 '희움' 사이트에서 직접 편지지를 구입하여 위로의 편지를 보내기로 했다. 희움에서 판매하는 압화 편지지는 정신대 할머니들께서 손수 만드신 압화 작품을 바탕으로 제작했기 때문에 더욱 뜻깊은 의미가 있었다. 편지지가 참 예뻐서일까? 아이들은 평소와 달리 진심을 담아 꾹꾹 눌러 썼다. 오랜만에 본 꾸러기들의 진지한 모습에, 그 예쁜 마음에 깜짝 놀라지 않을 수 없었다. 편지를 다 쓴 뒤, 동봉된 우표를 붙이고 아이들이 직접 우체통에 넣어 보내기로 했다. 편지를 다 쓴 아이들 얼굴에서는 제 손으로 뭔가를 해냈다는 뿌듯한 미소가 번졌다.

• '편지 쓰기'에 대한 아이들의 반응
- 실제로 정신대 할머니들께 도움이 될 수 있어 뿌듯했다.
- 우리랑 비슷한 나이에 아픔을 겪어야 했던 할머니들이 안타깝다.
- 정말 진심을 담아서 정성스럽게 썼다.
- 일본에게 너무 화가 난다. 일본에게 사과를 요구하는 편지도 써 보고 싶다.

바. 한국전쟁

도덕 수업을 할 때도 항상 우리나라는 세계 유일의 '분단 국가'이고 전쟁이 아직 끝나지 않은 '휴전 국가'임을 강조했지만, '전쟁'의 과정 자체에 초점을 맞추어 수업을 한 적은 없었다. 놀랐던 것은 통일에 대한 요즘 아이들의 부정적인 인식이다. 아이들에게 '우리나라가 통일을 해야 할까?'라는 질문을 던지니 대다수 아이들이 반대했다. 이유를 물으니, '북한이 우리보다 훨씬 가난한데, 통일을 하면 우리나라까지 가난해질까 봐(경제적 이유)', '천안함이나 연평도 사건을 보면 북한이 우리에게 적대적으로 대하는데 굳이 손을 내밀 필요가 없는 것 같아서(적대적 감정)' 등의 대답을 했다. 물론 유연한 대응, 물리적 위협에 대한 강경한 대응이 어느 정도 필요한 것도 사실이지만, 북한에 대한 인식이 아이들에게도 결코 좋지 않은데 통일과 관련해서 앞으로 어떻게 수업을 해야 할지 한숨이 나오기도 한다.

그럼에도 불구하고 우리 근현대사를 설명하면서 교사가 설명하기 불편하다는 이유로 한국전쟁을 언급하지 않을 수는 없는 노릇이다. 최대한 객관적으로 전쟁의 피해와 평화 통일의 중요성에 대해 수업하기 위해 노력했다. 평화가 전제된 세상 속에서 우리 아이들이 마음껏 꿈을 펼치며 살았으면 좋겠다는 생각을 해 본다.

첫 번째로 한국전쟁과 관련하여 전쟁 당시의 사진과 그림을 보고 한국전쟁이 낳은 피폐한 현실에 대하여 아이들과 함께 알게 되었다. 보따리를 싸들고 아래로 피난 가는 사람들, 폐허가 된 도시를 벌거벗고 돌아다니는 한 어린아이의 모습… 당시의 카메라가 담은 우리 민족의 모습을 보니 반 전체가 숙연해지는 분위기였다. 한국전쟁의 결과 발생한 수많은 사상자와 이산가족들. 아이들은 예상보다 한국전쟁의 규모가 크다는 것에 놀라는 것 같았다. 관련된 예술 작품으로는 피카소의 「한국에서의 학살」을 보여 주었다. 아이들은 유명 화가인 피카소가 우리나라의 전쟁을 그렸다는 것에 신기해하면서도 그림의 배경인 신천 학살에 대해 알게 되자 분노했다.

한국에서의 학살

미술 작품 관람

우리는 전쟁과 평화 통합수업 기간 중 도립 미술관의 전시를 구경할 기회가 있었다. '나의 샤갈, 당신의 피카소'전에서 교과서에서만 볼 수 있던 유명 화가들의 그림을 감상할 수 있었다. 물론 전쟁 프로젝트에서 언급했던 「한국에서의 학살」이나 「게르니카」 등의 그림은 없었지만, 회화를 무기라고 인식하며 투철한 사회의식을 보여 준 피카소의 그림을 우리 지역에서 볼 수 있다는 사실은 아이들에게 그 자체로도 뜻깊었을 것이다.

한국전쟁 두 번째 시간. 우리는 아이들과 교육 연극으로 이산가족의 아픔과 분단의 아픔을 체험할 수 있었다. 갈갈이 서준호 선생님의 연수 내용을 참고하여 분단의 아픔을 체험했는데, 아이들이 우리의 현실과 거리가 있다고 생각하는 '이산가족의 아픔'을 몸으로 간접적으로나마 느껴 볼 수 있어 참 좋았다는 평이 대부분이었다.

분단과 관련이 있는 영화들도 한국전쟁을 이해하는 데에 큰 도움을 주었다. 특히 〈웰컴 투 동막골〉이나 〈공동경비구역 JSA〉 등의 영화는 전쟁과 휴머니즘을 다시 생각해 보게 하는 힘이 있는 영화이다. 〈JSA〉는 아이들 수준에서 조금 어려워서 집중하지 못하는 아이들도 더러 있었기 때문에, 중간중간 교사가 설명해 주면서 보았다.

마지막으로 우리는 평화통일의 대안을 마련하기 위해서 생소한 토론 방식을 도입했는데, '디즈니 창의성 토론' 기법이라는 것이다. 우리

영화 감상지

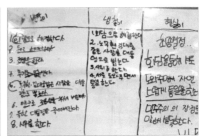
토의 토론

는 원래의 디즈니 창의성 토론 기법을 살짝 변형하여 초등학생에게 맞는 우리만의 토론 방법으로 변형시켰다. 처음의 반짝이 단계에서는 누구나 자유롭게 브레인스토밍을 하듯 창의적인 생각을 내놓는다. 이 단계에서는 엉뚱한 의견이라고 할지라도 비판을 금지하는 것을 원칙으로 한다. 냉철이 단계에서는 반짝이 단계에서 나온 의견 중 불가능한 것을 제외하는 과정을 거친다. 현실이 단계에서는 반짝이 단계와 냉철이 단계에서 나온 의견을 종합하여, 반짝이 단계의 의견을 현실적으로 실행 가능하도록 수정한다. 3단계의 과정을 통해 아이들은 어떤 문제에 관한 현실적 대안을 수립할 수 있다. 아이들은 평화적인 통일을 이룩하기 위해서 자신의 생각들을 수정하여 '대화와 협력'만큼 좋은 해결책이 없다는 것을 깨달은 듯하다. 다음은 아이들 머릿속에서 나온 놀라운 수준의(!) 반짝이는 대안들이다.

• 평화적인 통일을 이룩하려면?
 - 남북한이 합작하여 '통일학교'를 지은 후, 통일 인재를 양성한다.
 - 남북한의 어린이들이 오해를 풀기 위해 서로 편지를 주고받는 기관을 만든다.
 - 공동으로 회사를 설립하여 북한에 공장을 짓고 수익금을 나눈다.
 - 날짜를 정해 북한 사람들을 남한으로 초대하는 날을 만든다.

사. 9·11과 이라크

9·11은 미국이 '테러와의 전쟁'을 선포한 시발점이 되는 사건이다. 우리는 '테러와의 전쟁'을 선포한 그 이면에 숨겨진 자본과 자원의 논리를 알아야 한다. 9·11이라는 단 한 가지의 사건만을 두고 평면적 평가를 하는 것은 문제가 될 수 있다고 생각한다. 미국의 입장뿐만 아니라 아랍의 입장에서도 9·11을 비롯한 사건들을 평가해 보는 수업이 의미가 있으리라는 생각에 이 주제의 수업을 계획했다.

아. 예루살렘은 누구 땅일까?

예루살렘을 비롯한 땅의 지배권을 두고, 이스라엘과 팔레스타인의 영토 분쟁은 현재 진행형이다. 성서에 등장하는 유대인들의 약속의 땅, 하지만 그곳엔 이미 다른 민족이 들어와 살고 있었다. 우리는 어느 한 쪽의 입장을 견지하기보다는 아이들이 입체적으로 이스라엘-팔레스타인 사건에 대해 파악하고, 주체적인 사고를 할 바랐다. 그곳이 마땅히 누구의 땅이어야 한다는 생각을 주입하기보다는, 아이들이 스스로 생각하고 판단하여 결정을 내리는 것이 중요할 것 같았다.

먼저 이스라엘-팔레스타인 분쟁과 관련하여 아이들은 아프리카에 이어 지금도 영토 분쟁이 진행 중인 국가가 있다는 것에 놀라움을 표했다. 이곳이 누구의 땅인 것 같으냐고 아이들의 의견을 물어보니, 당장 살고 있던 터전에서 쫓겨난 팔레스타인 편을 든 아이들이 대부분이었지만, 미군의 무기를 대동한 무력 진압이라는 방법은 비록 잘못되었으나 땅의 원래 주인인 이스라엘의 손을 들어주어야 한다는 의견도 있었다. 아이들의 반응을 한번 살펴보자.

> •예루살렘의 주인은 누구인가?
> - 원래 땅의 주인은 이스라엘인이다. 주인이 오랫동안 자리를 비운다고 해서 손님이 집을 차지할 순 없다.
> - 가자지구를 비롯한 좁은 땅으로 내몰린 팔레스타인인들이 불쌍하다. 오랜 세월 동안 각지에 흩어져 있었다가 갑자기 나가라고 하면 그곳에 살고 있던 사람들은 어떻게 해야 하는가?
> - 공정한 국제사법기관이 이스라엘과 팔레스타인의 영토 분쟁을 해결해 주었으면 좋겠다. 무력으로 인해 많은 사람들이 죽어가는 것보다 평화적인 방법을 택했으면 좋겠다.

자. 평화가 절실해요

전쟁에 대해 자세히 알아본 이유는 전쟁의 해악을 알고 평화의 필요

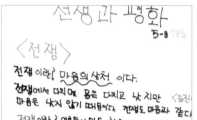
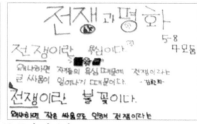

전쟁과 평화 모둠 문장 만들기

성을 느끼기 위해서였다. 마지막 평화와 관련된 수업이 핵심이라고 할 수 있겠다. 전쟁과 평화가 무엇인지 모둠 문장 만들기를 해 보았다. 다양한 의견들이 많이 나왔다. 전쟁의 참혹함을 어느 정도 이해하는 것 같았다.

평화의 필요성을 느낄 수 있는 좋은 책이 있어 아이들과 함께 읽었다. 『고릴라 왕과 대포』라는 동화이다. 저학년을 비롯하여 고학년까지 함께 읽을 수 있는 좋은 동화이다. 이 책을 읽으며 전쟁과 평화 수업을 마무리했다. 이후 아이들이 만들게 될 산출물에 대한 이야기를 나누었다.

평화의 필요성을
느끼게 해 주는 동화

4) 수업을 마치며

'전쟁과 평화' 통합수업은 마지막에 아이들에게 주도권을 주어 스스로 프로젝트 결과물을 만들도록 했다. 영화, 뉴스, 드라마, 뮤직 비디오를 비롯한 동영상 만들기, 평화 선언문 만들기, 평화의 마스코트 만들기, 포스터 그리기 등 여러 가지 활동이 주도적으로 이루어졌다.

아이들이 만든 마스코트는 평화의 상징인 비둘기와 평화 마크를 이용해서 만든 평심이와 평돌이라고 하는데 한쪽 날개를 펼친 모습이 재미있다. 평화 선언문과 같은 경우는 우리 반의 한 모둠이 반 아이들의 의견을 하나씩 모아 공통된 의견들을 묶고 우리 반이 지켜야 할 선언문으로 작성했다.

이 외에도 다른 반에서 다양한 UCC와 포스터 등이 만들어졌고, 아이들의 창의력이 잘 발휘된 작품들이 많았다. 다양한 통합수업을 거치며 아이들은 이제 동영상 만들기 박사가 된 것 같다. 분명한 것은 기술적인 수준만이 아니라 동영상의 내용도 점점 훌륭해지고 있다는 사실이다. 전쟁의 폐해와 세계정세에 대한 긴장을 담은 드라마, 뉴스 등의 UCC 작품을 보고 감탄을 금치 못했다. '아이들도 많이 시도해 보고, 부딪히고, 그러면서 성장하고 있구나.' 하는 마음이 들었다.

열흘이 걸린 상당히 길고 힘들었던 '전쟁과 평화' 통합수업. 하지만

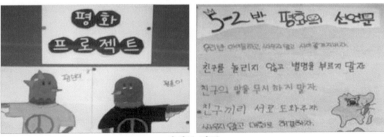

아이들 작품

포스터 작품　　　　　　　　　　　UCC(뉴스, 영화 등)

힘들었던 만큼 교사도 성장했다. 새로 알게 된 지식들도 많고 그만큼 가르쳐야 할 것도 많다는 것을 배웠지만, 무엇보다 우리 반 꾸러기들을 세상에 대한 관심과 배려를 간직한 아이들로 성장시키는 데 조금이나마 길잡이가 되었다는 생각에 뿌듯했다. 마지막으로 이 수업에 대한 5학년 아이들의 의견을 소개해 본다.

• 전쟁과 평화 수업을 하면서 느낀 점은 무엇입니까?
- 약소국의 아픔이나 전쟁의 희생자들 등 몰랐던 것들을 많이 알게 된 것 같다.
- 내용이 너무 많지만, 중간에 미술관 체험이나 런닝맨 체험 등이 있어 기억에 남을 것 같다.
- 관련된 영화를 많이 봐서 좋았다.
- 모의재판 등 새로운 토론들이 재미있었다.
- 전쟁의 역사에 관해 더 자세히 알고 싶다.
- 전쟁과 거리가 멀다고만 생각했는데 생각보다 우리와 멀리 있진 않은 것 같다.
- 식민지의 아픔을 알 수 있었다. 일제 강점기 때 우리 나라 사람들도 겪었을 거라는 생각에 마음이 아프다.
- 위안부 할머니들께 편지를 쓰고 도움이 되어 드릴 수 있어 기억에 남는다.
- 런닝맨 놀이가 너무 재미있었다. 식민지의 아픔을 알 수 있었다.

5) 이렇게 평가했어요

1. 다음 전쟁과 평화에 대한 시를 읽고 물음에 답하세요.

전쟁과 평화

신동초 5학년 아이들

전쟁이란 함정이다.
전쟁에 진정한 승자는 없기 때문이다.

전쟁이란 블랙홀이다.
전쟁의 고통은 끝이 없는 블랙홀과 같기 때문이다.

평화란 무지개다.
여러 색이 모여 있는 무지개처럼 함께 어울려 살 때 아름답기 때
문이다.

평화란 식물이다.
식물이 자랄 때처럼 평화를 위해서는 노력과 정성이 필요하기 때
문이다.

(1) 위 시에서 인상적인 부분을 찾아 쓰고, 까닭을 써 봅시다.

인상적인 부분 _____

까닭 _____

(2) 위 시와 어울리도록 전쟁과 평화에 대한 시를 지어 봅시다.

전쟁이란 _____ (이)다.

(왜냐하면) _____

평화란 _____ (이)다.

(왜냐하면) _____

3.

응답하라, 1894
동학농민혁명을 기리며

1) 수업을 시작하며

동학농민혁명은 2004년에 「동학농민혁명 참여자 등의 명예회복에 관한 특별법」이 발표되면서 한낱 민란으로 치부되었던 과거의 불명예를 벗게 되었다. 그럼에도 아직 교과서에는 '동학농민운동'이라는 명칭이 그대로 사용되고 있다. 또한 6학년 역사 교과서에 기술된 동학농민혁명은 한 페이지도 채 되지 않아 아이들이 이 혁명의 과정과 의미를 제대로 이해하기 어렵다.

이렇듯 교과서에 '동학농민혁명'이 '동학농민운동'으로 기술되거나 내용이 축소되는 이유는 무엇일까? 혹시 교과서 집필자들은 아이들이 동학농민혁명에 대해 자세히 알게 되는 것을 바라지 않는 것은 아닐까? 동학농민혁명이 왜 일어났는지, 봉기 후 어떻게 전개되었는지, 이 혁명이 현재 우리에게 주는 시사점은 무엇인지가 중요함에도 교과서는 이를 의도적으로 축소하거나 누락시키고 있다.

본 수업안은 이런 문제의식에서부터 출발했다. 역사적 사건을 시대 순으로 나열하고, 암기하는 식의 공부에서 벗어나, 역사적 사건의 맥락과 의미를 탐구하는 공부를 했으면 하는 바람을 갖고 이 수업안을 개발했다. 초등학생에게 다소 어려울 수도 있는 내용들은 최대한 생략하고 꼭 알아야 할 내용들로 구성했으나 여전히 어려운 감이 있다. 이 수업안을 사용하시는 선생님들께서 자신이 가르치는 아이들의 발달수준에 맞게 재구성해 주실 것으로 믿는다.

이 수업은 크게 '일어서라 그대여', '조선을 탐낸 두 나라', '누구를 위한 싸움인가', '꺼지지 않는 혁명의 불씨' 네 가지 소주제로 이루어져 있다. 이 네 가지 주제 수업을 모두 할 수도 있겠으나, 교실 상황에 맞게 필요한 부분만 일부 가져다가 활용하는 방법도 있다. 되도록 네 가지 주제를 맥락 있게 연결하여 의미 있는 동학농민혁명 수업을 하셨으면 하는 바람을 가져 본다.

2) 이렇게 해 봐요!

1. 40분 단위의 차시에 얽매이지 않는 것을 전제로 개발된 수업이다. 활동을 통해 점진적으로 동학농민혁명을 알아 가도록 구성했기에 엄격한 차시 수업에서 벗어나 블록 수업 등 다양한 방식으로 적용하시길 권한다.

2. 국어, 음악 등의 다른 교과와 통합해서 수업 시수를 확보한 후, 진도나 시간에 쫓기지 않는 여유 있는 수업을 하시길 권한다. 차시는 대략 6~8차시 정도로 예상하고 만들었는데, 학급에 따라 융통성 있게 할 수 있다.

3. 역할극 대본, 인형극 동영상, PPT 자료, 활동지 등 참고 자료를 만들어 첨부했으니 학급의 상황에 맞게 재구성해서 사용하면 보다 효과적인 수업을 할 수 있을 것이다.

3) 수업 개요

새야 새야 파랑새야

전봉준의 마지막 편지

내가 보내는 답장

동학농민혁명의
의의와 영향

수업 마무리 활동

전봉준이 보낸 편지

역할극:
조병갑의 횡포
농민들의 봉기

농민들의 승리:
개혁안 만들기

우리가 만든 개혁안
공유하기

4. 꺼지지 않는 혁명의 불씨

1. 일어서라 그대여

**응답하라 1894
(동학농민혁명을 기리며)**

3. 누구를 위한 싸움인가

2. 조선을 탐낸 두 나라

역사 이야기 들려주기

역사저널 동영상 보기

민보군과 가상 인터뷰

사진으로 보는 우금티

청과 일본 조선을 탐내다
－인형극

청일전쟁 이해하기

정지극 만들기

가. 농민군의 함성으로

전봉준의 편지
⇩
고부군수의 횡포
⇩
농민이 힘을 모아
⇩
농민들의 승리: 우리가 만든 개혁안
⇩
우리가 만든 개혁안 발표하기

① 전봉준의 편지
- 사형을 앞둔 전봉준이 보내는 편지
- 앞으로 배울 동학농민혁명이 시작되는 것을 인지하게 함

고부군수의 횡포   끝나지 않는 시련

② 역할극

1. 고부군수의 횡포

- 고부군수의 횡포 간접 경험하기

2. 농민이 힘을 모아

- 날로 횡포가 더해 가는 조병갑

- 세금을 줄여 달라는 농민들을 더욱 핍박하는 상황

- 가만히 있을 수 없는 상황임을 느껴 봄

〈장면 1. 고부군수의 횡포〉

• 등장인물: 조병갑, 전봉준 아버지, 농민 1, 농민 2. 전봉준
• 장소: 고부관아, 길거리

농민 1: 군수가 바뀌고 나서 세금을 너무 많이 걷어서 살기 힘들어.

농민 2: 그러게 말야. 당장 내일 먹을 쌀도 없는데 세금을 또 걷는다는 소문이 있더라고.

조병갑: 내 말도 한 마리 더 사야겠고, 비단도 더 사야 하는데 돈이 부족하네? 세금을 더 걷어야겠다. 그런데 왜 세금을 더 걷는다고 말하지?

이방: 사또~ 사또처럼 훌륭하신 분의 아버님 공덕비가 없는 것이 아쉬우니 이참에 공덕비 세울 세금을 더 걷으면 어떨깝쇼?

조병갑: 역시~ 넌 내 부하야. 정말 좋은 생각이구나. 여봐라 어서 방을 붙여라. 내 아버님 공덕비를 세우게 집집마다 세금을 내라고 해라.

이방: 예이~~~

농민 1: 이보게! 시장에 붙은 방을 보았나? 또 세금을 걷는다는구먼!

농민 2: 이건 정말 말도 안 되네. 무슨 사또 아버지 공덕비를 세운다는 말인가.

농민 3: 그래도 어쩌겠나. 안 낸다고 버틴 개똥이는 죽을 만큼 두들겨 맞고. 집에 있는 솥단지까지 빼앗겼다고 하던데.

농민 1, 2: 이런….

*말목장터 봉기 전, 후 상황 정리
– 말목장터에서 농민들이 모여 봉기한 후 상황 정리

〈장면 2. 끝나지 않는 시련〉

• 등장인물: 조병갑, 전봉준 아버지, 농민 1, 농민 2. 전봉준
• 장소: 고부관아, 길거리

농민 1: 만석보 밑에 또 보를 짓는다고 하는구먼,

농민 2: 그게 무슨 말인가? 만석보로도 충분한데? 그럼 세금을 더 걷는다는 말인가? 지난번 세금도 다 못 냈는데….

농민 1: 왜 그러겠나? 그 사또가 돈에 눈이 멀어 그렇지!

농민 3: 이대로 있을 수는 없네. 방법을 찾아보세.

전봉준: 상소를 써서 올립시다. 보를 다시 짓는다는 건 말도 안 됩니다.

조병갑: 건방진 것들. 상소를 올려? 여기에 이름 쓰여 있는 것들 다 잡아와!

조병갑: 네놈들이 나한테 상소를 올린 놈들이냐?

전봉준의 아버지: 백성들은 먹을 게 없어 굶고 있는데 사람들에게 세금을 또 걷는다니 말이 안 됩니다. 제발 만석보 밑에 또 보를 건설하기로 한 것을 취소해 주십시오.

조병갑: 저놈이 입만 살았구나. 매우 쳐라!

농민 1: 흑흑 형님. 괜찮으십니까?

전봉준: 아버님이 돌아가시다니. 원통하구나. 천하에 나쁜 놈들. 흑흑.

농민 2: 사람의 탈을 쓰고 어찌 저런 짓을 할 수 있단 말입니까? 가만히 있을 수 없습니다!

농민 1: 그렇소. 가만히 있으니 우리를 더 괴롭히고 핍박하는 것이오. 힘을 모아 관아로 쳐들어갑시다!

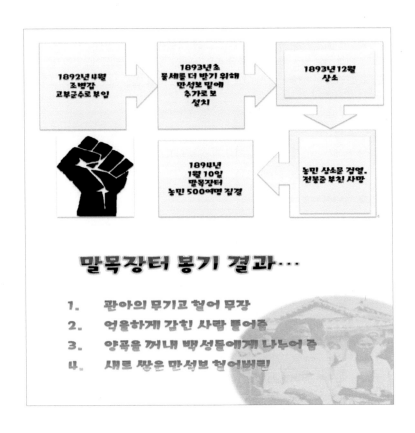

③ 농민들의 승리: 첨부한 활동지 활용

- 개혁안 만들기 활동(모둠별)

④ 우리가 만든 개혁안 발표하기
- 모둠별 개혁안 발표하기

우리 백성들이 힘든 점을 적어 봅시다.

_____

_____

_____

우리는 다음과 같이 요구한다!

하나, _____

둘, _____

셋, _____

_____

나. 조선을 탐낸 두 나라

> 동기유발: "청과 일본 조선을 탐내다" 인형극 감상하기
>
> ⇩
>
> 청일전쟁 이해하기
>
> ⇩
>
> 정지극 만들기

① 동기유발: 첨부한 동영상 자료 활용

- "청과 일본 조선을 탐내다" 인형극을 감상하고, 느낌을 이야기하기

② 청일전쟁 이해하기: 첨부한 PPT 수업 자료 활용

- 당시의 상황을 그림으로 살펴보고 이해하기
- 청과의 전쟁에서 승리한 일본이 조선에서 어떻게 했을지 이야기하기

무력한 조정은 혼자만의 힘으로는 동학농민군을 물아낼 수 없다고 판단했어.

그래서 청나라에 구원병을 요청했지. 청은 이홍장을 시켜 군사를 이끌고 조선에 가도록 했어.

〈생각해 볼 문제〉

1. 전쟁에서 이긴 일본이 조선에서 어떤 일을 벌이려고 했을까?

〈생각해 볼 문제〉

2. 이런 상황에서 동학농민군은 어떻게 대응하였을까?

- 청일전쟁에서 승리한 일본: 일본은 청과 '시모노세키 조약'을 맺어 조선이 더 이상 청의 속국이 아니라는 것을 확실히 했다. 결국 이것은 조선 땅에서 일본이 마음대로 하겠다는 것을 청나라가 인정한 조약이라고 할 수 있다. 청일전쟁 승리 이후 일본은 정치, 군사, 경제적으로 완전히 조선을 지배했다.
- 한반도에서 외세가 다투는 상황에서 농민군이 어떻게 대응했을지 이야기해 보기
- 청일전쟁 이후의 동학농민군: 동학농민군은 청을 끌어들인 정부의 행태에 실망했다. 이미 전주에서 맺은 협정(전주화약)에서 외세를 끌어들이지 않기로 약속했기 때문이다. 조선 지배의 야욕을 드러낸 일본의 승리에 동학농민군은 위기에 빠진 조선을 위해 끝까지 싸우기로 다짐했다.

③ 정지극 만들기
- 우리나라 땅에서 청과 일이 다투는 상황을 정지극으로 표현하기
- 정지극을 어떻게 할까?: 사진(정지된 화면)처럼 역사의 한 장면을 표현하고, 사회자가 정지극의 등장인물을 터치하면 장면에 어울리는 대사를 한다.

함께 정지극을 만들어 봅시다!

1. 오늘 배운 청일 전쟁 이야기에서
   한 장면을 골라 정지된 화면으로 표현해봅시다. (사진처럼!)
2. 선생님이 정지화면의 인물을 터치하면,
   장면과 어울리는 대사를 합니다.
   상황을 고려하여 등장인물들의 대사를 준비해봅시다.

〈정지극 대본 예시〉

청: 아뿔사! 수백 년 동안 조선을 지배해 온 우리인데 이렇게 일본에게 조선을 빼앗기다니….

일: 이제 조선은 우리의 것. 기름진 조선의 땅이 몹시도 탐났는데 정말 신이 나는군!

조선: 여우를 쫓아내려다 호랑이를 불러들인 격이군. 동학농민군을 몰아내려다 일본에게 전쟁을 일으킬 구실을 주었구나.

동학농민군: 우리랑 대화를 통해 해결하지 않고 다른 나라를 끌어들이다니! 조정의 행동이 정말 실망스럽군.

다. 누구를 위한 싸움인가?

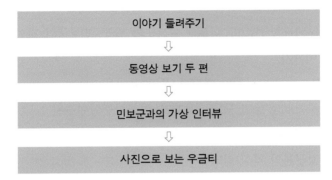

① 이야기 들려주기

청일전쟁에서 일본이 승리한 후 일본은 경복궁을 차지하고 자기들 말을 잘 듣는 신하들에게 나랏일을 맡겼어. 그러나 전봉준은 이대로 참고 있을 수 없다는 생각에 농민군을 다시 모았어.

지난번 봉기가 조병갑과 같은 탐관오리 때문에 일어난 거라면, 이번 봉기는 외세로부터 나라를 지키기 위해 모여든 거야. 농민군은 다시 무기를 들고 논산으로 모여들었어. 1차 봉기 때보다 사람들이 무척 많이 모였다고 해.

그 당시 농민군들이 싸워야 할 적은 일본만이 아니었어. 일본군의 명령을 따르는 조선의 관군과도 싸워야 할 상황이었던 거지. 친일 관군들과 일본군은 농민군을 토벌하기 시작했어. 산골짜기와 들판은 농민군의 피로 젖었고 강바닥에는 농민군의 시체가 쌓여 갔어. 20만 명에 이르는 농민군들은 대부분 전사했고, 살아남은 사람도 뿔뿔이 흩어지고 말았어. 이 전투에 참여한 농민군은 대략 4만 명에 이르고 관군과 일본군은 4,000명에 불과했지만 일본군의 신식무기는 당해 낼 재간이 없었어. 이 당시 일본군이 썼던 총은 영국산 스나이더 소총으로, 이 총은 연속적 사격이 가능한 성능을 갖고 있었어. 반면, 우리 농민군의 총은 재래식 화승총으로 탄환을 하나씩 집어넣는 것으로 탄환을 다시 장전하는 데만 2~3분이 걸렸다고 해. 무기 면에서 비교가 되지 않았던 거지. 결국 며칠간의 격전 끝에 농민군은 힘없이 쓰러지고 말았어. 이 당시 상황은 말이 전투이지 학살이나 다름없었어. 나라를 구하기 위해 나선 백성들은 억울하게 죽게 되었지.

이후 전봉준은 순창으로 몸을 피해 다시 농민군을 모으려고 했지만 거액의 현상금에 눈이 먼 부하에 의해 일본군에 잡히고 말았어. 일본은 전봉준에게 사형선고를 내렸지. 교수형에 처하기 전 일본은 살려 달라고 말하면 원하는 것을 모두 들어주겠다고 했다고 해. 전봉준의 인기가 높아 전봉준을 이용하려고 했던 거지. 전봉준은 일본의 제안을 거부하고 기꺼이 죽음을 맞이했어. 그의 나이 41살이었지.

정말 안타까운 것은 농민군을 향한 우리나라 양반계급의 적대 행위야. 보부상들은 농민군의 이동경로에 대한 정보를 제공했어. 그리고 양반 유생들이 조직한 민보군은 농민군을 체포해 무참히 죽이는 데 앞장섰어. 이 사람들은 왜 농민군들에게 이런 행동을 했던 걸까? 이들은 동학농민군들이 조선의 신분질서를 흔들까 봐 두려웠던 거야. 참 슬픈 일이지. 이렇게 농민군을 죽였던 양반들이 불과 1년 후에 외세를 물리치자고 외치며 의병운동을 주도했으니 참 아이러니하지?

② 동영상 보기
- 〈역사저널 그날〉 '치밀하고 잔혹한 일본군의 학살'
  http://bit.ly/1W2ilKr: 5분, 일본군과 관군, 민보군의 잔인함에 대
  한 이야기.
- 동학농민군의 마지막 격전지, 우금티:
  http://bit.ly/1pVUMX6 [저작권] 한국학중앙연구원

③ 민보군과의 가상 인터뷰
- '민보군은 왜 농민군에 적대적이었을까?' 유추해 보기
- 인터뷰 대본 쓰기
- 민보군과의 인터뷰
- 보부상과의 인터뷰

④ 사진으로 보는 우금티: 첨부한 PPT 수업 자료 활용
- 우금티 고개 전경, 위령탑, 조형물, 우금티 전투에서 농민군에게
  치명적 타격을 주었던 개틀링 기관총 사진 등 보여 주기

라. 꺼지지 않는 혁명의 불씨

① 〈새야 새야 파랑새야〉: 참고 자료 1 활용
- 조수미가 부른 〈새야 새야 파랑새야〉 감상하기
  http://bit.ly/1WmqXM6
- 노래 가사의 의미를 되새겨 보기

② 전봉준이 보내는 마지막 편지: 첨부한 편지와 참고 자료 2 활용
- 전봉준이 보내는 마지막 편지를 읽어 보자.
- 편지를 읽고, 이야기 나누기

③ 내가 보내는 답장: 첨부한 활동지 활용
- 안도현 시인이 전봉준을 기리며 쓴 시
  '서울로 가는 전봉준'을 감상하기 http://bit.ly/1WmqZ6O
- 내가 보내는 답장 쓰기

④ 동학농민혁명의 의의와 영향
- 조선 후기 동학사상의 영향 + 농민의 봉기
    → 항일 의병운동으로 이어지게 됨
- 민중이 역사 발전의 주체로 등장함
- 반봉건의 사회 개혁을 지향
- 반침략과 반외세 목표
- 민족독립운동의 시발점

⑤ 마무리 활동: 첨부한 예시 활동 참조
- 〈새야 새야 파랑새야〉 음악 그림 그리기

- 동학농민혁명 그림전
- 현장체험학습
- 동학 10대 뉴스 만들기
- 역사 신문 만들기
- 동학농민군에게 보내는 응원의 편지 쓰기

마. 전봉준이 보내는 마지막 편지

2017년을 살고 있는 후손들에게!

높은 신분을 모셔야 하고, 탐관오리의 배를 불리기 위해 끝없이 수탈당하는 우리네 삶을 스스로 바꿔 보고자 했던 나의 바람은 바람처럼 흩어져 버리지만, 가슴속 가득한 열망은 후대에도 영향을 끼쳤기를 간절히 간절히 소망해 보며, 이 편지를 보낸다.

2017년을 살고 있는 아이들아!

탐관오리 조병갑의 횡포와 괴롭힘을 견디다 못해 시작되었던 농민 운동이 어느새 일본의 침략으로부터 나라를 구하고자 하는 혁명이 되었건만, 우리의 어리석은 조정은 누구를 위한 나라인지 알 수가 없구나.

너희들은 나의 아버지를 죽음으로 몰고 갔던 고부 군수 조병갑이 어떻게 되었을지 생각해 보았니?

어처구니없게도 많은 백성을 괴롭혔던 탐관오리 조병갑은 다시 복직이 되어, 너희들의 세상으로 말하자면 고등법원 판사까지 되었단다. 죄지은 관리를 벌주지 않고, 오히려 괴롭힘 당해 괴로워하던 백성을 벌주는 이 나라 조선이 너무나 걱정스럽단다.

너희들이 살고 있는 2017년은 어떤 세상이니? 그래도 100년이 넘게 흘렀으니, 좀 달라졌겠지?

적어도 죄지은 사람이 죄를 받는 그런 정의로운 세상이 되었겠지?

이제 나는 형장의 이슬로 역사에서 사라지게 되었구나. 나는 백성이 편안하게 잘 살 수 있는 그런 정의가 살아 숨 쉬는 평등한 세상을 꿈꿨단다.

나는 비록 오늘 이렇게 죽음을 맞이하지만, 내가 제일 걱정되는 것은 조선의 앞날이란다.

전봉준 장군에게 보내는 답장을 써 봅시다.

새야 새야 파랑새야 녹두밭에 앉지 마라

녹두꽃이 떨어지면 청포장수 울고 간다

(일본*들아 녹두장군 잡아가지 마라

녹두장군 죽으면 우리 민중들이 울고 간다)

새야 새야 파랑새야 녹두밭에 앉은 새야

녹두꽃이 떨어지면 부지깽이 매 맞는다

(녹두장군 잡아간 일본*들아

녹두장군 죽이면 우리가 혼내 줄 거다)

새야 새야 파랑새야 녹두밭에 앉은 새야

아버지의 넋새 보오 엄마 죽은 넋이외다

(녹두장군 잡아간 일본*들아

녹두장군의 죽음은 부모의 죽음과 같이 안타깝다)

새야 새야 파랑새야 너는 어이 널라왔니

솔잎댓잎 푸릇푸릇 봄철인가 널라왔지

(여기서 파랑새는 팔왕 전봉준을 뜻하고

청송·녹죽을 보고 봄인 줄 알고 왔다는 뜻)

〈파랑새 노래의 의미〉

전봉준은 농민대중의 밑으로부터의 힘을 결집하여 봉건제도를 타파하고, 동시에 한국에 침투해 들어오는 일본의 자본주의적 진출을 저지함으로써, 국가의 근대화를 이룩하려 했다.

비록 그의 변혁 의지는 일본의 군사력 앞에서 좌절당하고 말았지만 그가 영도한 갑오농민전쟁은 조선의 봉건제도가 종말에 이르렀음을 실증했고, 민중을 반침략·반봉건의 방향으로 각성시킴으로써, 이후의 사회변혁

운동과 민족해방운동의 진전에 원동력이 되었다.

본관은 천안(天安). 자는 명숙(明叔), 호는 해몽(海夢). 왜소한 체구 때문에 녹두(綠豆)라 불렸고, 훗날 녹두장군이라는 별명이 붙었다.

어렸을 때부터 키가 작았기 때문에 '녹두'라는 별명을 가진 전봉준을 사람들은 '녹두장군'이라는 애칭으로 부르게 되었다.

일반적으로 녹두밭이란 전봉준이 이끄는 농민군을 가리키며 파랑새는 그들을 끊임없이 탄압하는 외국군(특히 일본군), 청포장수는 조선 민중을 가리킨다.

그리하여 〈새야 새야 파랑새야〉는 전봉준을 총대장으로 하는 농민군에 대한 민중의 뜨거운 열의가 담겨 있으며 그것은 또한 패주한 농민군의 미망인들이 전사한 남편의 영혼을 진혼하기 위한 만가(輓歌)이기도 했다.

이 노래는 그 후 호남 지방에서 태어난 어린이들의 자장가로서 오랫동안 전해 내려오고 있다.

마지막장에서 겨울인데 봄인 줄 착각했다는 것은 혁명의 시기가 성숙하지 못했는데 거사를 해서 결국 실패했다는 안타까움을 표현한 것이다.

비록 동학농민혁명은 실패했지만, 동학농민군의 꿈과 희망은 파랑새가 되어 오늘날까지도 전해지고 있다.

모든 사람이 평등한 사회를 만들고 밖으로는 자주적인 민족국가를 만들려고 했던 동학농민혁명은 이후 의병운동으로 계승되었다. 의병운동은 다시 독립운동으로 이어졌고, 해방 이후에는 4·19혁명과 5·18 민주화운동으로 계승되었다.

갑오년 그날, 이 땅의 하늘 위에 핀 녹두꽃이 지지 않는 이상 파랑새 노래는 계속 불릴 것이며, 이 노래가 불리는 한 갑오년 그날의 숨결과 얼은 여전히 살아 숨을 쉴 것이다.

〈전봉준 장군 유시〉

時 來 天 地 皆 同 力

(때가 이르러서는 천지가 모두 힘을 모으더니)

運 去 英 雄 不 自 謀

(운이 다하니 영웅도 스스로를 도모할 수 없구나.)

愛 民 正 義 我 無 失

(백성을 사랑했고 의를 바로 하였으니 내 잃은 것은 없건마는)

爲 國 丹 心 誰 有 知

(나라 위한 내 일편단심을 그 누가 알까 하노라.)

서울로 가는 전봉준(全琫準)

안도현

눈 내리는 만경들 건너가네

해진 짚신에 상투 하나 떠 가네

가는 길 그리운 이 아무도 없네

녹두꽃 자지러지게 피면 돌아올거나

울며 울지 않으며 가는

우리 봉준이

풀잎들이 북향하여 일제히 성긴 머리를 푸네

그 누가 알기나 하리

처음에는 우리 모두 이름 없는 들꽃이었더니

들꽃 중에서도 저 하늘 보기 두려워

그늘 깊은 땅속으로 젖은 발 내리고 싶어 하던
잔뿌리였더니

그대 떠나기 전에 우리는
목쉰 그대의 칼집도 찾아주지 못하고
조선 호랑이처럼 모여 울어주지도 못하였네
그보다도 더운 국밥 한 그릇 말아주지 못하였네
못다 한 그 사랑 원망이라도 하듯
속절없이 눈발은 그치지 않고
한 자 세 치 눈 쌓이는 소리까지 들려오나니

그 누가 알기나 하리
겨울이라 꽁꽁 숨어 우는 우리나라 풀뿌리들이
입춘 경칩 지나 수군거리며 봄바람 찾아오면
수천 개의 푸른 기상나팔을 불어 제낄 것을
지금은 손발 묶인 저 얼음장 강줄기가
옥빛 대님을 홀연 풀어헤치고
서해로 출렁거리며 쳐들어갈 것을

우리 성상(聖上) 계옵신 곳 가까이 가서
녹두알 같은 눈물 흘리며 한 목숨 타오르겠네
봉준이 이 사람아
그대 갈 때 누군가 찍은 한 장 사진 속에서
기억하라고 타는 눈빛으로 건네던 말
오늘 나는 알겠네

들꽃들아

그날이 오면 닭 울 때

흰 무명띠 머리에 두르고 동진강 어귀에 모여

척왜척화 척왜척화 물결소리에

귀를 기울이라

_1984년 동아일보 신춘문예 당선작

(시구 풀이)

*만경들: 전북의 만경평야

*해진 짚신에 상투 하나: 차림새와 외모로 전봉준을 표현. 대유법

*녹두꽃: 전봉준을 표상하는 사물

*우리 봉준이: 화자와 대상 사이의 친밀감

*풀잎: 외세의 억압에 시달리는 민중

*이름 없는 들꽃: 평범하게 살아가는 존재(민중들)

*목쉰 그대의 칼집: 저항, 봉기의 상징

*더운 국밥 한 그릇: 전봉준에 대한 지극한 마음

*겨울: 외세와 학정에 침탈당해 참담해진 현실

*봄바람: 희망의 시대

*수천 개의 푸른 기상나팔을 불어 제낄 것을: 저항의 이미지

*기억하라고 타는 눈빛으로 건네던 말: 반외세 의식

*오늘 나는 알겠네: 화자와 전봉준의 정신적 교감

*그날: 미래의 희망의 날

참고 자료 3

〈마무리 활동 예시〉

1. 〈새야 새야 파랑새야〉 음악 그림 그리기
- 노래 가사에 어울리는 그림을 그린 후, 뮤직비디오로 제작함.

2. 동학농민혁명 그림전
- 배운 내용을 생각하며, 표현하고 싶은 장면을 그림으로 표현(4컷 만화 등)

3. 현장체험학습
- 정읍 황토현 '동학농민혁명 기념관': 3~6월/9~11월 매주 수, 목 운영되는 교육 체험 프로그램
 → 학급별 신청하여 체험가능(문의: 063-536-1984)

 *체험 프로그램: 전시관 관람/동학농민군 깃발 만들기/녹두 모종 옮겨 심기/
  황토현 전적지 답사

4. 동학 10대 뉴스 만들기
- 배운 내용을 생각하며, 모둠별로 10대 뉴스를 만들어 보기

5. 역사 신문 만들기
동학농민혁명이 끼친 영향을 바탕으로 동학농민혁명을 제대로 알릴 수 있는 역사 신문을 만들어 보기

6. 응원의 편지 쓰기
- 동학농민군에게 보내는 응원의 편지 쓰기

4.
활동 중심의 계기교육

계기교육! 단어에서 풍겨 나오는 지루함!

계기교육 하면 삼일절 노래가 떠오르고 고리타분할 것 같은 느낌이 든다. 아이들은 오죽하랴. 한때는 계기교육을 포기하고 살았던 적도 있었으나, 계기교육만큼 학교, 가정, 사회가 하나가 되어 가르칠 수 있는 게 또 있을까 싶어 고민하게 되었다.

고학년이라 할지라도 초등학생은 직접 경험해 본다거나 토의, 토론 방식으로 접근할 때 쉽게 이해한다. 계기교육 또한 역할극 등을 통해 시대적 상황을 몸소 경험하게 하거나 딜레마 상황을 주고 어떻게 할 것인가 선택하게 하는 등 활동 중심으로 진행했더니 잘 받아들였다.

아래 표처럼 월 1~2회 정도 주요 기념일을 중심으로 수업을 진행했다.

가장 기억에 남는 것은 3·15 부정선거와 4·19혁명을 축구대회와 연결시켜 교사들이 부정선거를 자행하고 그로 인한 투쟁을 조직하는 깜짝 수업이다. 축구대회 방식을 결정하는 학년이 조작했는데, 교사들이 투표 결과를 아이들이 원하지 않는 방식으로 조작했기 때문에 아이들의 저항은 상당했다. 투표 결과가 그럴 리 없다는 반응이 대부분이었다. 결국 학년 전체가 모여 개표를 다시 했는데 이 과정에서 전체 학생 수보다 투표용지가 더 많은 것을 눈치 챈 아이들에 의해 항의가 시작

되었고, 미리 준비해 놓은 피켓으로 '독재자는 물러가라'를 외치는 담임교사들에 의해 부장교사가 물러나는 해프닝을 벌였다. 그 후 각 반에 돌아가 할아버지가 들려주는 4·19 이야기 동영상을 보고 반 친구들과 함께 이야기를 나누었다.

장애인의 날에는 '장애인 등급제 필요한가?'를 주제로 팽팽한 찬반 투표를 실시했다. '등급분류가 없다면 중증 장애인들에게 대한 배려가 어렵다', '판매용 한우와 같이 등급을 매기는 것은 인권 침해이다' 등 다양한 의견들이 나왔다. 장애인들끼리도 첨예한 의견 차이를 보이는 주제이기에 아이들의 토론도 어느 한쪽에 치우치지 않고 팽팽하게 진행되었다. 이 토론을 통해 장애인 등급제에 대해 생각해 보는 시간을 가졌다.

노동절 수업은 노동절의 역사를 알아보고 근로기준법, 최저임금제

에 대해 공부했다. 노동 상식을 공부한 후 편의점 알바 학생의 부당한 상황, 임산부 해고 상황, 일하다 다친 상황 등 다양한 상황을 제시하고 해설 있는 역할극을 통해 어떻게 해야 하는지를 생각해 보게 했다. 조금은 먼 미래의 이야기이지만 앞 시간의 수업을 통해 느낀 노동인권에 대해 생각해 보는 시간이 되었다.

5·18 민주화운동 수업은 가치수직선을 이용하여 '전두환, 노태우 대통령에 대한 사면은 정당한가?' 찬반토론을 했다. 수업을 하기에 앞서 〈화려한 휴가〉 영화를 보았고, 5·18 민주화운동에 대해 자세히 알아보는 시간을 가졌다.

이런 방식의 계기교육은 아이들이 역사적인 날을 기억하고 그 의미를 되새기는 데 상당히 효과적이었다. 아침 조회에 단순히 영상을 틀어 주거나 학습지를 기반으로 하는 방식의 계기교육에서 벗어나 재미있는 활동 중심의 계기교육을 상상해 보는 것도 좋겠다.

월	행사명	지도 내용
3월	3·8 여성의 날	'3·8 세계여성의 날'의 유래 골든벨, 우리의 다짐 말하기
4월	4·19혁명 기념일	3·15 부정선거와 4·19혁명 깜짝극 4·19 진행 과정 알아보기, 4·19 골든벨
	4·20 장애인의 날	4·20 장애인 차별 철폐의 날 '장애인 등급제는 필요한가' 찬반토론 – 한손 피구, 시각장애 체험 등 장애 체험활동 – 장애인 편의시설 조사하고 고안하기
5월	노동절	나의 노동 상식은? 노동절의 유래, 최저임금제, 근로기준법 알아보기 다양한 상황의 해설 있는 역할극 하기
	5·18 민주화운동	〈화려한 휴가〉 영화 보기 5·18 민주화운동 알아보기 내가 판사라면 5·18 특별법 재판에서 어떤 판결을 내렸을지 생각해 보기
6월	6·25	6·25 전쟁의 배경과 흐름, 전쟁의 비극에 대해 생각해 보기, 통일에 대한 이야기 나누기
	6·29 선언	87년 6월 민주화운동의 진행 과정과 성과 6·29 선언이 가지는 의미 교육 자료(PPT)
7월	제헌절	제헌절의 의미와 유래 알아보기 국회의원이 되어 어린이를 위한 법 제안하기
9월	9·15 세계민주주의의 날	'9·15 세계민주주의의 날'의 유래 골든벨 & 다짐 나누기 활동
10월	한글날	드라마로 본 세종대왕, 한글의 소중함 다짐하기 욕 없는 학급 만들기 – 욕에 담긴 뜻 살펴보고, 학습지 해결하기
	10·25 독도의 날	독도에 대한 기본 지식, 한국과 일본의 주장
11월	11·3 학생의 날	학생의 날의 유래와 의미 학생의 날 기념행사 진행
	11·11 농업인의 날	농업인의 날의 의미 〈신지식 농업인〉 동영상 시청(아이스크림) 가래떡 먹기
12월	12·10 세계인권선언일	세계인권선언에 대해 알아보기 지식채널e 감상하기(〈모든 사람〉–제1부 최소한의 목록) 우리 반 인권선언 만들기(모둠 활동)

신규 교사의 좌충우돌 역사수업 적응기

김한라

나는 고등학교 때 이과를 선택했다. 애초에 이과 과목을 선호해서 결정한 면도 있지만, 문과 과목은 무작정 암기해야 한다는 부담감 때문이었다. 이러한 부담을 갖게 한 과목은 바로 '역사'였다. 국사, 근현대사, 세계사 등 역사 과목을 마주하기만 하면 두통이 왔다. 나에게 역사수업은 교과서만 줄줄 읽어 내려가는 재미없는 수업과 인물, 연도, 사건 등을 요약해서 암기하는 방식의 수업이었다. 이렇다 보니 역사 공부를 왜 해야 하는지 깊게 고민한 적이 없었다.

이런 기억을 가지고 있는 내가 이제는 아이들에게 역사를 가르쳐야 한다니 숨이 턱 막혀 오는 기분이 들었다. 교직 2년 차에 5학년 담임을 맡게 되면서 그 두려움은 더 커졌다. 임용고시를 공부하면서도 '역사를 가르쳐야 하는 5학년은 절대 못 하겠다'라고 생각한 적이 있었으니 말이다.

동학년 선생님들과 교육과정 협의를 하면서 부장 선생님이 하신 말씀이 지금도 생생하다.

"우리 5학년 2학기 사회에 역사가 나오는데요. 이것을 일 년에 걸쳐서 천천히 가르쳐 보는 것은 어떨까요?"

1년이라… 사실 처음에 나는 아무 생각이 없었지만 선생님들과의 협의 끝에 다음과 같은 의견이 모아졌다.

'역사라는 과목을 처음 접하는 아이들이 선사시대부터 조선 전기시대까지의 방대한 분량을 한 학기의 짧은 시간 동안 배운다면 아이들이 이해하기 어려울 것 같다. 그래서 1년 동안 역사주간을 정해서 천천히, 재미있는 활동을 중심으로 수업을 구성하여 발전시켜 나가면 좋을 것 같다.'

내가 지금까지 학교를 다니면서 경험했던 역사수업을 돌아보면, 역사책에 나온 작은 글씨까지도 줄줄 암기하고, 암기한 내용을 시험지에 정확히 써 내어 좋은 점수를 받고 그걸로 끝나는 수업이었다. 나에게 어떤 특별한 흥미가 없던 탓이기도 했겠지만 그 이상 그 이하의 의미나 성취는 없었고 수업 이상의 연결고리를 찾기란 더더욱 힘들었다. 이렇듯 타성에 젖은 기존 역사수업에서 벗어나, 아이들에게만큼은 지루함을 떨치고 좀 더 신기하고 재미있고 흥미진진한, 말 그대로 살아 있는 역사를 느끼게끔 하고 싶었다.

이러한 큰 뜻을 품었음에도 불구하고 넘어야 할 산은 만만치 않았다. 교육의 질은 교사의 질을 넘을 수 없다는 말이 있듯, 나 스스로 역사교육의 중요성, 역사적 배경지식이 너무나 부족했기에 '과연 내가 아이들에게 역사를 잘 가르칠 수 있을까?'라는 고민이 들었다. 역사는 왜 중요한 것일까? 왜 배워야 하는 것일까? 아이들이 어떤 것을 알아야 하는 것일까? 무엇을 가르쳐야 하는 것일까? 이러한 의문이 끊임없이 생겨났고, 그 질문에 스스로 대답을 하면서 나 자신부터 역사관을 바로잡아 가기 시작했다. 올바른 역사관을 가지고 수업 내용을 연구하고 가르치면서 부족한 부분들을 아이들과 함께 메워 나가야겠다고 결심했다.

그리고 이러한 생각은 동학년 선생님들과 역사수업을 위한 독서모임을 하면서 더 명확해졌다. 독서모임의 첫 번째 책은 그 유명한 E. H. 카의 『역사란 무엇인가』였다. 솔직히 이 책은 진심으로 읽기 힘들었다. 사실 대학교 다닐 때 리포트를 제출해야 해서 울며 겨자 먹기로 살짝 읽었던 적이 있었지만 끝까지 다 읽지는 못하고 책을 덮어야만 했다. 내용을 이해하며 읽고 싶었지만 그러기에는 난이도가 높았던 책이었다. 그런 책을 독서모임을 통해 다시 접하게 되었는데 슬프게도 여전히 어려웠다. 그러나 책을 대하는 목적 자체가 달라지다 보니 확실히 선명하게 들어온 부분이 있었다. 그것은 바로 '역사란 현재와 과거 사이의 끊임없는 대화이다'라는 문장이었다.

실은 이 문장을 읽었을 때 그 뜻이 바로 마음에 와닿지 않았었다. 그러나 과거와 현재가 비슷하게 흘러간다는 사실을 느끼기 시작했을 때 그 문장이 다시 생각이 났다. 고려시대 묘청의 서경천도운동과 세종시 행정수도 추진 사업, 임진왜란 당시 백성을 버리고 도망갔던 선조와 6·25 전쟁 당시 국민을 두고 도망갔던 이승만 대통령, 문벌 귀족들의 기반이 되었던 공음전, 음서제와 현재의 재벌들의 모습까지… 시대는 다르지만 그 양상은 놀랍도록 비슷했다. '역사는 돌고 돌면서 끊임없이 현재에 영향을 주는 것'이라고 생각하게 되었다. 역사수업을 할 때 이런 사실에 대하여 아이들과 이야기를 나누면서 아이들도 깨닫고 신기해하며 "이래서 역사를 잘 알아야 하는 것 같아요"라고 말하기도 했다.

시작부터 예사롭지 않았던 출발을 떠올려 보면 이러한 성취는 더욱 남다르게 다가온다. 역사수업을 만들면서 2015년 1학기에는 5학년 2학기 사회 교과서가 아직 나오지 않은 상태에서 준비를 해야 했다. 교과서 없이 수업을 만든다니… 무척이나 생소했다. '교과서 재구성', '교육과정 개발'이라는 말조차 잘 모르던 신규 교사였기 때문에 더욱더 상상이 가지 않았다. 우리는 『살아 있는 한국사 교과서』라는 책을 참고하여 아이들에게 어떤 것을 가르치고 싶은지 협의했다. 교과서가 없이 성취기준만을 참고해서 진행하니 더욱 색다른 내용과 활동을 상상하고 고안할 수 있었다. 또한 교과서가 없으니 더 많은 책을 참고하게 되면서 공부를 더 많이 했다.

무엇보다 우리는 '재미있는 역사수업'에 방점을 두었기에 이를 위해 주제 수업의 콘셉트를 정하고 중심 활동을 만들어 나갔다. 어려운 점도 있었다. 바로 주제를 선정하고 수업의 이름을 정했고, 이를 위해 적지 않은 시간을 투자했다. '선사인의 생활', '단군과 나', '한반도 삼국지', '발해를 꿈꾸며', '웰컴 투 코리아', '모두의 조선' 등 대주제뿐만 아니라 소단원의 제목까지도 하나하나 심혈을 기울여 주제 수업을 완성해 갔다. 사실 이 과정이 통통 튀는 아이디어를 필요로 해서 힘들기도 했지만, 되돌아보면 아이들이 주제 수업의 이름을 듣는 것만으로도 어떤 내용을 배우게 될지 궁금해할 정도로 동기유발에 도움이 되었고 심지어 굳이 외우지 않아도 흐름을 이해할 수 있어 좋았다.

가장 좋았던 점은 '역사를 부탁해' 수업의 활동 중에 가장 많은 비중을 차지한 역할극이 아닐까 싶다. 해설이 있는 역할극, 정지극, 인형극 등 아이들이 직접 참여하고 표현할 수 있는 활동으로 많이 활용했다. 생각해 보면 이 수업의 첫 활동도 바로 '역할극'이었다. 동기유발을 위해 만들어진 '선사탐구생활', 사실 하나의 작은 아이디어에서 장난처럼 시작한 것이었는데 어느덧 각본과 소품, 편집 등 담당이 정해지더니 어느새 나는 주인공인 선사인 '할랄라'가 되어 있었다. 그리고 마침 기간제 교사로 우리와 함께 하고 있던 선생님이 남자 주인공 '후니후니'가 되었다. 우리는 그렇게 벚꽃이 필 무렵 3월의 어느 토요일에 건지산으로 가게 되었다. 선사인을 연기한다는 게 부끄럽기도 했지만 아이들이 좋아할 것이라는 생각에 힘을 얻었고 동학년 선생님들과 함께 해서 더 즐겁게 임할 수 있었다. 그리고 마침내 첫 번째 '역사를 부탁해' 역사주간이 시작되면서, 아이들에게 처음 '선사탐구생활'을 선보였는데 반응은 대성공이었다. 우리 선생님들이 나오는 영상이라서 아이들은 더 신기해했고 실제로 그 시대에 '할랄라'라는 인물이 살았던 마냥 그 드라마에 푹 빠져 있었다. 그 영상은 수업과 연결되면서 아이들은 역사수업을 기다리며 좋아하게 되었고, 그 이후에도 아이들이 역사수업의 활동 하나하나에 잘 참여하고 재밌어하게 된 것 같다. 그 후로 1년 내내 아이들은 나를 할랄라 쌤이라고 불렀다^^;;

역사수업을 만들어 가면서 많은 협의를 거쳐야 했던 것은 쉽지 않은 일이었다. 아이들이 하교한 후 한숨 돌리려 하면 바로 메신저 쪽지가 온다. 내용은 이렇다. "선생님들, 우리 3시부터 협의할까요? 모여 주세요." 한 10분은 쉬었을까. 눈물을 머금으며 연구실로 가야 했다. 그렇지만 협의가 엄청 힘들기만 한 건 아니었고 재미도 있었다. 다만 수업 협의를 하면서 의견을 내는 것이 처음에는 정말 어려웠다. 아이디어가 묵살되면 어떡하지, 비난받으면 어쩌지, 이런 두려움이 있었고 좋은 의견이 없으면 일종의 압박감도 느꼈다. 그렇지만 어느 한 사람이 말한 작은 생각에 여러 사람들의 생각이 더해지고 다듬어지면서 좋은 결과가 나오는 것을 보며 자신감을 얻었다. 물론 어렵고 실패할 때도 있었지만 아이들의 반응을 살피고 피드백을 주고받으면서 아이들과 교사모두에게 적합한 수업을 만들어 갈 수 있었다. 이러한 노력이 모이고모여 점점 더 나아지는 수업, 마침내 모두가 함께 하고 즐거울 수 있는수업이 완성되었다. 이렇게 역사수업을 활동 중심으로 구성하고 수업을 이어 가면서 아이들이 배우는 만큼 나도 배우고 모두가 성장할 수있었다.

나는 초등학교 아이들이 몇 년도에 어떤 일이 일어났는지는 잘 몰라도 괜찮다고 생각한다. 하지만 그 시대를 살았던 누군가의 삶을 상상하고 느껴 보는 것은 매우 중요하다고 생각한다. 무엇보다 아이들이 그마음을 잊지 않고 끝까지 유지했으면 하는 바람이 있다. 이러기 위해서는 단순히 재미있고 흥미로운 활동에 그치는 것이 아니라 역사의식을 충분히 기를 수 있는 내용도 보완이 되어야 하는데 그렇게 된다면 더 좋은 역사수업이 되지 않을까 싶다.

"좋은 교사는 잘 가르친다. 훌륭한 교사는 스스로 해 보인다. 위대한 교사는 가슴에 불을 지핀다"는 앨프레드 화이트헤드의 명언을 다시 한 번 새겨 본다. 우리가 했던 역사수업이 비록 미약한 불씨라 하더라도 가슴의 불을 지피길 소망해 본다.

저자 소개

열 사람의 한 걸음
'함께 꾸는 꿈은 현실이 된다'는 희망을 품고 모인 교사들의 모임. 전주신동초 동학년 모임에서 시작했으나 지금은 각각 다른 학교에서 또 다른 희망을 일구고 있다. 저서로는 『주제통합수업, 아이들을 수업의 주인공으로!』, 『교과서 너머 e 교육과정 마주하기』가 있다.

하늘빛, 전주신동초
영원히 신규이고 싶은, 철없는 6년 차 교사. 방과 후에 남아서 아이들과 애니메이션 보는 것을 즐긴다. 특기는 (타고난 게으름 때문에 아무리 노력해도 고쳐지지 않는) 지각.

조현정, 전주완산서초
법 없이도 살 좋은 인간성의 소유자. 뭐든 열심히 하고 적극적이어서 좋으나 먹는 것에도 적극적인 게 문제임. 과자와 돈가스만 끊으면 됨.

장지원, 전주신동초
아이들의 모든 날이 '즐겁고 행복한' 순간이길 바라는 교사. 정리 강박증. 책상, 노트, 너희들의 고민까지 모두 정리해 주마! 특기는 업무 키우기(나한테만 오면 일이 왜 이렇게 커지는 걸까…).

임경민, 전주신동초
기대 반 설렘 반으로 새로운 것에 도전하려 노력하고 초등학생은 공부보다 노는 것이 더 중요하다고 생각하는 교사. 잘하는 것은 웃기지 않는 아재 개그.

이윤미, 이리동산초
6년째 '열 사람의 한 걸음' 대표를 맡으며 장기 독재를 하고 있음. 늦은 나이에 교육과정을 공부하겠다고 박사과정을 밟느라 고생 중. 별명은 전북 교육의 잔다르크. 불의를 참지 않는 성정으로 안티도 많고 찬티도 많음. 특기와 취미는 술 마시기.

이길화, 전주송북초
아이를 낳고 기르느라 정신없는 초보 엄마. 특기는 상대방을 방심시켰다가 날카로운 시선으로 맥을 못 추게 만드는 질문 던지기!

원혜진, 전주용소초
조심성 많은 고양이형 교사. 꼼꼼하고 차분하며 쿨한 성격의 소유자. 요즘은 육아에 전념하기 위해 휴직 중! 다시 학교로 돌아올 날을 손꼽아 기다리고 있음.

오시인, 전주신동초
더 많이 해 주고 싶은 의욕 넘치는 꼼꼼이 교사. 국어는 사랑하지만 책은 싫다! 나를 대표하는 것?! 비문학 전공 (a.k.a 문알못), 상담실 상시 대기, 드라마광.

박미영(1), 이리북초
일만 맡으면 없애 버리는 독특한 능력의 소유자. 대장 윤미쌤의 구박에도 끈질긴 적응력과 생명력으로 10년째 꿋꿋하게 버티고 있음. 어리숙해 보이나 알고 보면 브레인.

박미영(2), 전주송천초
착실하게 모범생 코스를 밟아 온 듯 보이지만 내면엔 삔질거림이 가득한 무늬만 바른 생활 교사. 최근엔 득남 및 육아를 핑계로 한껏 게으름에 취해 있음. 특기는 주변 사람들에게 마감기한 재촉하기. 부장님 붙들고 하소연하기.

노현주, 전주송천초
저경력 교사들의 애처로운 눈망울을 내치지 못해 만년 학년부장. 든든한 카리스마와 따뜻한 공감 능력으로 후배 교사들을 양성 중. 잘하는 것: '아니요'보단 '네!'라고 답하기. 모임 2차 안 가고 집에 가기.

김한라, 전주신동초
아이들 앞에 서면 아직도 떨리는 4년 차 교사. 가지고 싶은 것은 부드러운 카리스마. 잘하는 것은 정숙쌤 놀리기.

곽정숙, 전주신동초
아이디어를 내는 것보다 내용을 정리하는 것이 적성에 맞는 교사. 아이들의 인생에 쉼표가 되고 싶다. 잘하는 것은 독특한 옷 입기.

정남주, 세종부강초
수업을 개발하는 협의 시간이 가장 즐거운 교사. 커피 중독자, 모든 아이디어의 원천은 카페인. 2017년에는 고향을 떠나 새로운 곳에서 적응하느라 바쁠 예정임.

정광순, 한국교원대학교
'열 사람의 한 걸음'을 응원하고 지지해 주시는 우리의 영원한 멘토 교수님! 엄청 샤프하시지만 오타의 달인 ㅋㅋ.

삶의 행복을 꿈꾸는 교육은
어디에서 오는가?

● **교육혁명을 앞당기는 배움책 이야기** 혁신교육의 철학과 잉걸진 미래를 만나다!

● **비고츠키 선집** 발달과 협력의 교육학 어떻게 읽을 것인가?

01 생각과 말 　　　　　　　　　　　　　　　L.S. 비고츠키 지음 ┃ 배희철·김용호·D. 켈로그 옮김 ┃ 690쪽 ┃ 값 33,000원

02 도구와 기호 　　　　　　　　　　　　　　비고츠키·루리야 지음 ┃ 비고츠키 연구회 옮김 ┃ 336쪽 ┃ 값 16,000원

03 어린이 자기행동숙달의 역사와 발달 I 　　　L.S. 비고츠키 지음 ┃ 비고츠키 연구회 옮김 ┃ 564쪽 ┃ 값 28,000원

04 어린이 자기행동숙달의 역사와 발달 II 　　L.S. 비고츠키 지음 ┃ 비고츠키 연구회 옮김 ┃ 552쪽 ┃ 값 28,000원

05 어린이의 상상과 창조 　　　　　　　　　　L.S. 비고츠키 지음 ┃ 비고츠키 연구회 옮김 ┃ 280쪽 ┃ 값 15,000원

06 성장과 분화 　　　　　　　　　　　　　　L.S. 비고츠키 지음 ┃ 비고츠키 연구회 옮김 ┃ 308쪽 ┃ 값 15,000원

07 연령과 위기 　　　　　　　　　　　　　　L.S. 비고츠키 지음 ┃ 비고츠키 연구회 옮김 ┃ 336쪽 ┃ 값 17,000원

08 의식과 숙달 　　　　　　　　　　　　　　L.S 비고츠키 ┃ 비고츠키 연구회 옮김 ┃ 348쪽 ┃ 값 17,000원

09 분열과 사랑 　　　　　　　　　　　　　　L.S. 비고츠키 지음 ┃ 비고츠키 연구회 옮김 ┃ 260쪽 ┃ 값 16,000원

10 성애와 갈등 　　　　　　　　　　　　　　L.S. 비고츠키 지음 ┃ 비고츠키 연구회 옮김 ┃ 268쪽 ┃ 값 17,000원

11 흥미와 개념 　　　　　　　　　　　　　　L.S. 비고츠키 지음 ┃ 비고츠키 연구회 옮김 ┃ 408쪽 ┃ 값 21,000원

12 인격과 세계관 　　　　　　　　　　　　　L.S. 비고츠키 지음 ┃ 비고츠키 연구회 옮김 ┃ 372쪽 ┃ 값 22,000원

13 정서 학설 I 　　　　　　　　　　　　　　L.S. 비고츠키 지음 ┃ 비고츠키 연구회 옮김 ┃ 584쪽 ┃ 값 35,000원

14 정서 학설 II 　　　　　　　　　　　　　　L.S. 비고츠키 지음 ┃ 비고츠키 연구회 옮김 ┃ 480쪽 ┃ 값 35,000원

비고츠키와 인지 발달의 비밀 　　　　　　　A.R. 루리야 지음 ┃ 배희철 옮김 ┃ 280쪽 ┃ 값 15,000원

비고츠키의 발달교육이란 무엇인가? 　　　　비고츠키교육학실천연구모임 지음 ┃ 412쪽 ┃ 값 21,000원

비고츠키 철학으로 본 핀란드 교육과정 　　　배희철 지음 ┃ 456쪽 ┃ 값 23,000원

비고츠키와 마르크스 　　　　　　　　　　　앤디 블런던 외 지음 ┃ 이성우 옮김 ┃ 388쪽 ┃ 값 19,000원

수업과 수업 사이 　　　　　　　　　　　　　비고츠키 연구회 지음 ┃ 196쪽 ┃ 값 12,000원

관계의 교육학, 비고츠키 　　　　　　　　　진보교육연구소 비고츠키교육학실천연구모임 지음 ┃ 300쪽 ┃ 값 15,000원

교사와 부모를 위한 발달교육이란 무엇인가? 　현광일 지음 ┃ 380쪽 ┃ 값 18,000원

비고츠키 생각과 말 쉽게 읽기 　　　　　　　진보교육연구소 비고츠키교육학실천연구모임 지음 ┃ 316쪽 ┃ 값 15,000원

교사와 부모를 위한 비고츠키 교육학 　　　　카르포프 지음 ┃ 실천교사번역팀 옮김 ┃ 308쪽 ┃ 값 15,000원

레프 비고츠키 　　　　　　　　　　　　　　르네 반 데 비어 지음 ┃ 배희철 옮김 ┃ 296쪽 ┃ 값 21,000원

초등 개념기반 탐구학습 설계와 실천 이야기   김병일 외 지음 | 380쪽 | 값 27,000원

선생님 왜 노조 해요?   교사노동조합연맹 기획 | 324쪽 | 값 18,000원

참된 삶과 교육에 관한
생각 줍기